생각 중독자

생각 중독자

현대인을 위한 마음혁명 내면의 고요를 만나다

초 판 1쇄 2025년 01월 17일

지은이 김태수
펴낸이 류종렬

펴낸곳 미다스북스
본부장 임종익
편집장 이다경, 김가영
디자인 윤가희, 임인영
책임진행 김은진, 이예나, 김요섭, 안채원, 장민주

등록 2001년 3월 21일 제2001-000040호
주소 서울시 마포구 양화로 133 서교타워 711호
전화 02) 322-7802~3
팩스 02) 6007-1845
블로그 http://blog.naver.com/midasbooks
전자주소 midasbooks@hanmail.net
페이스북 https://www.facebook.com/midasbooks425
인스타그램 https://www.instagram.com/midasbooks

ⓒ 김태수, 미다스북스 2025, *Printed in Korea*.

ISBN 979-11-7355-034-8 03190

값 20,000원

미다스북스는 다음세대에게 필요한 지혜와 교양을 생각합니다.

생각 중독자

현대인을 위한 마음혁명 내면의 고요를 만나다

Thought addict

김태수 지음

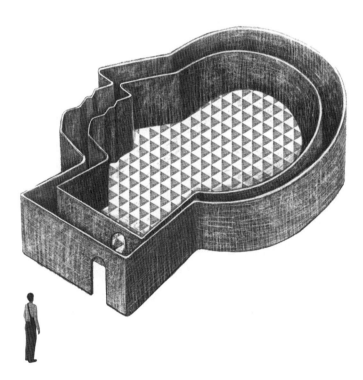

미다스북스

책을 집필하며 그동안 저 스스로 경험하고 배운 바를 독자 여러분과 나눌 수 있게 되어 무척 기쁩니다.

오랜 세월 동안 생각과 마음을 이해하고 다스리는 법을 찾기 위해 1,000권이 넘는, 수많은 책을 읽어 왔습니다. 철학과 심리, 인문, 역사, 과학, 자기 개발의 책들 속에서 삶을 바꾸는 방법을 찾고자 했지만, 그 해답은 어디에도 쉽게 보이지 않았습니다. 오히려 다양한 지식과 방법들이 때로는 혼란을 주기도 하고, 삶의 근본적인 고통을 해결하지 못한다는 허탈감마저 안겨 주었습니다.

그러다 어느 날, 문득 알게 되었습니다. 진정한 해답은 지식이나 외부의 방법론이 아니라, 나 자신 안에 있다는 사실을요. 모든 것이 내 마음의 일이라는 것을요.

우리가 겪는 모든 고통과 괴로움의 뿌리는 결코 외부에 있지 않다는 것, 바로 내가 집착하고 매달리는 생각과 마음이 그 원인이라는 깨달음이 찾아왔습니다. 밖의 일이 아니라 모두가 다 내 안의 일이었습니다.

외부에서 나를 괴롭히는 것이 아니라, 나 스스로가 생각에 사로잡혀 마음의 평화를 깨트리고 있었음을 알아차리게 된 순간, 삶은 이전보다 훨씬 평온하고 자유로워졌습니다.

그렇게 얻은 지혜는 저를 내면의 여정 위로 이끌었습니다. 더 이상 외부의 조건이나 타인의 시선에 흔들리지 않고, 오로지 지금, 이 순간에 집중하며 마음을 자유롭게 두는 법을 배우게 되었습니다. 어떤 일이 닥쳐와도 그것에 얽매이지 않고, 모든 것을 그저 있는 그대로 받아들이는 연습을 통해 내 삶은 점점 고요와 자유로 채워졌습니다.

나 자신을 포함해 세상 만물이 그저 흘러가는 하나의 과정임을 받아들일 수 있게 되면서, 저는 비로소 삶의 깊은 평온과 만족을 누리게 되었습니다.

이 책은 저의 그러한 경험을 바탕으로 집필되었습니다. 저 역시 세상과 타인, 또는 외부 상황에 마음이 흔들리고 상처받기도 했던 평범한 사람이었습니다. 그러나 생각의 집착에서 벗어나기 시작하면서, 모든 고통은 결국 내 안에서 일어나는 것임을 알게 되었습니다. 이 글이 여러분이 스스로 만든 마음의 족쇄에서 벗어나, 진정한 평화와 자유를 발견하는 여정에 작은 도움이라도 되길 바랍니다.

부디 이 책이 마음의 쉼터가 되어, 여러분이 더 이상 앞만 보고 달리는 것이 아니라, 잠시 멈추어 나를 돌아보고 마음의 고요를 찾는 시간을 가질 수 있기를 바랍니다.

오직 지금, 이 순간에 충실하며, 내면의 평화를 느낄 수 있는 자유롭고 진정한 삶이 여러분에게도 펼쳐지길 기원하며 이 글을 시작합니다.

지은이 김태수
2024년 11월 24일

Part 4.

진정한 자아와 내면의 평화

Part 5.

자연과 우주의 이치가 주는 지혜

Part 1

생각과 의식의 본질

도(道)에 이르는 것은 어려운 것이 없습니다.

오직 가려서 선택함을 꺼릴 뿐입니다.

다만 미움과 사랑의 편견만 없다면

막힘없이 뚫려 뚜렷하고 환할 것입니다.

— 신심명(信心銘) —

'생각'의 정의와 의미

'생각'이라는 단어는 한글에서 매우 다양한 의미를 포함하고 있습니다. 이는 단순히 사고 과정뿐만 아니라, 의도, 기억, 감정 등 인간의 내면 활동 전반을 포괄하는 개념입니다.

무엇을 어디까지 생각이라 하는지 정확히 이해하고 넘어가야 그 생각에서 조금은 벗어날 수 있기에 생각을 조금 더 깊이 알아보려 하는 것입니다. 이러한 다양성을 살펴보기 위해 국내외 사전에서 정의된 내용을 기반으로 '생각'의 의미를 정리해 보았습니다.

우선 국내 사전적 정의로 표준국어대사전에서는 '생각'을 다음과 같이 정의하고 있습니다.

사고는 "어떤 일이나 대상에 대하여 마음속으로 여러 가지로 따져봄." 예를 들어, 문제를 해결하기 위해 깊이 고민하는 과정을 의미합니다.

의도는 "어떤 일을 하려는 마음속의 계획이나 의도." 이는 행동하기 전에 마음속으로 그려보는 계획과 관련이 있습니다.

기억은 "어떤 일이나 대상을 마음속에 그려봄." 과거의 일을 떠올리는 행위, 즉 기억하는 것을 포함합니다.

감정은 "어떤 일을 마음에 두고 걱정하거나 염려하는 마음." 누군가를 배려하거나 걱정할 때 주로 사용된다 라고 정의하고 있습니다.

다음은 해외 사전적 정의로 『옥스퍼드 영어 대사전』에서는 '생각 (think)'을 다음과 같이 정의합니다.

1. Thought or reasoning: "The process of using one's mind to consider or reason about something."(문제에 대해 이성적으로 사고하는 과정입니다.)
2. Idea or opinion: "An idea or opinion produced by thinking, or occurring suddenly in the mind."(마음속에서 떠오르는 생각이나 의견을 의미합니다.)
3. Memory or recollection: "The act of remembering someone or something."(이는 과거의 사건을 떠올리는 행위와 유사합니다.)

『메리엄-웹스터(Merriam-Webster)』에서도 비슷하게 정의하고 있습니다.

1. A developed intention or plan: "Something that is in the mind as a plan or intention."(의도나 계획을 세우는 과정을 나타냅니다.)

2. Recollection: "An act of thinking or remembering."(과거를 떠올리거나 특정 사건을 반추하는 행위입니다.)
3. Opinion or belief: "An individual's belief or judgment."(개인의 신념이나 판단을 뜻합니다.)

이처럼 국내외 사전의 정의를 종합해 보면, '생각'은 사고의 과정, 기억의 행위, 의도, 감정 등을 포함하는 다층적이고 다차원적인 개념입니다. 이는 단순한 정신적 활동을 넘어, 개인의 내면을 이해하고 표현하는 데 있어 중요한 역할을 합니다. 또한 철학적, 심리적, 일상적 맥락에서 폭넓게 사용되며, 인간 경험의 본질적인 부분을 구성합니다.

생각은 단순한 내면 활동만이 아니라 생각의 패턴은 자주 사용하는 방식에 따라 습관화되고, 이는 우리가 특정 상황에서 어떻게 반응하는지에 영향을 미칩니다. 예를 들어, 많이 다니는 길이 자연스럽게 새로운 길이 되듯, 반복되는 생각은 특정 패턴을 형성해 무의식적으로 떠오르게 만듭니다. 이런 이유로 동일한 상황에서도 사람마다 다른 반응을 보이게 됩니다.

생각은 우리 삶에 없어서는 안 될 중요한 도구입니다. 약속 시간을 기억하거나 학습한 내용을 떠올리는 등 일상에서 필수적인 역할을 합니다.

그러나 문제가 되는 것은 불필요한 생각에 집착하고 끌려가는 것입니다. 이런 자동화된 생각은 종종 고통과 스트레스를 유발합니다.

과도한 생각(Overthinking), 반복적인 사고는 미래에 대한 걱정이나 과거에 대한 후회와 관련된 것으로 이런 경우가 과도하면 정신적 고통으로 이어지는 것입니다.

또한 잘못된 판단과 편견 과정에서 생기는 왜곡된 관점이나 고정관념은 현실을 왜곡하여 잘못된 결정을 내리게 할 수 있으며, 생각에 매몰됨으로 인한 현실과의 단절 즉 중요한 현재 이 순간을 놓치게 됩니다.

삶이란 순간순간이 유일한 것인데도 불구하고 이미지로만 존재하는 과거나 미래에 가서 존재하는 것이나 마찬가지입니다.

이 책을 통해 제가 계속하여 그리고 반복적으로 이야기하는 것이 바로 생각이 자동으로 떠오를 때 이것이 진실인 양 집착하고 끌려가는 것의 문제점을 언급하는 것입니다. 단순히 제가 하는 이야기가 아니라 동ㆍ서양의 많은 영성가들이 강조하는 것이며, 현대의 심리학자들 또한 정신적 질환의 원인이라 지적하는 것입니다.

이와 관련된 정신 질병의 종류는 우리가 알듯이 다양합니다.

'마음'은 감정, 생각, 의지, 의식 등 정신적 활동의 중심이 되는 상태를 말합니다. 이는 우리의 내면세계를 구성하며, 행동과 태도를 결정짓는 중요한 요소입니다. 마음과 생각의 본질을 이해하면, 우리는 생각에 휘둘리지 않고 그것을 효과적으로 활용할 수 있습니다.

생각과 마음의 작동 원리를 이해하고 이를 삶에 적용할 때, 우리는 불필요한 집착에서 벗어나 더 자유롭고 평온한 삶을 살 수 있습니다. 이 글은 생각의 본질을 탐구하며, 나아가 왜 사람들이 생각으로 인해 고통받는지 다루고, 이러한 고통에서 벗어나는 방법에 대해 질문을 던지고 있습니다. 이를 통해 삶의 무게를 조금이나마 덜어낼 수 있는 실마리를 찾게 되기를 바랍니다.

생각은 인류의 진보와 개인의 성장에 필수적인 도구입니다. 그러나 그 것이 과도하거나 잘못 사용될 경우, 인간의 정신적 평온과 행복을 위협할 수 있습니다. 생각은 도구일 뿐, 주인이 되어서는 안 됩니다. 적절히 사용하고 필요할 때 내려놓는 지혜가 중요합니다.

따라서, 마음과 생각의 이치를 알고 이를 잘 이용하면서 휘둘리지 않을 때 좀 더 자유롭고 평온해질 수 있을 것이기에 생각의 정의를 먼저 알아보았습니다.

마음과 생각의 이치를 정확히 아는 것이 중요하므로 이 책에서는 유사한 내용이 반복되는 일도 있습니다.

이 책을 끝까지 다 읽고 나면 삶에서의 짐은 한결 가벼워질 수 있을 것입니다.

이 책이 그 길을 알려주고 있습니다.

세상의 행복과 불행은
어디에서 시작되는가?

우리는 매일 수없이 많은 생각을 하며 살아갑니다. 우리 옛말에 "하루에 오만 가지 생각을 한다."라는 말은 그저 나온 속담이 아닌 듯합니다. 이 생각들은 우리의 감정, 행동 그리고 삶의 전반에 걸쳐 강력한 영향을 미칩니다. 그런데 우리가 가진 생각이 반드시 옳거나 진실일까요? 그리고 그 생각들이 우리에게 항상 이로울까요? 아니면 해로울까요?

이 장은 생각에 대해 깊이 성찰하며 생각이 곧 고통의 시작이 될 수 있음을 이야기해 보려 합니다.

먼저, 우리는 왜 고통을 느끼는 걸까요? 많은 사람은 외부에서 오는 환경적 요인, 즉 타인의 행동, 불리한 상황, 예기치 못한 사건 등을 고통의 원인으로 여깁니다. 하지만, 이러한 외부 요인들보다 훨씬 더 큰 영향을 미치는 것은 바로 우리의 내면 생각입니다.

우리가 경험하는 고통의 대부분은 실상 우리의 생각에서 비롯됩니다. 외부에서 오는 환경적 요인·상황에 우리의 생각이 전혀 개입되지 않는다면 고통이 있을까요? 문제는 사건 그 자체가 아니라, 그 사건을 바라보고 해석하는 우리의 관점, 즉 생각인 것입니다.

우리가 흔히 겪는 불안, 두려움, 슬픔 같은 감정들은 외부 세계에서 오는 것이 절대 아닙니다. 이것을 아는 것이 중요합니다. 오히려 그것들은 우리의 내부, 즉 우리의 마음속에서 만들어집니다.

예를 들어, 누군가가 나에게 상처를 주는 말을 했다고 생각해 봅시다. 그 말 자체가 나에게 고통을 주는 것일까요? 아니면 내가 그 말을 어떻게 해석하고 받아들이느냐에 따라 고통이 생겨나는 것일까요? 사실, 그 말을 들었을 때 내가 그것을 상처받을 만한 것이라고 생각하지 않으면 고통은 발생하지 않습니다.

결국, 고통의 주범은 그 말을 한 사람이 아니라, 그 말을 해석하고 반응하는 내 생각인 셈이니 밖에서 생긴 문제가 아니라 내 안에서 생긴 내 일인 것입니다.

그러므로 우리가 느끼는 고통의 근본적인 원인은 외부에 있지 않습니다. 그것은 나의 마음속에서 일어나는 생각과 해석에 있습니다.

행복 또한 마찬가지입니다. 행복은 내가 상황을 어떻게 바라보고, 어떤 태도로 받아들이느냐에 따라 달라집니다. 어떤 사람은 부유한 환경에서 모든 것을 가지고 있어도 끊임없는 불만과 불행을 느끼고, 또 다른 사람은 물질적으로 부족한 환경 속에서도 만족과 행복을 느낄 수 있습니다. 결국, 세상의 행복과 불행은 외부에서 오는 것이 아니라, 우리 마음속에서 시작됩니다.

"생각은 곧 고통의 시작이다."라는 말이 있습니다. 이 말은 우리가 생각을 절대적으로 믿어서는 안 된다는 사실을 깨닫게 합니다. 많은 사람이 자기 생각이 진리라고 믿으며 그것에 따라 행동합니다. 하지만 우리의 생각은 종종 왜곡되어 있으며, 실제 현실을 반영하지 못할 때가 많습니다. 생각은 그저 하나의 관점일 뿐이지, 진리 그 자체는 아닙니다. 우리는 종종 제 생각에 갇혀 그것을 진실로 여기고 고통스러워합니다. 그러나 그 생각이 반드시 진리일 필요는 없으며, 우리의 고통을 증폭시키는 원인이 될 수도 있습니다.

또 다른 예를 들면, 어떤 사람이 나에게 '당신은 아주 부족한 사람이야.'라고 이야기했다고 생각해 봅시다. 그 사람의 말이 진리일까요? 아니면 그 사람 말을 믿고 '나는 부족한 사람이야.'라며 이런저런 사례와 경험을 기억하고 연출해 그런 상황을 만들어내며 스스로 고통을 겪는 걸까요? 그 사람의 말이 나를 향한 진정한 비판일 수도 있고, 혹은 단순한 의견일 수도 있습니다. 하지만 우리가 그 말을 너무 진지하게 받아들이고, '나는 부족한 사람이다.'라고 되새기며 생각하게 된다면, 그 순간부터 우리는 스스로 고통을 만들어내는 것입니다. 이처럼 그 고통은 외부에서 온 것이 아니라, 내 생각에서 시작된 것입니다.

따라서 우리가 고통에서 벗어나기 위해서는 먼저 우리의 생각을 의심할 필요가 있습니다. 내 생각이 반드시 진리가 아님을 인식하고, 그것에 집착하지 않는 연습을 해야 합니다. 마음을 비우고, 생각에 얽매이지 않을 때 우리는 비로소 고통에서 벗어나게 될 수 있습니다. 또한, 우리는 생각에 휘둘리기보다는 지금, 이 순간에 집중하는 법을 배워야 합니다. 과거의 후회나 미래에 대한 걱정이 아닌, 현재의 순간에 집중할 때 우리는 보다 평온한 삶을 살아갈 수 있습니다.

마지막으로, 우리의 생각이 우리 자신을 비롯한 주변 세계와의 관계에서 어떠한 영향을 미치는지를 돌아볼 필요가 있습니다. 생각은 때때로 우리의 관계를 복잡하게 만들고, 불필요한 갈등을 초래할 수 있습니다. 내 생각이 상대방의 의도를 왜곡하고, 그로 인해 발생한 감정이 또 다른 오해와 충돌을 일으키는 경우가 많습니다. 이러한 악순환을 끊기 위해서는, 우리의 생각을 끊임없이 관철하고 스스로 그 생각을 내려놓는 연습을 해야 합니다.

저 또한 과거에는 올라오는 생각에 집착을 많이 해 많은 시간을 불안과 고통 속에서 보낸 적이 있었습니다. 다행히 마음의 이치를 알려주는 수많은 책을 통해 생각이 작동하는 원리를 알아가면서 이제는 그 생각에 끌려가는 정도가 아주 약해졌고 매우 자유로워졌음을 스스로 실감하게 됩니다. 그냥 저절로 떠오르는 생각에 끌려가느냐 아니냐는 나에게 달려 있습니다. 먼저 그 생각이 올라오면 그건 생각임을 자각해야 하며, 그 자각을 하게 되면 더 이상 생각에 집착을 안 하게 되며 그러면 그 생각은 자동으로 구름이 사라지듯 사라집니다.

'생각이 또 올라왔네! 조금만 있다가 가라, 나는 이제 더 이상 신경을 쓰지 않는다.'라고 자각하고 있으면 그 생각은 금방 사라지고 없어집니다.

결론적으로, 우리가 느끼는 고통과 행복의 시작점은 외부가 아니라 내부, 즉 우리의 생각 속에 있다는 점입니다. 생각을 절대적으로 믿지 말고, 그 생각이 나에게 어떤 영향을 미치는지 끊임없이 성찰하는 것이 필요합니다. 생각이 고통의 시작임을 깨닫고, 그 생각에서 벗어나게 될 때 우리는 진정한 평화와 행복을 얻을 수 있을 것입니다.

어젯밤에는 그토록 달디달던 물이 오늘은 이토록 구역질 나게 하는 것은 무엇인가? 그렇구나. 어제와 오늘 달라진 것이라곤 오직 내 생각뿐이었구나! 문제는 이 마음, 바로 생각이 문제였구나! 불교에서는 이를 일체유심조(一切唯心造)라고 합니다.

우리가 학교에서 배워서 잘 알고 있는 신라 원효대사가 깨달음을 얻은 순간 이렇게 노래했다고 합니다.

마음이 일어나니 온갖 법(法)이 일어나고
마음이 사라지니 감실과 무덤이 둘이 아니구나!
또한 삼계(三界)가 오직 마음이면 만법이 오직 식(識)이로구나
마음밖에 법이 없으니, 어찌 따로 구하겠는가?

나의 의식 수준에 따라
삶의 모습이 달라진다

저의 경우 책 읽기에 재미를 느끼면서 시간만 나면 독서에 많은 시간을 투자했습니다.

공직에 있는 동안 평일에는 책 읽는 시간이 거의 없었으나 그래도 항상 가방에는 책 1~2권은 꼭 가지고 다녔고, 토요일과 일요일에는 대부분의 시간을 도서관에서 책과 함께 보냈습니다.

지금 돌이켜보면, 삶에서 힘들었던 순간에 책 속에서 발견한 지혜와 진리의 말들 덕분에 위로받고 평온과 자유를 얻을 수 있었습니다. 또한, 그러한 과정에서 이전의 나에서 벗어나 조금씩 변화하는 나 자신을 바라보는 기쁨을 느낄 수 있었기 때문일 것입니다.

그전에는 무엇인가 항상 부족해 보였고, 미래에 대한 불안과 걱정이 함께했던 시기였던 것 같습니다.

막연히 책을 많이 읽으면 좋다기에 인터넷이나 유명한 서점 베스트셀러 코너에 가서 남들이 좋다고 하는 책을 우선 골라 읽었습니다. 어느 책이 좋은 책인지 주변에서 알려주는 사람도 없었으니까요.

무슨 책이 나에게 도움이 될까? 무슨 책이 나에게 맞을까? 사람마다 다 다를 것입니다.

사람마다 저마다의 경험과 지식과 가치관이 다르고, 자라온 환경이 다르기에 책을 고를 때도 취향이 다를 수밖에 없고 책에서 얻는 지식이나 지혜도 다 다를 수밖에 없습니다.

아무리 좋은 책을 추천해도 누군가에게는 정말 좋은 책으로 읽히지만, 어느 누군가에게는 이해할 수 없어 받아들일 수도 없는 어려운 책일 수도 있습니다.

저 역시 처음에는 자기계발서로 독서를 시작해, 소설과 시집을 거쳐 역사와 양자 물리학 같은 과학 서적으로 관심이 확장되었습니다. 이후 철학서를 탐독하며 점차 종교와 영적 성장, 마음공부와 관련된 책들로 자연스럽게 관심이 옮겨갔습니다. 이렇게 시간은 저를 점점 더 깊이 있는 방향으로 이끌어가고 있었습니다.

현재는 동양과 서양의 영적 성장과 관련된 책들, 그리고 대승불교의 한 갈래인 선불교와 관련된 서적들에 관심을 두고 있습니다. 이러한 책들과 함께 많은 시간을 보내며, 이와 같은 주제를 바탕으로 글도 쓰고 있습니다.

오늘은 서양의 대표적인 영성 가장 한한 분인 데이비드 호킨스 박사의 대표적인 책 『의식 혁명』의 내용을 소개할까 합니다.

삶을 살아가면서 많은 사람이 행복을 돈, 명예, 권력 등 외부의 요소에서 찾으려 합니다. 하지만 데이비드 호킨스 박사는 그의 저서 『의식 혁명』에서 중요한 진리를 제시합니다. 진정한 행복과 삶의 질을 결정짓는 것은 외부 환경이나 소유물이 아닌, 바로 우리의 의식 상태라는 사실입니다.

호킨스 박사는 인간의 의식을 다양한 수준(0~1,000)으로 나누며, 각 의식 수준이 우리의 삶을 어떻게 형성하는지 설명합니다. 우리가 삶에서 느끼는 모든 경험은 우리의 의식 상태에 따라 다르게 해석되고 받아들여지며, 이는 곧 우리가 세상을 어떻게 바라보고 그 안에서 어떤 감정을 느끼느냐에 직접적인 영향을 미칩니다.

지금 내가 불행하거나 힘들다고 느낀다면, 외부 환경이 아니라 내 내면의 의식 상태를 돌아볼 때입니다. 내 의식이 어떻게 형성되고 작용하느냐에 따라 삶은 그에 맞춰 펼쳐집니다.

호킨스는 의식의 단계에서 존재-의식(Being-Consciousness)을 중요한 개념으로 강조합니다. 우리가 경험하는 삶의 모든 모습은 결국 '존재하는 나'라는 순수한 의식 상태에서 비롯됩니다. 즉, 나는 단순히 세상을 바라보는 주체가 아니라, 나의 의식이 세상을 어떻게 규정하고 바라보느냐에 따라 세상의 모습이 매 순간 변하게 됩니다. 내가 세상을 힘들고 고된 곳으로 볼 수도 있고, 반대로 풍요롭고 즐거운 곳으로 볼 수도 있는 것입니다.

의식의 밝기	의식 수준	감정	행동
700~1000	깨달음	언어 이전	순수의식
600	평화	하나	인류 공헌
540	기쁨	감사	축복
500	사랑	존경	공존
400	이성	이해	통찰력
350	포용	책임감	용서
310	자발성	낙관	친절
250	중립	신뢰	유연성
200	용기	긍정	힘을 주는
175	자존심	경멸	과장
150	분노	미움	공격
125	욕망	갈망	집착
100	두려움	근심	회피
75	슬픔	후회	낙담
50	무기력	절망	포기
30	죄의식	비난	학대
20	수치심	굴욕	잔인함

왼쪽에 200을 기준으로 위는 **Power**(상승 화살표), 아래는 **Force**(하강 화살표)로 표시됨.

(출처 : 『의식 혁명』)

결국, 내가 세상을 어떻게 바라보느냐는 곧 나 자신을 어떻게 규정하느냐에 달려 있습니다. 모든 경험은 내가 만든 관념과 개념을 통해 해석되고, 그 결과 나의 삶 역시 그 관념에 따라 형성됩니다.

예를 들어, 삶이 힘들다고 느끼는 이유는 외부의 상황 때문이 아니라, 내가 그러한 상황을 어떻게 바라보고 해석하는지에 달려 있습니다. 반대로, 삶이 기쁘고 행복하다고 느끼는 것도 나의 의식 상태에 의해 결정됩니다. 세상은 내가 만들어낸 생각과 개념 때문에 펼쳐지는 거대한 의식의 장(場)인 것입니다. 나는 그 의식 속에서 세상을 바라보며, 세상은 나의 의식 수준에 맞춰 매 순간 변화합니다.

호킨스 박사는 의식 상태가 높은 사람일수록 삶에서 문제가 적다고 말합니다. 왜냐하면 그들은 세상을 더욱더 긍정적이고 열린 마음으로 바라보기 때문입니다. 반면, 의식 상태가 낮은 사람은 작은 문제에도 쉽게 흔들리고, 불행을 느끼기 쉽습니다. 같은 상황도 의식 수준에 따라 전혀 다르게 인식되고, 그 결과 어떤 사람에게는 문제가 다른 사람에게는 전혀 문제가 되지 않는 경우가 많습니다. 이는 개인의 의식 상태가 삶의 질을 어떻게 결정짓는지 보여주는 중요한 예입니다.

문제나 장애물은 그 자체로 고정된 실체가 아닙니다. 그것들은 우리의 의식 수준에 따라 다르게 보입니다. 의식이 낮을 때, 우리는 작은 문제에도 압도당하고 두려워합니다. 하지만 의식이 높아질수록 그러한 문제들은 더 이상 문제가 아닌 하나의 과정, 또는 성장의 기회로 보이게 됩니다. 그러므로 삶에서 부딪히는 장애물은 우리 자신이 성숙해 가는 과정의 일부일 뿐, 극복할 수 없는 벽이 아닙니다.

『의식 혁명』에서 데이비드 호킨스는 인류의 평균 의식 상태를 약 200 정도로 평가합니다. 이 수치는 호킨스가 제안한 의식 단계에서의 용기(Courage) 수준으로, 부정적인 상태에서 긍정적이고 건설적인 상태로 넘어가는 중요한 경계선이라고 봅니다.

이 200을 기준으로 의식이 높을수록 긍정적인 삶의 태도, 자기 수양, 타인에 대한 이해와 연민, 그리고 높은 자각을 가지게 됩니다.

부처나 예수 같은 영적 스승들의 의식 상태는 그가 제안한 척도에서

700~1000 사이에 위치하는데, 이는 깨달음(Enlightenment) 상태에 해당합니다. 이 높은 의식 상태는 사랑과 자비를 넘어서 모든 그것과 깊은 일체감을 포함하며, 자아의 완전한 해체와 무한한 평화, 진정한 영적 자유를 상징한다고 설명됩니다.

결국 우리의 삶은 우리가 가진 의식 상태에 따라 펼쳐집니다. 우리가 세상을 어떻게 인식하느냐에 따라 경험하는 모든 것이 달라집니다. 의식 수준이 낮으면 불행을 느끼고, 의식 수준이 높으면 같은 상황에서도 평화와 기쁨을 느낄 수 있습니다. 이것이 바로 호킨스 박사가 말한 의식의 힘입니다.

우리 내면의 의식을 점검하고, 그것을 성숙하게 키워나가는 과정이야말로 진정한 행복으로 가는 길입니다. 삶에서 행복을 찾고자 한다면, 더 이상 외부에서 그 답을 찾지 말고 내면을 들여다보세요. 내가 느끼는 모든 감정과 경험은 나의 의식 상태에서 비롯됩니다.

내가 세상 안에 있는 것이 아니라, 세상이 내 의식 안에 있다는 내용과 일맥상통하는 말입니다.

그러므로 지금 내가 힘들다고 느낀다면, 나의 의식을 점검하고, 나 자신을 새롭게 바라보는 연습을 시작해야 합니다. 내 의식 상태가 바뀌면, 그에 따라 세상이 새롭게 보이기 시작할 것입니다.

나는 인류의 평균 의식 상태 수준인 200을 넘는 긍정적인 사람인가요? 아니면 200 이하의 부정적인 사람인가요?

집착하지 말고
마음을 가볍게 내려놓아라

세계 최고의 자살률과 이혼율, 세계 최고의 노동 시간, 사회적 불평등 그리고 행복지수 OECD 국가 중 꼴찌. 우리 한국 사회의 현실을 보여주는 부정적 지표들입니다.

이런 곳에서 많은 사람이 삶을 살아가면서 힘들어하고 있다는 것을 위의 지표들이 생생히 증명해 줍니다. 대한민국의 경제순위는 'TOP 10' 안에 있습니다. 이렇게 잘사는 나라인데 무엇이 부족해 자살률이 높고 힘들어하는 사람들이 많을까요?

물론 그렇지 않은 사람들이 대부분일 것이지만, '왜 사람들이 힘들어할까?'를 들여다보는 것도 의미 있는 일일 것입니다.

영어로 '짐'을 의미하는 어휘는 크게 두 가지가 있습니다. load와 burden, 즉 물질적인 짐과 정신적인(마음의) 짐이 그것입니다.

물건은 눈으로 보이고 손으로 들어 보면 무게를 느낄 수 있기 때문에 쉽게 무겁다고 느끼고 피할 수 있습니다. 하지만 마음의 짐은 눈에 보이지도 않고, 몸으로 느낄 수 있는 무게도 없어서 내가 지금 무거운 마음의 짐을 지고 있다는 것을 알아차리기 어렵습니다. 그래서 마음의 짐을 대수롭지 않게 생각하며 방치하게 되는 경우가 많습니다.

겉으로는 편안한 척, 건강한 척, 잘난 척, 많은 척하지만, 속으로는 이미 문제를 일으키고 있는데도 말입니다. 남들과 무한경쟁을 하다 보니 생긴 부작용이 '~척, ~척'인 것 같습니다. 이 정신적인 짐이 쌓이고 쌓여 스트레스를 유발하고 더 나아가 육체적, 정식적 질병으로 나타난다는 것은 이미 여러 연구자료에서도 볼 수 있습니다.

그럼 삶을 힘들고 괴롭게 만드는 원인은 무엇이고 정신적 짐으로부터 해방되는 방법은 무엇일까요?

그 원인은 자동으로 일어나는 생각에 빠져서 그곳에 매몰되어 있는 것입니다.

생각이 지금 여기 현재에 있지 못하고, 과거에 가 있거나 미래에 가 있거나 둘 중 하나의 상태에 있으므로 삶의 문제가 발생한다고 동서양의 많은 성인은 말합니다.

'내가 언제 과거나 미래에 갔어? 지금 이곳에서 순간순간을 살지.'라고 말하지만, 가만히 들여다보면 문득문득 올라오는 생각에 자기도 모르게 과거나 미래로 간 적이 있을 것입니다.

결국 '지금 여기'에서의 삶을 사는 것이 아니라, 과거의 일로 후회하고 슬퍼하고 미워하거나, 오지도 않은 미래의 일을 걱정하고 탐하고 우울해하는 셈입니다.

이 글을 읽고 부정하는 사람도 있을 것입니다. 지금 한번 자신이 그런지 아닌지를 한번 실험 삼아 관찰해 보십시오. 눈을 감고 잠시 약 10분 아니 5분 동안만 가만히 자신에게 일어나는 것을 경험만 해보아야 금방 알 수 있습니다.

　누구나 똑같은 경험을 하게 됩니다. 다만 그 생각이 올라오면 따라가고 집착하느냐 아니냐의 차이만이 있을 뿐입니다.

　그래서 오랜 속담이 말하듯 사람들은 하루에 오만 가지 생각을 한다는 것이 거짓말이 아닙니다. 이런 자기 모습을 자각하고 사느냐 자각하지 못하고 생각 속에 빠져 사느냐가 삶의 질적인 차원에서 많은 차이를 만들 것이고 자각의 순간이 많을수록 좀 더 자유롭게 살 수 있을 것입니다.

　그러니 과거로부터 온 익숙한 생각에 인생을 맡기지 말고, 생각에 속지 않는 것이 지혜의 삶입니다.

　그것들을 없애거나 짓누르거나 두드려 부수는 일은 어리석은 일입니다.

　그냥 신경을 쓰지 말고 그런 생각이 일어났음을 인식하고 방하착(放下著) 하면 됩니다.

　그럼, 생각도 구름처럼 왔다가 사라질 것입니다.

　삶에 필요한 것들은 항상 지금, 이 순간과 관련 있습니다.

　필요한 것은 다 채워집니다. 그러니 무엇을 더 욕망합니까?

　생각이 과거나 미래로 가려 할 때 이를 자각하고 자신에게 질문하여 봅니다.

　'이 생각이 또 올라왔네, 어디로 가려고, 거기로 가서 무엇을 하려고?'

　'지금 여기에 무슨 문제라도 있니?'

　'이곳 이것 말고 저곳 저것으로 가야 행복할 거야.' 라고 생각하는 것이 바로 고통의 원인입니다.

　지금 이곳에서 생각에 끌리지만 않으면 지금 여기 있는 자리 그대로가 천국이요, 행복, 사랑의 자리입니다.

응무소주 이생기심(應無所主 而生其心). 응당히 머무는 바 없이 그 마음을 내라.

이 글귀에 한순간 깨달음을 얻은 사람이 있습니다. 바로 이 말 한마디에 '탁' 하고 마음이 밝아진 6조 혜능(慧能)입니다.

혜능(638~713)은 영남이라고 부르는 양쯔강 이남 신주에서 태어나 일찍 아버지를 여의고 홀어머니를 모시면서 나뭇짐을 팔아 하루하루를 연명하며 살았다고 합니다. 당연히 글도 배우지 못했는데 어느 날 혜능이 땔감을 팔고 나오는 길에 절에서 들려오는 어느 스님의 금강경(金剛經)을 읽는 소리를 듣게 됩니다. '응무소주 이생기심'이라는 구절을 듣자, 마음에서 큰 변화가 일어났습니다. 순간 분별하는 의식(意)이 떨어져 나간 것입니다.

이는 인생을 어떻게 살아가야 할지 방향을 잃고 살아가고 있는 요즘 돌아볼 화두가 아닌가 합니다.

있는 그대로의 삶을 받아들이지 않고 즉 있는 그대로의 삶을 부정하면서 지금 여기에서 벗어나 저기로 가려는 생각과 마음이 문제임을 아는 것이 삶을 지혜롭게 사는 비밀 아닐까 싶습니다.

내가 만든 세상, 내가 사는 세계

우리는 흔히 이 세계가 모두에게 동일하다고 생각하며 살아갑니다.

남녀노소 할 것 없이 모두에게 똑같은 세상으로 보일까요?

마치 하나의 객관적 현실이 존재하고, 그 속에서 모든 사람이 같은 경험을 공유하는 것처럼 보입니다. 하지만 조금만 더 깊이 생각해 보면, 이 세계는 결코 모든 사람에게 똑같지 않다는 것을 알 수 있습니다. 사람들은 자신의 사고방식, 가치관, 상식, 그리고 경험을 통해 자신만의 세상을 만들고 그 안에서 살아갑니다.

우리는 각자 다른 현실을 경험하며, 그 속에서 각자의 방식으로 세상을 해석하고 살아가는 존재입니다.

인도의 시인 타고르는 이렇게 말했습니다. "이 세계는 우리의 의식에 따라 그 현실이 달라지는 상대적 세계이다." 타고르의 이 말은 우리가 살아가는 현실이 우리의 의식, 즉 우리가 어떻게 생각하고, 느끼고, 해석하느냐에 따라 변한다는 것을 의미합니다. 나아가 이는 우리가 눈앞에 펼쳐진 세계를 바라보는 시각, 경험에 의한 편견, 그리고 내면의 생각들에 따라 서로 다른 세계를 살아가고 있다는 것을 말해줍니다.

세상을 바라보는 각자의 렌즈가 있습니다. 투명한 렌즈, 파란 렌즈, 보라색 렌즈 그리고 빨간색 렌즈, 노란빛 렌즈… 등등.

우리가 살고 있는 세계는 단순히 물리적인 공간이 아닙니다. 우리가 인식하는 세계는 우리의 경험과 지식, 사고방식, 그리고 그동안의 배경을 통해 만들어진 주관적인 현실입니다. 두 사람이 같은 장소에 서 있더라도, 그들이 바라보는 세계는 완전히 다를 수 있습니다. 한 사람은 그 장소를 밝고 평화로운 곳으로 느낄 수 있지만, 다른 사람은 그곳을 어둡고 위협적인 장소로 느낄 수도 있습니다. 이는 그들이 살아온 환경, 겪어온 경험, 그리고 그 경험에 기반한 해석에 따라 달라지는 것입니다.

예를 들어, 같은 풍경을 보면서도 어떤 이는 그곳에서 어린 시절의 추억을 떠올리고 따뜻함을 느낄 수 있지만, 또 다른 이는 그곳에서 불쾌한 기억을 떠올리며 슬픔을 느낄 수 있습니다. 이는 같은 세상에서 살고 있음에도 불구하고, 각자의 렌즈를 통해 다른 세계를 경험하고 있다는 것을 보여줍니다.

사람뿐만 아니라 생물들도 각자의 세계를 살아갑니다.

이러한 상대적 세계는 사람들에게만 해당하는 것이 아닙니다. 모든 생명체는 각자 자신만의 세계를 가지고 있습니다. 물고기, 매미, 하루살이도 모두 자신들의 세계를 바라보는 방식이 다릅니다. 물속을 헤엄치는 물고기의 세계는 그들에게는 전부일지 모르지만, 인간에게 물속은 잠시 스쳐 가는 공간에 불과합니다. 매미는 여름철 나무 위에서 울음소리와 함께 짧은 삶을 살아가지만, 인간에게 매미는 한낱 여름의 소리일 뿐입니다. 하루살이에게는 짧은 하루가 모든 것을 경험하는 시간이며, 그 하루가 인생의 전부입니다. 우리는 이 세계를 마치 유일한 현실처럼 생각하지만, 사실 모든 생명체는 각자 다른 세계를 바라보고 느끼며 살아가고 있는 것입니다.

우리 역시, 이 세상을 살아가는 방식은 매미나 하루살이와 크게 다르지 않습니다. 우리는 자신만의 시간과 공간 속에서, 자신만의 시각으로 이 세계를 경험하고 해석합니다. 그렇게 각자가 만들어낸 현실 속에서 우리는 서로 다른 경험을 하고, 다른 감정을 느끼며 살아갑니다.

어떻게 하면 이런 착각에서 벗어날까요.

세상은 결코 단일한 형태로 존재하지 않으며, 누구에게나 똑같이 작용하지 않습니다. 우리는 이 사실을 자주 잊고는 세상이 모두에게 똑같이 느껴질 것이라는 착각에 빠집니다. 하지만 현실은 다릅니다. 우리가 세상을 어떻게 바라보느냐에 따라 그 모습은 완전히 달라집니다. 이는 삶이 힘들어 보일 때, 혹은 어려운 상황에 부닥쳤을 때 스스로에게 이렇게 말할 수 있는 기회를 줍니다. '내가 지금 착각하고 있는 것이 아닐까?'

우리가 직면한 어려움, 힘든 상황은 사실 그 자체로 존재하는 것이 아닙니다. 그것은 우리가 그 상황을 해석하는 방식에 따라 그렇게 보일 뿐입니다. 한 가지 상황이 어떤 사람에게는 절망으로 보일 수 있지만, 다른 사람에게는 새로운 기회의 시작으로 보일 수 있습니다. 이는 모두 우리의 시각과 생각이 만들어낸 결과입니다.

예를 들어, 실직이라는 상황을 생각해 봅시다. 어떤 사람은 이를 인생의 큰 실패로 받아들이고, 자신을 비난하며 절망 속에 빠질 수 있습니다. 반면, 다른 사람은 이를 인생의 새로운 출발점으로 보고, 새로운 도전과 기회를 찾아 나설 수 있습니다. 똑같은 상황이지만, 그 상황을 어떻게 받아들이느냐에 따라 전혀 다른 결과가 나타나는 것입니다.

이 세계는 온전히 내가 만든 세계입니다. 우리는 자기 생각과 경험을 통해 현실을 창조하고, 그 현실 속에서 살아갑니다. 세상이 고통스럽고 힘들게 느껴진다면, 그것은 우리가 그 상황을 그렇게 해석했기 때문입니다. 반대로, 세상이 밝고 희망적으로 보인다면, 그것 역시 우리의 생각이 그렇게 만들어낸 것입니다.

이러한 사실을 깨닫는 순간, 우리는 세상을 살아가는 방식에 대한 새로운 시각을 얻게 됩니다. 세상이 우리를 고통스럽게 만들고, 힘들게 하는 것이 아니라, 우리가 세상을 바라보는 방식이 우리의 삶을 그렇게 느끼게 만든다는 점을 인식하게 되는 것입니다. 이는 우리에게 큰 자유를 줍니다. 세상은 바꿀 수 없지만, 세상을 바라보는 나의 시각과 생각은 언제든 바꿀 수 있기 때문입니다.

"이 세계는 우리의 의식에 따라 그 현실이 달라지는 상대적 세계이다." 타고르의 말처럼, 우리는 각자 다른 의식을 가지고 이 세계를 살아갑니다. 우리는 자신의 사고방식과 감정, 그리고 가치관을 통해 현실을 재창조하며, 그 속에서 자신만의 세상을 살아가고 있습니다. 따라서 세상이 힘들어 보일 때, 또는 상황이 나에게 불리하게 작용할 때, 우리는 그 상황을 다시 바라볼 필요가 있습니다. 그것은 그저 내가 만든 해석일 뿐이며, 시각을 바꾸면 세상은 전혀 다르게 보일 수 있습니다.

우리가 인식하는 세계는 고정된 것이 아닙니다. 그것은 끊임없이 변화하며, 우리의 의식과 함께 유동적으로 움직입니다. 세상을 바라보는 내 생각과 관점이 달라지면, 그 순간 내가 살아가는 세계도 달라질 것입니다.

결국, 이 세계는 내가 만들어낸 세상 속에서 살아가는 것입니다. 지금 내 삶이 힘들고 괴롭다면, 그 고통은 외부 세계에서 오는 것이 아니라 내가 그 상황을 받아들이고 해석하는 방식에서 비롯된 것일 수 있습니다. 세상은 그대로 존재하지만, 내가 어떻게 바라보느냐에 따라 그 의미가 완전히 달라집니다. 이런 순간에는 회광반조의 지혜가 필요합니다. 회광반조는 말 그대로 자신을 돌아보는 지혜를 뜻하며, 어둠 속에서 빛을 발견하듯이 자기 생각과 관점을 되돌아보는 것입니다.

현재의 괴로움과 어려움 속에 빠져 있다면, 그것은 나 자신이 세상을 바라보는 시각이 만들어낸 착각일 수 있습니다. 세상이 나를 억누르는 것이 아니라, 내가 자신을 스스로 억누르고 있음을 깨닫는 것이 중요합니다.

선불교(禪佛敎)에서 자주 언급하는 회광반조(回光返照)의 지혜는 내가 지금 보고 있는 세상을 어떤 색안경을 끼고 바라보고 있는지 다시 한번 깊이 생각하고, 그 속에서 새로운 시각과 해답을 찾도록 도와줍니다. 세상을 바꾸기 전에, 먼저 내 마음과 생각을 되돌아보세요. 그 순간, 나의 의식이 변화하면, 내가 살아가는 세계도 새로운 모습으로 다가올 것입니다.

색안경을 끼고 사는 나

진짜 나를 찾는 여정은 우리 삶에서 중요한 질문 중 하나입니다. 불교적 관점에서, 우리는 끊임없이 생각과 사고 속에서 자신을 정의하고, 그 속에 갇혀 살아갑니다. 그러나 이 과정에서 우리는 종종 진짜 나와는 거리가 먼, 오랜 시간 동안 형성된 믿음과 관념 때문에 왜곡된 자아를 받아들이게 됩니다. 이러한 생각들은 우리가 살면서 경험한 일들, 사회적 조건, 타인과의 관계 등을 통해 형성된 복잡한 네트워크에 의해 자동으로 떠오르는 것들입니다.

생각이란 우리의 의식에서 자연스럽게 떠오르는 현상입니다. 마치 구름이 하늘을 떠도는 것처럼, 생각은 스스로 나타났다가 사라지기를 반복합니다. 이때, 생각은 우리의 경험, 기억, 감정, 그리고 우리가 구축한 믿음 체계에서 기인한 것입니다. 즉, 한 생각은 그 자체로 독립된 것이 아니라, 과거의 경험과 학습을 통해 형성된 방대한 저장고에서 나옵니다. 이러한 생각들은 대개 우리의 주의를 끌며, 우리가 어떤 감정에나 반응하게 만듭니다. 그러나 불교에서는 이런 생각 자체가 고통의 원인이 아니라고 말합니다. 진정한 고통은 생각을 고집하고 그 속으로 깊이 빠져들어, 그것을 실제 자아로 착각할 때 발생합니다.

불교에서 말하는 사고는 떠오른 생각에 집착하고, 그것에 과도한 의미를 부여하여 스스로 그 생각 속에 함몰되는 상태입니다. 이때 우리는 그 생각에 따라 좌우되며, 자신을 그 생각과 동일시합니다. 불교에서는 이러한 상태를 '두 번째 화살'에 비유합니다.

첫 번째 화살은 우리에게 닥친 외부의 사건이나 상황이지만, 두 번째 화살은 그 사건에 대한 우리의 반응과 생각입니다. 첫 번째 화살은 피할 수 없을지 모르지만, 두 번째 화살은 우리의 선택입니다. 우리가 생각을 집착하고 그에 휘말리는 순간, 우리는 스스로 두 번째 화살을 맞게 됩니다. 이에 따라 불안, 의심, 두려움 등의 고통이 생겨나는 것입니다.

사례를 한 가지 들어 설명해 보겠습니다. 한 사람이 오랜만에 친구와 만나기로 약속했지만, 친구가 갑자기 개인적인 사정으로 약속을 취소했다고 가정해 봅시다.

첫 번째 화살은 약속이 취소된 사실 자체입니다. 이는 외부에서 발생한 상황으로, 그 사람이 통제할 수 없는 일입니다.

그렇지만 두 번째 화살은 이 사람이 약속 취소에 대해 '친구가 나를 소중히 여기지 않는다.', '나는 항상 이런 식으로 무시당한다.', '이 친구와의 관계는 이제 끝난 것 같다.'라는 생각에 빠지며 자신을 스스로 괴롭히는 경우입니다. 이러한 생각은 실제 상황보다 더 큰 고통을 만들어냅니다.

이처럼 첫 번째 화살은 피할 수 없지만, 두 번째 화살은 스스로 선택한 것입니다.

만약에 그가 '친구에게 정말 급한 일이 생겼겠지.' 또는 '다음에 더 좋은 기회에 만나면 된다.'라는 생각으로 받아들인다면, 불필요한 고통을 피할 수 있는 것입니다.

이 사례는 생각에 휘둘리지 않는 태도의 중요성을 잘 설명해 줍니다.

이처럼, 우리가 떠오르는 생각을 바라보고, 그것에 대해 집착하지 않는 것이 중요합니다. 생각이란 일종의 습관이며, 우리가 지금까지 살아오면서 쌓아온 경험과 가치관, 판단, 견해 등으로 형성된 것입니다. 그리고 이러한 생각들이 우리의 진짜 모습이라고 착각하기 쉬우나, 실제로는 그저 우리가 가진 믿음 체계의 산물일 뿐입니다.

불교는 우리가 평생 겹겹이 쌓아온 믿음과 신념, 판단이 실제로는 '나'가 아님을 깨닫게 합니다. 그것들은 단지 우리의 경험 때문에 형성된 색안경에 불과합니다.

이 색안경을 통해 세상을 바라보면, 우리는 왜곡된 자아와 현실을 인식하게 되고, 그로 인해 괴로움이 생깁니다. 우리가 진정한 자아를 찾기 위해서는 이 색안경을 벗어 던져야 합니다. 그것은 마치 우리가 살아오면서 겪은 고정관념과 선입견을 하나하나 내려놓고, 본래의 순수한 마음 상태로 돌아가는 과정입니다.

색안경을 끼고 살아가는 사람들을 비유적으로 나타낼 수 있는 상징적인 사례로 '거울 속의 먼지'를 들 수 있습니다.

거울은 원래 사물을 있는 그대로 반영하지만, 그 표면에 먼지가 쌓이면 왜곡된 모습만 비출 수 있습니다. 먼지는 사람들의 고정관념, 편견, 선입견을 상징하며, 거울은 세상을 바라보는 개인의 마음을 의미합니다. 마음의 먼지가 많아질수록 사람들은 세상을 있는 그대로 보기보다 자신의 관념에 따라 왜곡된 모습으로 인식하게 됩니다.

이처럼, 색안경을 끼고 세상을 보는 것은 거울 속의 먼지를 통해 왜곡된 이미지를 보는 것과 같습니다. 먼지를 닦아낼 때 비로소 진정한 세상의 모습이 드러난다는 점에서 깊은 통찰을 제공합니다.

고정관념, 편견, 선입견 등 내가 만든 이러한 먼지를 제거할 때 평온과 자유가 올 수 있을 것입니다. 이것이 바로 아는 것으로부터의 자유일 것입니다.

'아는 것으로부터의 자유'란, 이러한 고정된 틀에서 벗어나, 새로운 시각으로 세상을 받아들이는 것을 의미합니다. 우리가 무언가를 '안다'라고 생각하는 순간, 그 지식은 경직된 틀이 되어 더 깊이 탐구하거나 다른 가능성을 받아들이는 것을 방해합니다. 자유는 '모름'을 인정하고, 열린 마음으로 세상을 탐구할 때 찾아옵니다.

내 마음속 겹겹이 쌓아놓은 편견과 고정관념, 선입견이 무엇이지 한번 되돌아보십시오.

진짜 나를 알아차린다는 것은, 단순히 생각과 감정을 관찰하고 그에 휘둘리지 않는 것을 의미합니다. 우리는 생각과 감정을 경험할 수는 있지만, 그것들이 곧 내가 아니라는 사실을 자각해야 합니다.

이러한 고정관념과 편견을 내려놓기 위해서는 스스로를 끊임없이 관찰하고, '이 생각은 어디서 왔는가?', '이것이 진실인가?'를 질문해야 합니다. 또한, 다른 사람과 상황을 판단하기보다는 있는 그대로 받아들이는 연습이 필요합니다. 예를 들어, 어린아이의 눈으로 세상을 바라보는 것처럼, 어떤 사물이나 상황을 처음 보는 것처럼 새롭게 인식하는 태도를 가지는 것이 중요합니다.

생각은 자연스럽게 떠오르지만, 우리는 그것에 집착하지 않고, 단순히 흘려보낼 수 있는 능력이 있습니다. 그렇게 함으로써 우리는 고통에서 벗어나고, 진정한 자아의 평온함과 자유로움을 느낄 수 있습니다.

불교에서 말하는 깨달음은 바로 이 지점에서 시작됩니다. 내가 지금까지 쌓아온 모든 생각과 신념, 가치관은 그저 나의 경험이 덧씌운 색안경에 불과하며, 그것을 벗어던졌을 때 비로소 진짜 나를 마주할 수 있다는 것입니다.

마음을 깨끗이 비우고 열린 자세로 삶을 마주하면, 우리는 더 이상 과거의 고정된 틀에 얽매이지 않게 됩니다. 그 결과, 평온과 자유가 찾아오며, 삶의 순간순간이 신선하고 풍요롭게 느껴질 것입니다. 이는 결국, 우리 존재의 본질에 가까워지는 과정이며, 진정한 평화와 행복의 길로 나아가는 첫걸음이 될 것입니다.

진짜 나는 생각이나 감정, 혹은 외부의 평가 때문에 규정되는 것이 아니라, 그 모든 것을 초월한 순수한 존재입니다.

따라서 불교적 지혜로운 삶이란, 우리가 생각에 휘둘리지 않고, 본래의 나를 알아차리는 삶입니다. 생각이 아무리 복잡하고 강렬하게 떠오르더라도, 우리는 그 생각이 내 진정한 자아가 아님을 깨닫고, 집착하지 않음으로써 평온함을 유지할 수 있습니다. 이 과정에서 우리는 점차 두 번째 화살을 피하는 법을 배우게 되고, 그 결과로 삶의 고통에서 벗어나 진정한 자유와 평화를 누릴 수 있게 됩니다.

비교하고 따질수록
마음은 힘들어진다

   우리의 삶은 비교와 분별이 일상화되어 있습니다. 이 때문에 때로는 기뻐하고 때로는 고통을 받는 원인이 되기도 합니다. 이 비교와 분별은 생각에서 비롯됩니다. 이는 단순한 철학적 논리일 뿐만 아니라, 성경에서도 상징적으로 언급된 바 있습니다. 성경 속 에덴의 동산에서 이야기는 바로 이러한 진리를 상징적으로 전달하고 있습니다. 또한 예수님의 마태복음 5장의 산상수훈에 나오는 "마음이 가난한 자와 마음이 깨끗한 자에게 복이 있다."라는 가르침은 마음의 상태가 곧 우리의 영적 삶을 결정한다는 중요한 메시지를 담고 있습니다.

   성경의 창세기에서 아담과 이브는 하나님에 의해 에덴의 동산에 놓이게 됩니다. 그곳에서 그들은 풍요로움과 평화 속에서 살아가지만, 하나님께서는 그들에게 선악을 알게 하는 나무의 열매만은 먹지 말라고 명령하십니다. 그러나 뱀의 유혹에 이끌린 아담과 이브는 결국 그 열매를 먹고 맙니다. 이 사건 이후, 그들은 자신의 벌거벗음을 깨닫고, 수치심과 두려움을 느끼게 되며, 에덴에서 추방당하게 됩니다.

　여기서 선악과를 먹은 사건은 단순히 금기를 어겼다는 사실 이상의 의미를 담고 있습니다. 이 사건은 인간이 분별과 비교라는 생각을 가지게 된 순간을 상징합니다. 이전까지 아담과 이브는 선과 악, 좋고 나쁨에 대해 생각하지 않았습니다. 그저 존재하는 그대로의 삶을 살아가며, 그 속에서 아무런 고통도 느끼지 않고 자유롭게 살아가고 있었습니다. 그러나 선악과를 먹고 나서부터, 그들은 스스로 상태를 분별하고 비교하기 시작했고, 그로 인해 수치심과 불안, 고통을 경험하게 된 것입니다.

　선악과 사건은 인간이 이분법적인 사고, 즉 비교와 판단을 시작하는 순간을 상징하며, 이러한 사고가 곧 고통의 원천이 된다는 것을 보여줍니다. 좋은 것과 나쁜 것, 옳은 것과 그른 것, 자신의 상태와 남의 상태를 끊임없이 비교하는 순간부터, 인간은 더 이상 순수한 마음으로 세상을 경험하지 못하게 됩니다. 그들은 끊임없이 자신을 평가하고, 남들과 비교하며, 그 속에서 괴로움을 느낍니다.

　예수님은 말씀하셨습니다. "마음이 가난한 자는 복이 있나니 천국이 그들의 것이요, 마음이 깨끗한 자는 복이 있나니 그들이 하나님을 볼 것이다."(마태복음 5:3, 5:8) 이 말씀은 마음의 상태가 영적 삶에 얼마나 중요한지를 잘 보여줍니다.

　마음이 가난한 자는 자신을 스스로 비우고, 세속적인 욕망과 생각에 집착하지 않으며, 순수하게 삶을 받아들이는 사람입니다. 그들은 물질적이거나 외적인 것에 의존하지 않고, 세상을 있는 그대로 받아들일 수 있는 열린 마음을 가지고 있습니다.

　이와 같은 사람들에게 천국이 열리는 이유는 그들이 삶에서 비교와 분별의 고통을 벗어나 있기 때문입니다. 그들은 더 나은 것, 더 많은 것, 더 높은 것을 끊임없이 추구하지 않으며, 현재의 상태에 만족할 수 있습니다. 반면, 마음이 비교와 판단으로 가득 찬 사람들은 끊임없이 더 나은 것을 갈망하며, 현재에 만족하지 못하고 괴로움을 경험하게 됩니다.

마음이 깨끗하다는 것은 어떠한 판단이나 비교도 없이, 있는 그대로의 삶을 바라보고 받아들일 수 있다는 뜻입니다. 비교와 판단을 벗어난 그 상태에서 우리는 진정한 자유를 경험하고, 신성한 진리를 깨달을 수 있습니다.

우리의 고통은 외부에서 오는 것이 아니라, 그것을 해석하는 내 생각에서 비롯됩니다. 아담과 이브가 선악과를 먹은 이후, 그들은 자신의 상태를 평가하고 두려워하며 고통을 느끼기 시작했습니다. 이는 현대의 우리에게도 같게 적용됩니다. 우리는 남들과 자신을 비교하고, 자신이 가지지 못한 것에 대해 불만을 가지며, 현재의 상태에 만족하지 못할 때 고통을 경험합니다.

하지만 우리가 그 상황 자체를 있는 그대로 받아들인다면, 즉 생각으로 분별하고 비교하지 않는다면, 그 속에서 고통은 사라질 수 있습니다. 성경에서 말하는 마음이 가난한 자란 바로 이러한 비교와 분별을 내려놓고, 삶을 순수하게 받아들이는 사람입니다. 그들은 마음속에 어떠한 집착도 없으며, 외부의 조건에 의해 자신을 평가하지 않습니다. 따라서 그들은 천국을 경험할 수 있으며, 진정한 영적 자유를 누릴 수 있는 것입니다.

우리가 성경의 가르침을 통해 배울 수 있는 것은, 삶에서 일어나는 모든 상황을 있는 그대로 받아들이는 것의 중요성입니다. 아담과 이브가 선악과를 먹은 사건이 상징하는 것은 인간이 비교와 분별의 생각을 가지게 된 순간이며, 그것이 곧 고통의 시작이었습니다. 그러나 예수님께서는 마음이 가난한 자와 깨끗한 자가 복을 받을 것이라고 말씀하셨습니다. 이는 비교와 분별을 내려놓고, 삶을 있는 그대로 받아들이는 자가 진정한 영적인 자유를 경험할 수 있음을 의미합니다.

삶에서 일어나는 일들은 그 자체로 문제가 되지 않습니다. 문제가 되는 것은 그 상황을 어떻게 바라보고 해석하느냐입니다. 마음이 가난하고 깨끗한 사람은 어떤 상황에서도 고통을 느끼지 않으며, 그 안에서 평화와 자유를 찾을 수 있습니다. 반면, 마음이 비교와 분별로 가득 찬 사람은 끊임없이 자신을 평가하고, 남들과 비교하며 고통을 자초하게 됩니다.

성경에서 아담과 이브의 이야기는 비교와 분별이 인간의 고통 시작임을 상징적으로 보여주며, 예수님의 가르침은 그러한 생각에서 벗어나 삶을 있는 그대로 받아들이는 것의 중요성을 강조합니다. 비교와 분별을 내려놓고, 마음을 가난하게 만들 때 우리는 천국을 경험할 수 있으며, 마음을 깨끗하게 할 때 우리는 하나님을 볼 수 있습니다.

과도한 비교와 분별이 고통의 원인이 됨을 보여주는 또 다른 사례로, '잣대의 늪에 빠진 학생의 이야기'를 들 수 있습니다.

한 학생이 있었습니다. 그는 학업 성적이 우수했지만, 항상 다른 학생들과 자신을 비교했습니다. 1등을 했을 때는 잠시 기뻤지만, 곧 '다음 시험에서는 더 높은 점수를 받아야 한다.'라는 압박에 사로잡혔습니다. 어느 날, 그는 2등으로 밀려났고, 그 순간 그는 자신이 실패자처럼 느껴졌습니다. 하지만 객관적으로 보면 그의 성적은 여전히 우수했고, 주변 사람들은 그의 노력을 칭찬했습니다.

문제는 이 학생이 자신의 가치를 다른 사람과의 비교라는 잣대로만 판단했기 때문에, 작은 변화에도 기쁨은 사라지고 고통과 불안이 자리 잡았다는 것입니다. 그는 '내 성적은 좋다'는 단순한 사실을 받아들이지 못하고, 늘 자신과 남을 분별하며 '누가 더 잘했는가?'에 집착했습니다.

이 비교와 분별이 그의 성적이 아니라 자신을 스스로 고통 속으로 밀어 넣는 잣대의 늪이 되었던 것입니다. 만약 그가 비교를 멈추고 자신의 노력과 성과를 있는 그대로 받아들였다면, 그는 더 행복하고 안정된 마음으로 학업에 임할 수 있었을 것입니다.

이 사례는 우리가 비교와 분별이라는 마음의 습관을 내려놓을 때 비로소 고통에서 벗어날 수 있음을 깨닫게 합니다.

결국, 진정한 영적인 자유는 생각을 내려놓고 삶을 있는 그대로 받아들이는 데 있습니다.

생각과 '나'의 동일시가
괴로움을 낳는다

불교에서는 생각 없음, 무심(無心)을 강조합니다.

장자(莊子)는 허심(虛心), 심재(心齋), 망아(忘我), 오상아(吾喪我), 공심(空心) 등 생각 없는 자리를 또한 강조합니다.

노자(老子)도 내가 만든 관념 속 생각대로 살아가지 말고 자연의 결에 따라 자연의 흐름에 내맡김의 삶을 살아갈 것을 주문했습니다. 무위자연(無爲自然)의 삶이 바로 그런 삶입니다.

동양뿐만 아니라 서양의 영성가로 잘 알려진 에크하르트 톨레나 바이런 케이티, 제프 포스터, 데이비드 호킨스 같은 분들도 하나같이 생각 자리가 아닌 지금, 이 순간의 중요성을 이야기합니다.

생각은 과거 아니면 미래에 있는 자리이기 때문입니다.

과거나 미래의 자리는 생각이 불러온 자리로 괴로움 또는 불안을 일으키는 원인이기도 하기 때문입니다.

좋다 나쁘다, 크다 작다, 선하다 악하다, 아름답다 추하다 등 비교 · 분별만 잠시 안 하고 산다면 삶은 어떨까요? 이런 상태에 있을 때도 여전히 괴로움이 있을까요?

없을 것입니다. 동물이나 식물에게는 인간이 하는 이런 비교 · 분별 작용이 없습니다.

우리 인간만이 있는 그대로의 삶 속에서 생각을 통해 재해석합니다. 생각은 내가 만든 관념을 통해 지나간 과거를 분별하고, 그 속에서 옳고 그름, 좋고 나쁨에 갇혀 살아가는 것입니다. Ego가 만든 생각 속 관념으로 삶을 재해석하며 나름의 잣대로 재단하며 살아가는 것입니다.

우리는 잣대, 틀, 색안경을 끼고 세상을 살아가니 '있는 그대로'의 세상을 제대로 못 보고 살아가는 것입니다.

이처럼 생각과의 동일시가 괴로움의 원인이라는 것은 불교뿐만 아니라 다양한 동 · 서양의 영성가들에 의해 반복적으로 강조된 진리입니다. 인간의 마음은 기본적으로 생각을 창조하고, 그 생각에 몰입하여 끊임없이 판단하고 해석합니다. 이때, 우리는 자신이 만들어낸 생각과 상황을 동일시하고, 그 생각이 우리의 정체성을 형성하는 것처럼 믿습니다. 그러나 이 과정에서 불안, 두려움, 고통이 발생합니다. 이러한 괴로움의 뿌리는 생각 자체에 있는 것이 아니라, 그 생각을 '나 자신'으로 착각하는 데에 있습니다.

불교에서는 이러한 생각과의 동일시를 벗어나는 방법으로 무심을 강조합니다. 무심이란 생각을 아예 없애거나 억압하는 것이 아니라, 생각과 거리를 두고 그것을 관찰하는 상태를 의미합니다. 이는 우리의 생각을 일종의 흐름으로 보고, 그 흐름에 휘말리지 않고 그저 흘려보내는 상태를 지향합니다.

장자 또한 허심과 심재, 그리고 망아를 통해 생각 없는 상태의 중요성을 강조했습니다. 그는 마음을 비우고(허심), 생각을 정화하며(심재), 자아를 잊는 것(망아)을 통해 참된 자유와 자연스러움을 찾으려 했습니다.

또 다른 도가 사상의 대표 인물인 노자도 도덕경에서 삶의 이상적인 상태를 상징적으로 나타낸 말로 상선약수가 있는데 이는 '가장 좋은 덕목은 물과 같다.'라는 의미로 우리가 삶 속에서 추구할 만한 가치와 태도를 상징적으로 가르쳐줍니다. 상선약수와 같은 삶은 자신을 낮추고, 환경에 맞추며, 타인을 배려하는 가운데 자연스러운 흐름에 몸을 맡기는 것입니다. 노자는 이와 같이 삶을 살아갈 때 진정한 평화와 내적 자유를 얻을 수 있다고 믿었습니다.

현대 서양의 대표적인 영성가로 알려진 에크하르트 톨레는 자신의 저서 『지금 이 순간을 살아라』에서 생각과 자아가 동일시될 때 인간이 겪는 고통을 설명합니다. 그는 우리 대부분이 '생각하는 나'를 진짜 나라고 착각하며 살아간다고 말합니다. 우리가 끊임없이 떠오르는 생각에 매달리고, 그 생각을 통해 자신의 존재를 확인하려 할 때 고통이 생깁니다. 그는 생각이 지금, 이 순간을 가로막는 가장 큰 장애물이라고 강조합니다. 생각이 과거와 미래로 분열되기 때문에 우리는 현재에 온전히 존재하지 못하고, 그로 인해 불안과 스트레스에 휘말리게 됩니다.

비슷하게, 바이런 케이티는 자기 경험을 바탕으로 생각과 그로 인한 고통에 대한 깊은 통찰을 나누고 있습니다. 그녀는 "고통은 우리가 현실에 저항할 때 발생한다."라고 말합니다. 우리를 괴롭게 만드는 것은 실제 현실이 아니라, 현실에 대한 우리의 생각과 해석입니다. 생각을 믿을 때 우리는 그 속에서 벗어나지 못하고 고통스러운 감정에 빠지게 됩니다. 그녀는 생각에 관한 질문이라는 기법을 통해 자신이 떠올린 생각이 진실 인지, 그 생각이 없을 때의 자신은 어떤 상태인지 깊이 탐구하도록 권합 니다. 이 과정을 통해 생각의 무게에서 벗어나 진정한 자유를 경험할 수 있습니다.

제프 포스터 또한 우리가 흔히 겪는 고통이 결국 생각의 결과물이라는 점을 강조합니다. 그는 "괴로움이란 결국 자기 자신에 대한 잘못된 믿음 에서 시작된다."라고 말합니다. 우리는 생각을 통해 자아를 정의하고, 그 자아가 특정한 방식으로 세상을 경험해야 한다고 믿습니다. 이 믿음이 깨질 때 우리는 불안, 좌절, 두려움 등을 경험합니다. 그러나 포스터는 이 자아의 이야기를 내려놓고 생각과 동일시하지 않을 때 비로소 진정한 평화와 자유를 찾을 수 있다고 말합니다.

이렇듯, 동 · 서양의 여러 영성가는 공통으로 생각과의 동일시가 고통 을 불러온다는 점을 강조합니다. 우리에게 끊임없이 떠오르는 생각들은 본질적으로 우리 자신이 아닙니다. 그 생각들이 우리의 정체성을 규정짓 거나, 우리를 규제하는 힘이 되어서는 안 됩니다. 우리가 생각을 관철하 고 그 흐름에 휘말리지 않으며, 그 생각들에서 벗어나게 될 때 비로소 진 정한 평화와 행복을 경험할 수 있습니다.

중요한 것은 생각 자체를 없애는 것이 아니라, 그 생각을 '나'라고 착각 하지 않는 것입니다. 이를 통해 우리는 순간순간을 온전히 살아갈 수 있 고, 고통에서 해방된 자유로운 존재로 사는 삶을 누릴 수 있습니다.

생각이 사라지니 내가 사라지네! 그리고, 그리고 그 고통도 사라졌네….
여러분들도 한번 경험해 보십시오.

생각의 작동 원리

생각이 어떻게 일어나는지 자세히 살펴본 적이 있나요? 생각은 자기의 자유의지에 따라 생겨날까요? 아니면 때와 조건이 맞으면 내 의지와는 관계없이 저절로 일어날까요?

앞에서도 설명드렸듯이 생각은 그냥 저절로 일어나는 현상입니다. 마치 구름이 생길 조건이 맞으면 저절로 생기듯이 생각 또한 그렇게 일어나는 자연현상 같은 것입니다.

이렇듯 생각의 작동 원리는 매우 복잡하면서도 흥미롭습니다. 우리가 매일 경험하는 수많은 생각들은 단순히 의지로 발생하는 것이 아니라, 우리 의식과 무의식이 상호작용하면서 때와 조건이 맞을 때 자연스럽게 떠오르는 것입니다.

생각은 우리가 통제할 수 있는 대상처럼 보이기도 하지만, 실은 자연현상처럼 저절로 일어나는 경우가 많습니다.

이처럼 생각은 우리가 통제할 수 있는 것이 아닙니다. 즉 생각하기 싫다고 생각을 하지 않을 수는 없는 것입니다.

예를 들어, 특정한 경험이나 감정이 자극받으면 일련의 생각이 자동으로 연상되며 마음속에서 떠오르기 시작합니다. 마치 구름이 생성 조건이 맞으면 하늘에 저절로 형성되듯이, 생각도 특정한 조건과 상황에 의해 저절로 생겨나는 현상과 유사합니다.

이러한 자연스러운 생각의 발생에는 조건과 연결성이라는 중요한 두 요소가 작용합니다. 우리가 평소에 경험한 기억이나 감정, 그리고 이전에 했던 생각들이 서로 얽혀서 일정한 조건이 충족되면 다시 떠오르게 되는 것입니다.

예를 들어, 오랜만에 향기로운 커피 향을 맡으면 예전에 자주 가던 카페의 추억이 떠오르고, 거기에서 만난 사람이나 나눈 대화가 자연스럽게 연상되며 생각이 확장됩니다. 이는 무의식의 작용으로, 내가 원해서 떠오른 것이 아니라 환경적 자극이 조건이 되어 저절로 생겨난 것이라 할 수 있습니다.

그러나 중요한 것은 우리가 떠오른 생각을 그대로 바라보지 않고, 자꾸 더 많은 생각을 덧붙이며 그것을 진리로 받아들이려는 경향이 있습니다. 생각이 하나 떠오르면 그 생각이 맞는지 틀리는지 따지면서, 과거의 경험을 동원하여 그 생각을 증명하려는 작업을 수행하는 경우가 많습니다. 이는 우리 내면에서 일종의 인지적 짜 맞추기로 작용합니다.

예를 들어 '나는 그 사람에게 미움을 받는 것 같다.'라는 생각이 떠오르면, 과거의 작은 행동이나 미묘한 표정 등을 떠올리며 그 사람의 감정이 나쁘다고 단정짓습니다. 이러한 생각의 증명 과정은 사실 기반이 아니라 우리의 해석과 주관적 판단에 따라 이루어지기 때문에 틀린 결론에 도달할 가능성이 큽니다.

결국, 생각이 일어나는 원리와 그 생각을 대하는 우리의 태도는 우리의 삶에 깊은 영향을 미칩니다. 마음속에서 일어난 생각을 사실처럼 믿고 집착하기 시작하면, 생각은 점차 우리의 감정과 행동에 영향을 미치고 그로 인해 불필요한 고통을 초래하기도 합니다.

예를 들어, 나에게 누군가가 나쁜 의도를 가지고 있다고 판단하면 그에 대한 불안과 분노가 뒤따라오며, 이는 결국 그 사람과의 관계에도 부정적 영향을 미칩니다. 그러나 사실상 그 사람의 행동은 여러 가지 다른 이유로 발생한 것일 수도 있고, 우리의 추측은 사실이 아닐 수도 있습니다. 그런데도 우리는 그 생각에 집착하여 스스로에게 고통을 만들어내는 것입니다.

생각이 작동하는 기본 원리는 이렇듯 조건에 따라 저절로 일어나고 연상 작용을 통해 확장되며, 우리는 이러한 과정을 제대로 인식하지 못한 채 이를 '내가 의도한 생각'으로 오해하기 쉽습니다. 여기에서 오는 오해와 집착이 우리의 정신적 고통의 중요한 원인 중 하나가 됩니다. 마음에서 일어나는 생각을 관철하고 그것이 맞았는지 틀렸는지 증명하려는 습관을 내려놓으면, 그 생각이 우리에게 미치는 영향력은 점차 줄어들게 됩니다.

또한, 생각은 과거의 기억과 경험을 통해 추론된 가상의 세계를 만들어내기도 합니다.

현재 상황과 전혀 상관없는 과거의 경험이 불쑥 떠오르며 현재 상황을 판단하고 그로 인해 불안감이 생기기도 합니다.

예를 들어, 누군가가 나에게 부정적인 말을 했다는 과거의 경험이 있다면 비슷한 상황에서 또다시 같은 일이 반복될 거라는 생각이 떠오르며 불안해지거나 방어적인 태도를 보이게 됩니다. 이러한 생각은 현재 상황을 있는 그대로 보는 것이 아니라, 과거의 그림자 속에서 재해석하게 만듭니다. 결국, 이러한 과정을 통해 발생한 생각들은 현재를 왜곡하고, 사람들 간의 관계를 오해와 불신으로 물들이는 원인이 되기도 합니다.

생각을 바라보는 또 다른 중요한 관점은 생각이 반드시 사실이거나 진리가 아니라는 점입니다. 우리의 뇌는 끊임없이 과거의 정보와 기억을 재조합하여 추측과 해석을 만들어내며, 이는 반드시 현실을 정확하게 반영하지 않습니다. 우리는 종종 이러한 생각의 과정이 '옳다'고 믿으며 사실인 것처럼 행동합니다. 그러나 진실은 우리가 생각한 것과는 다를 수 있습니다. 예를 들어, 누군가가 무심코 한 말이나 행동을 자신의 관점에서만 해석하여 상대방이 악의가 있다고 믿으면, 그 사람을 피하거나 경계하는 태도를 가지게 될 수 있습니다. 그러나 상대방의 본래 의도는 전혀 다를 수 있으며, 우리 생각은 단지 특정한 조건과 기억에서 비롯된 추측일 뿐입니다.

이러한 생각의 자연스러운 작동 원리를 이해하면, 우리는 생각에 휘둘리지 않고 그저 흘러가도록 할 수 있는 여유를 가질 수 있습니다. 생각이란 마치 바람처럼 스쳐 지나가는 것이며, 이를 붙잡아 진리로 삼지 않으면 마음은 더 자유로워집니다. 불교에서는 이를 관조(觀照)라 하여 생각을 바라보되 판단하지 않고 흘려보내는 연습을 강조합니다. 이러한 관점에서 생각을 바라보면, 생각이란 내가 통제할 수 있는 것이 아니라 상황과 조건에 따라 자연스럽게 일어나는 현상임을 깨닫게 됩니다.

생각은 존재의 본질적 활동 중 하나이며, 이러한 과정에서 우리는 삶의 경험을 해석하고 새로운 의미를 발견할 수 있습니다. 그러나 이를 진리로 삼아 집착하지 않는 태도를 가지는 것이 고통에서 벗어나는 길임을 알게 됩니다. 떠오르는 생각에 일일이 휘둘리지 않고 그저 바라보는 자세를 통해 우리는 자신을 더 깊이 이해하고, 삶의 모든 현상을 평온하게 받아들일 수 있는 힘을 기를 수 있습니다.

불교에서 생각의 작동 원리를 설명하면서 올라온 생각에 집착하는 문제점을 이야기할 때 자주 인용되는 이야기가 있습니다.

그중 하나로, 스승과 제자인 두 스님이 강가에서 여인을 업고 건너는 이야기가 있습니다. 이 이야기는 불교의 무 집착과 마음을 내려놓는 법을 잘 보여주는 사례로 많이 알려져 있습니다.

어느 날 스승과 제자인 두 스님이 여행하다가 강을 마주하게 되었습니다. 마침 강가에 도착했을 때, 아름다운 여인이 그곳에 서서 강을 건너지 못해 곤란해하는 모습을 보았습니다. 여인은 강이 너무 깊고 물살이 강해 혼자서 건널 수 없었기에 도움을 요청했습니다.

스님들은 계율에 따라 여인과의 신체 접촉을 피해야 했습니다. 하지만 스승 스님은 잠시 망설이더니, 그녀에게 다가가 말했습니다.

"제가 당신을 업어 강을 건너드리겠습니다."

스승은 여인을 업고 강을 건넜고, 반대편에 무사히 도착한 후 여인을 내려주고 아무 일도 없었다는 듯이 다시 길을 걸어가기 시작했습니다.

제자 스님은 한참을 따라 걸으면서 혼란스러웠습니다. 스승님이 여인을 업고 강을 건넌 일이 마음에 걸렸고, 계율을 어겼다고 생각했기 때문입니다. 결국 그는 더 참을 수 없어서 스승에게 물었습니다.

"스승님, 우리는 계율을 지키기 위해 여인과 신체 접촉을 피해야 하지 않습니까? 그런데 어떻게 여인을 업고 강을 건너실 수 있습니까?"

스승은 조용히 웃으며 답했습니다.

"나는 여인을 강가에 내려놓았는데, 너는 아직도 마음속에 그 여인을 업고 가고 있구나."

이 이야기는 올라온 생각에 그 생각이 맞았다고 하며 집착하고 있음을 알려주는 이야기이며 그로 인해 생각의 내려놓음이 얼마나 중요한지를 알려줍니다.

스승은 여인을 도와준 후 강가에서 바로 내려놓고 마음에서도 내려놓았지만, 제자는 그 장면에 집착하여 계속 그 상황을 마음속에서 떠나보내지 못했던 것입니다. 이와 같이 우리는 종종 지나간 일이나 불필요한 걱정에 매달려 마음의 짐을 지고 가지만, 내려놓을 줄 알 때 마음의 평온을 찾을 수 있습니다.

이제 생각의 작동 원리를 이해했다면 불필요한 생각이 떠오를 때 그 생각으로부터 조금은 더 자유로워질 수 있는 것입니다.

마음이 만들어낸 허구의 세계

대승불교의 한 종파인 선불교(禪佛敎)의 유명한 선사들과 서양의 일부 유명한 영성가들이 쓴 책들을 읽다 보면, 이들이 어느 날 갑자기 깨달음을 얻어 인간이 겪는 모든 고통에서 벗어났다는 이야기를 접하게 됩니다. 이런 이야기를 한 번쯤 들어본 적이 있을 것입니다. 그런데, 이들은 과연 무엇을 깨달았기에, 또 무엇을 발견했기에 영원한 평온과 자유를 얻을 수 있었던 것일까요? 궁금하지 않으신가요?

저 역시 이러한 궁금증을 품고 불교의 선불교와 서양의 유명한 영적 스승들이 쓴 책들을 거의 다 읽어보았습니다. 그 수는 아마 1,000권 이상일 것입니다. 이 책들은 시중에서 많이 팔리는 책은 아니었지만, 깊이 있는 통찰을 담고 있는 좋은 책들입니다. 많은 사람이 이런 책들을 접하지 못한다는 점이 안타까웠습니다.

오늘은 이들 중 몇 분의 깨달음 순간을 통해 우리가 알아야 할 것이 무엇인지 살펴보려고 합니다.

불교와 서양 영성가들이 경험한 깨달음의 순간은 마음의 본질에 대한 깊은 통찰과 무지에서 벗어나 참된 자아를 발견하는 과정을 잘 보여줍니다. 각 사례는 삶과 고통, 그리고 마음의 실체를 탐구하며 해답을 찾으려 했던 여정을 담고 있습니다.

이 글에서는 신라시대 불교 고승 원효대사의 깨달음, 서양 영성가인 바이런 케이티, 에크하르트 톨레, 그리고 데이비드 호킨스 박사의 체험을 통해 마음의 본질과 깨달음의 의미를 살펴보겠습니다.

첫 번째로 원효대사의 '해골바가지 물' 이야기를 들어보셔서 아실 것입니다.

신라시대의 원효대사는 당나라로 유학을 떠나는 도중, 산속에서 길을 잃고 잠들었습니다. 밤중에 목이 말라 물을 찾아 헤매다 발견한 바가지에 담긴 물을 마시고는 깊이 감사하며 갈증을 해소했습니다. 그런데 다음날 아침, 그 물이 사실은 해골바가지에 담긴 것이었음을 알게 되자 순간적으로 구역질이 나며 경악하게 됩니다.

이때 원효는 깨달음을 얻게 되었습니다. 그 물이 밤에는 맑고 시원하게 느껴졌지만, 아침에 해골이라는 형상을 보자 더럽고 역겨워졌다는 사실에서, 모든 감각과 판단은 사실 자신의 마음에서 비롯된 것임을 깨달은 것입니다.

세상을 어떻게 인식하느냐는 외부 환경이 아니라 자신의 마음 상태에 따라 달라진다는 통찰을 얻었고, 이는 곧 불교에서 말하는 일체유심조(一切唯心造)의 깨달음으로 이어졌습니다. 원효는 이 체험을 통해 무지와 집착에서 벗어나게 되었으며, 이후로 "진리는 어디에나 있다."라며 당나라로 가지 않고 신라로 돌아와 불교를 전파했습니다.

이 이야기는 세상의 모든 것은 내 마음에 따라 형성된다는 불교의 기본 가르침을 상징합니다.

두 번째로 소개할 서양의 영성가는 바이런 케이티로 다락방 바퀴벌레 체험을 하면서 마음이 고통을 만든다는 이야기입니다.

바이런 케이티(Byron Katie)는 한때 극심한 우울증에 시달리며 자신을 혐오하고 부정적인 감정에 사로잡혀 있었습니다. 그녀는 결국 아무도 찾지 않는 외딴 다락방에서 외로이 지내게 되었습니다. 어느 날, 다락방 바닥에서 갑자기 바퀴벌레가 기어가는 것을 본 순간, 모든 부정적 감정이 사라지는 신비한 경험을 하게 됩니다. 케이티는 그 순간 자신을 고통스럽게 만든 것은 외부의 상황이나 타인이 아니라, 바로 제 생각과 믿음이라는 깨달음을 얻었습니다.

그녀는 자신이 늘 고통스러워했던 이유는 실제로 존재하지 않는 이야기들을 마음속에서 만들어냈기 때문임을 인식하게 되었고, 이것이 그녀의 '활동(The Work)'이라는 자기 탐구 방법으로 이어졌습니다. 활동은 고통의 원인이 되는 생각들을 면밀히 조사하고 질문하여, 결국 그 생각이 진실인지 아닌지를 확인하는 과정입니다.

케이티의 깨달음은 우리가 고통받는 이유는 외부 상황이 아니라 그 상황을 바라보는 마음의 프레임 때문임을 알려줍니다. 그 후 케이티는 고통스러운 생각이 떠오를 때마다 그것이 진정한지 의심해 보고, 그로부터 자유로워지는 방법을 전파하며 많은 사람에게 내면의 평화를 찾는 길을 열어주었습니다.

세 번째 서양의 영성가는 에크하르트 톨레로 누구나 잘 알고 있는 분으로 그가 깨달음을 얻게 된 사연은 '나는 나를 참을 수 없다.'라는 자아

탐구에서 시작됩니다.

에크하르트 톨레(Eckhart Tolle)는 29세 시절, 깊은 우울증과 삶의 고통 속에서 지내던 어느 날 밤, 무거운 절망에 빠져 스스로 '나는 나를 참을 수 없다.'라는 생각을 반복하던 중 자신의 마음속에서 두 가지 자아의 존재를 인식하게 되었습니다. '나'라는 존재가 있고, 또 '참을 수 없는 나'라는 또 다른 자아가 있다는 점에서 의문을 품게 된 것입니다. 그는 순간적으로 나와 나를 참을 수 없는 나라는 두 개의 자아 사이에 틈이 있다는 깨달음을 얻게 되었습니다. 이것이 마음과 참된 자아 사이의 분리를 깨우친 순간이었습니다.

톨레는 이 경험을 통해 내면 깊은 곳에서 진정한 자아의 존재를 발견하게 되었고, 그 후 마음속 불안과 고통에서 벗어나 평온한 상태에 머물게 되었습니다. 그는 자신의 체험을 통해 자아가 본질적으로 생각이나 감정이 아니며, 고통을 일으키는 것은 에고(ego)라는 가짜 자아가 만든 허상이라는 사실을 깨달았습니다. 이후 톨레는 이 깨달음을 바탕으로 지금, 이 순간에 머무르며 참된 자아를 자각하는 것의 중요성을 설파하였으며, 그의 저서 지금, 『이 순간을 살아라』를 통해 전 세계에 큰 영향을 미쳤고, 현재는 세계 3대 영적 지도자로의 명성을 가지고 있습니다.

네 번째는 데이비드 호킨스 의학 박사(David R. Hawkins)로 그는 깨달음 순간은 깊은 영적 체험을 통해 찾아왔다고 합니다. 자신의 책 『놓아버림』와 『의식 혁명』에서 이러한 순간을 간접적으로 묘사하며, 그 체험이 어떻게 그의 삶의 전환점이 되었는지 설명합니다.

호킨스 박사는 젊은 시절, 심각한 우울증과 삶의 고통 속에서 길을 잃고 있었습니다. 그는 삶의 본질적인 고통과 한계를 직면하면서, 더 이상 그것을 참을 수 없다고 느끼는 극단적인 상황에 이르게 됩니다. 이러한 절망 속에서 그는 '나는 아무것도 모른다.'라는 진실에 완전히 항복하게 되었습니다. 이 항복의 순간에 자신을 초월하는 힘에 대한 전적인 신뢰와 의탁을 하게 되었고, 그때 말로 표현할 수 없는 평화와 자유를 경험했다고 합니다. 그는 깨달음의 순간을 이렇게 묘사합니다.

> 더 이상 저항하지 않고 완전히 내려놓았을 때, 모든 것이 갑자기 분명해졌다. 나는 나라는 개체로서의 존재가 아니라, 그 모든 것을 넘어서는 의식 그 자체임을 깨달았다.
> 이 상태에서는 모든 고통과 분리감이 사라지고, 무조건적인 사랑과 평화가 자리 잡았다.

이 체험 이후 그는 삶을 바라보는 관점이 완전히 변화했다고 합니다. 그는 개인의 힘과 에고(ego)에 의존하기보다, 삶을 지탱하는 더 큰 의식과 연결되어 있다는 깨달음을 바탕으로 삶을 살아가기 시작했습니다.

이 네 가지 사례는 공통으로 깨달음의 순간이 외부에서 비롯된 것이 아니라, 자신의 마음에서 비롯된 고통과 무지에서 벗어나는 경험을 통해 이루어졌음을 보여줍니다. 원효대사는 외부 환경이 아닌 자신의 마음이 모든 것을 결정한다는 사실을 깨달았고, 케이티는 부정적인 생각들이 실제가 아닌 허구의 이야기임을 알아차리며 고통에서 벗어났습니다. 톨레는 자아의 허상을 알아차리며 지금, 이 순간에 깨어 있는 삶을 살아가는 길을 발견했고, 데이비드 호킨스 박사는 진짜 나는 나라는 개체로서의 존재가 아니라, 그 모든 것을 넘어서는 의식 그 자체임을 깨달았다고 했습니다.

이 깨달음들은 모두 우리가 직면한 고통이 외부 조건이 아닌, 우리의 마음과 그것이 만들어내는 무수한 생각과 집착에서 비롯됨을 알려줍니다. 불교에서는 이를 무명(無明), 즉 무지라 부르며, 깨달음은 이 무지에서 벗어나는 것이라고 가르칩니다. 깨달음을 얻기 위해서는 마음이 만들어내는 허상과 고통을 관찰하고 이해하며, 궁극적으로는 그것을 초월하는 경험이 필요합니다.

현대 심리학에서는 이러한 개념을 '마음 챙김'이라 부르며, 현재의 순간을 온전히 알아차리고 수용하는 태도를 강조합니다. 이를 통해 우리는 무의식적으로 떠오르는 생각과 감정에 휘둘리지 않고 평화와 자유를 찾을 수 있습니다. 결국 마음의 본질을 이해한다는 것은 단순히 생각을 멈추는 것이 아니라, 생각과 진정한 자아의 분리를 깨닫고 고통에서 벗어나 평온한 상태로 존재하는 것을 의미합니다.

이와 같이 원효대사, 바이런 케이티, 에크하르트 톨레, 데이비스 호킨스의 깨달음 사례는 우리의 고통이 외부 상황이 아닌 마음의 작용에서 비롯된다는 점을 일깨워줍니다. 우리가 겪는 고통과 불안의 근원이 무엇인지 깨닫고, 내면의 진정한 자아를 자각하는 순간, 우리는 고통과 무지에서 벗어나 자유로운 삶을 살 수 있습니다.

내가 겪는 모든 고통의 원인은 바로 밖의 일이 아니라 내 안의 일이었습니다.

산 자와 죽은 자

세상은 언제나 조용합니다. 아무 말이 없습니다. 불교에서는 이를 자성(自性)이 없다고 합니다. 그러나 우리의 마음속에는 끊임없는 생각들이 떠오르고, 우리는 그 생각들에 붙잡혀 살아갑니다. 생각의 파도에 휘둘려 여기저기로 표류하며 살아가고 있습니다. 세상이 혼란스럽고 복잡해 보이는 이유는 오로지 그 생각들 때문입니다.

하지만, 생각을 내려놓고 그 생각들에 집착하지 않으면, 세상은 놀랄만큼 고요해집니다. 그 고요 속에서 우리는 비로소 세상을 진정으로 마주하게 됩니다.

모든 것은 내가 가는 곳마다 내 모습이 반영되어 비출 뿐입니다. 세상이 나를 비추는 거울이라면, 그 거울 속에 비치는 것은 다름 아닌 내 생각과 감정의 그림자들입니다. 생각이 사라지면, 거울 속의 나도 사라집니다. 그리고 그때 고통도 함께 사라집니다. 오직 사랑과 기쁨만이 남아 우리와 함께합니다.

많은 사람은 익숙한 생각들에 인생을 맡기곤 합니다. 그 생각들이 안전하다고 느끼고, 그 생각들 속에서 안정감을 찾습니다. 하지만 그것은 진정한 안전이 아닙니다. 익숙한 생각들은 우리를 어딘가로 끌고 가며, 종종 그 끝은 고통과 후회입니다. 그런 생각들을 없애거나 억누르려 애쓰는 것은 어리석은 일입니다.

오히려 그 생각들을 그냥 내버려두십시오. 그들은 마치 구름처럼 잠시 머물다가 자연스럽게 사라질 것입니다. 아무것도 할 필요 없습니다. 그저 생각들이 지나가는 것을 허락하면 됩니다.

불교에서는 이를 방하착(放下着)이라 부릅니다. 내려놓음의 지혜입니다. 방하착이란 어떤 것을 억지로 없애려 하지 않고, 그저 신경 쓰지 않는 것에서 오는 해방입니다.

생각에 빠져 그 생각들을 붙잡는 순간, 우리는 삶의 본질에서 멀어집니다. 그러나 그 생각들을 방하착 할 때, 우리는 다시 삶의 중심으로 돌아옵니다.

산 자란 분별과 망상에서 벗어나 온전히 지금에 머물며 사는 사람입니다. 생각의 집착에서 벗어나, 있는 그대로의 세상을 경험하는 자들입니다. 그들에게 세상은 혼란스럽지 않으며, 모든 것이 명확하고 평화롭습니다. 그들은 삶의 흐름 속에서 자유롭고 경쾌하게 살아갑니다. 고통과 슬픔조차도 그들의 삶 속에서는 더 이상 영원한 것이 아닙니다. 그것들은 마치 구름처럼 왔다가 사라질 뿐입니다.

반면에 죽은 자란 생각과 분별에 갇혀 사는 사람들 지금에 머물지 못하고 언제나 과거나 미래에 머물려 사는 사람들입니다. 그들은 끊임없는 망상 속에서 헤매며, 스스로 만들어낸 고통 속에 갇혀 삽니다. 과거 또는 미래에 관한 생각은 그들에게 무거운 짐이 되고, 그 짐 속에서 허우적거리게 만듭니다. 그들은 세상을 있는 그대로 바라보지 못하고, 자신이 만들어낸 왜곡된 현실 속에서 살아갑니다.

우리는 주변에서 길을 가다 보면 무슨 말을 하는지 가끔 혼자서 무엇인가에 홀려 중얼중얼하는 사람을 볼 때가 있습니다. 이들은 무슨 생각에 사로잡혀 그 생각 속에서 누군가와 대화하듯 중얼거리는 것입니다. 온전히 현재 지금 순간순간을 살아가지 못하고 그 생각 속 어딘가 과거나 아니면 미래에 가서 사는 것입니다.

실재는 지금 여기뿐인데 지금 여기 현재에 온전히 살아가지 못하고 상상 속에나 있는 과거 또는 미래에 있으니 죽은 자나 마찬가지일 것입니다.

이처럼 세상에는 이 두 부류의 사람이 존재합니다. 산 자와 죽은 자. 분별 · 망상을 넘어선 삶을 사는 자와, 분별 · 망상에 사로잡혀 사는 자. 결국, 우리가 어떻게 살 것인가? 는 우리의 선택에 달려 있습니다. 우리는 언제든지 생각과 분별을 내려놓을 수 있습니다. 자신이 현재 이곳에 있지 못하고 과거나 미래에 관한 생각이 떠오를 때, 그것을 자각하는 것만으로도 순식간에 다시 돌아올 수 있습니다. 이 생각이 사라진 자리에 바로 진정한 나 자신이 드러나게 됩니다. 그리고 그때 우리는 진정으로 살아 있는 사람이 됩니다.

삶은 그저 흘러가는 것입니다. 삶은 내가 살아간다는 착각이 아니라 삶이 펼쳐지는 것입니다. 강물이 흘러가듯이 우리의 삶도 생각과 감정도 그렇게 흘러갑니다. 그 흐름 속에서 붙잡으려 하지 않고, 그저 바라보며 흐르게 둘 수 있다면, 우리는 더 이상 그 생각들에 휘둘리지 않습니다.

그리고 그때 비로소 우리는 삶을 온전히 즐길 수 있습니다.

당나라의 선승 임제 어록에 '隨處作主 立處皆眞(수처작주 입처개진)'이라는 말이 나옵니다. '머무르는 곳에서 주인이 되면 그곳이 바로 진리의 자리다.'라는 뜻으로 '어느 곳, 어느 처지에 다다르더라도 주관을 잃지 않고 자기 주인이 돼라.'라는 것입니다.

산 자와 죽은 자의 차이는 단순합니다. 생각에 집착하지 않으면 산 자가 되고, 생각에 휘말리면 죽은 자가 됩니다. 우리가 선택해야 할 것은 바로 그것입니다.

도마복음 11절에도 예수님의 말씀이 나옵니다.

"죽은 사람들은 살아 있지 않고, 산 사람들은 죽지 않습니다. 여러분이 죽은 것을 먹는 날 여러분은 죽은 것을 살아나게 합니다."

이 말씀은 육체적으로 살아 있지만 영적으로 죽어 있는 사람들을 지적하며, 영적 삶의 중요성을 강조합니다. 여기서 '죽은 자'는 영적으로 깨어 있지 않고 세속적인 욕망과 무지에 갇혀 있는 사람들을 의미하며, '살아 있는 자'는 진리를 깨닫고 영적으로 자유로운 사람을 가리킵니다. 이처럼 산 자와 죽은 자는 단순히 육체적 상태를 넘어 영적 상태를 묘사하는 것으로 죽은 자는 세속적인 욕망, 무지, 집착 속에서 살며, 영적 진리를 보지 못하는 상태이며 반면 산 자는 내면의 깨달음을 통해 자유로워지고, 참된 진리를 깨달은 상태로 영적 부활을 경험하고 지금, 이 순간을 깨닫는 것입니다.

나는 지금 살아 있는가? 아니면 죽어 있는가?

자유 의지에 대한 착각

'생각'에 대해 자세히 관찰하거나 생각이란 무엇이지? 곰곰이 생각해 본 적이 있나요?

생각이 생각을 들여다보는 것입니다.

생각은 내가 하는 것일까요? 아니면 내 의지와는 관계없이 저절로 일어나는 것일까요? 이상한 말로 들리실 겁니다.

우리 옛말에도 이런 말이 있습니다. '사람들은 하루에 오만 가지 생각을 한다.'라고….

여기서 '하루에 오만 가지 생각이 일어난다.'라는 말은 맞는 것 같은데 그 생각을 내가 하는 것이 아니라고 하는 것에는 조금 의문이 생길 겁니다.

사람들은 대부분 생각은 당연히 내가 하는 것이라고 말하겠지만 사실 생각은 내 의지와 관계가 있을까요?

지금 이 책을 읽는 것을 잠시 멈추고 가만히 약 5분만 눈을 감고 명상과 같은 상태를 만들어 보십시오.

5분이 힘들면 약 2~3분만 하셔도 좋습니다.

처음으로 자신을 들여다보는 실험을 해보신 분이면 '어~' 이상하다. 내 의지와는 관계없이 생각은 저절로 떠오르네! 저절로 올라오네!

여기서 자기 자신을 잘 관찰해 보신 분은 생각은 내 의지와는 관계없이 저절로 내 마음속 어디에선가 자동으로 떠오르고 있다는 것을 알게 됩니다. 그것도 이런저런 것들이….

이렇듯 생각은 상황이 맞으면 저절로 떠오르지만, 그 생각에 대한 생각, 그리고 생각을 따라가며 집착하는 것이 문제가 되는 것입니다. 마치 구름이 인연 따라 나타났다가 사라지는 것처럼 우리 생각도 인연 따라 그렇게 나타났다가 사라지는 것입니다. 내 의지와는 관계없이 말입니다.

생각만이 아니라 느낌과 감정도 이와 같이 때와 인연에 따라서 왔다가 사라집니다.

우리 삶에서도 내가 삶을 살아가는 것이 아니라 삶이 우리 앞에 펼쳐집니다.

삶, 존재가 그러하니 우리는 선택함이 없이 살고 삶이 스스로 일어나도록 허용한다면 우리는 자유인이 되지 않을까요.

즉, 삶이 우리를 통해 일어나는 것이지, 삶이 내 의지 때문에 펼쳐지는 것이 아닙니다.

그러니 매사를 내가 선택한다고 고집하지 말고, 전체로 남아 있을 때 마음의 평화와 자유가 있지 않을까요.

될 일은 되고 안 될 일은 안 됩니다. 열심히 삶을 살아가되 결과에 너무 연연하지 말아야 하는 지혜가 여기에 있습니다.

'자유의지'와 관련된 실험 사례를 소개해 보겠습니다.

"우리는 자유의지가 없는 세계에서 자유의지가 있는 척 살아가는 것이 최선이다." 스티븐 호킹 박사의 말입니다. 그러나, 정말 충격적이게도 현대 과학의 여러 실험 및 결과들은 사실 인간의 자유의지가 없다는 방향으로 기울고 있습니다.

미국 캘리포니아 대학의 벤저민 리벳 교수는 인간에게 자유의지가 없다고 주장하는 과학자 중 한 명이었는데 그는 인간의 모든 결정은 그저 뇌의 화학작용에서 일어나는 명령이라고 생각했고, 역시 과학실험을 통해 자유의지가 존재하지 않는다는 점을 밝혀냈습니다. 즉, EEG를 통해 행동을 의식적으로 결정하기 전에 뇌가 이미 움직임을 준비한다는 사실이 관찰되었습니다.

실험 내용은 다음과 같습니다.

---

1. 실험 참가자들을 앉혀놓고 뇌파검사를 하는 EEG 전극과 근육 신호를 측정하는 MEG를 붙인다.
2. 그 후 참가자들에게 시계를 보면서, '자신이 누르고 싶은 곳에서 손가락 버튼을 누르세요.'라고 지시한다.
3. 손가락으로 버튼을 누르고 싶은 충동을 처음 인지하는 순간을 표시하도록 지시한다.
※ EEG(Electroencephalography) 뇌파검사, MEG(Magnetoencephalography) 자기장 측정 기술

이때 MEG로는 운동이 실제로 일어난 시점, EEG로는 뇌신경에 반응이 일어난 시점을 측정할 수 있으며 시계에 찍힌 점의 위치로는 피험자가 의도한 시점을 기록할 수 있게 되는 것입니다.

만약 자유의지가 실제로 존재한다면 시계에 찍힌 점이 제일 앞에 있고, 그다음에는 뇌의 반응인 EEG, 마지막으로는 근육의 반응인 MEG일 것입니다. 그러나 가장 먼저 찍힌 것은 뇌의 반응인 EEG, 그다음이 시계, 그다음이 MEG였다고 합니다.

이 실험의 결과는 행동을 결정했다는 사실을 인간이 스스로 인지하기 이전에 대뇌 운동피질이 먼저 준비했다는 뜻이 되는 것입니다.

자유의지가 있다, 없다는 의제는 아직은 논란의 여지가 많습니다. 그러나 이런 논란의 여지를 떠나서 제가 이야기하고 싶은 것은 이것입니다.

우리는 항상 자기 생각은 맞고 남의 생각은 전무 틀린 듯 착각하며 고집하고 집착하며 살아갑니다. 그 결과로 마음의 상처를 입고 괴로워하고 고통 속에서 살아가는 것인지도 모르고 있다는 점입니다.

이는 우리가 모두 가진 인지적 편향 때문입니다. 자신이 보고 듣고 느낀 경험이 유일한 진리처럼 느껴지기 때문에, 다른 사람의 관점이나 생각은 틀리거나 덜 중요하게 여겨집니다. 이러한 태도는 때때로 고집과 집착으로 이어져, 갈등과 오해를 낳는 원인이 됩니다.

그러나 세상에는 수많은 관점과 경험이 존재하며, 우리의 생각 역시 특정 환경, 문화, 교육, 혹은 개인적인 경험 때문에 형성된 것에 불과합니다. 마치 하늘의 구름이 끊임없이 변하듯, 우리의 생각도 변화 가능하다는 점을 깨닫는 것이 중요합니다.

내 생각도 관념도 시간이 지남에 따라 보는 관점도 달라져 있다는 점을 발견한 사람도 있을 것입니다. 진정한 지혜는 자기 생각을 고집하는 것이 아니라, 타인의 관점과 의견을 경청하고 열린 마음으로 이해하려는 태도에서 비롯됩니다.

생각은 단지 생각일 뿐, 그것이 절대적인 진리가 아닙니다. 생각도 시간이 지남에 따라 변하니까요. 우리의 고집과 집착을 내려놓는 순간, 더 넓고 깊은 진실에 다가갈 수 있습니다. 겸손과 열린 마음은 타인과의 소통과 조화를 이루는 첫걸음이자, 우리 삶을 풍요롭게 만드는 열쇠입니다.

따라서 내 생각은 틀렸다는 열린 마음으로 살아갈 때 삶은 우리에게 자유와 평온을 가져다 주지 않을까요.

스스로 만든 감옥

감옥이라고 하면 우리는 보통 죄수들이 갇히는 물리적인 공간을 떠올립니다.

철창으로 둘러싸인 공간, 자유를 빼앗긴 채 살아가는 죄수들의 모습이 연상되곤 하지요.

그러나 과연 우리가 감옥이라고 부를 수 있는 것이 이러한 물리적 공간뿐일까요? 우리가 인식하지 못하는 더 강력한 감옥이 있습니다. 그것은 바로 우리 스스로가 만든 정신적 감옥입니다. 눈에 보이지는 않지만, 그 속에서 우리는 헤어 나오지 못하고 더 큰 고통에 빠져 살아갑니다.

마음이 만든 감옥, 이 정신적 감옥은 우리가 스스로 만든 생각과 관념, 견해에서 비롯됩니다. 특정한 신념, 분별, 망상, 판단 등으로 우리는 끊임없이 자신을 괴롭히고 있습니다. 이러한 것들은 외부로부터 주어진 것이 아니라 내가 스스로 만든 것이며, 내 생각이 그려낸 허상입니다. 그럼에도 우리는 그것을 절대적인 진실로 받아들이고, 그 속에서 자신을 가두는 감옥을 쌓아 올립니다.

자승자박(自繩自縛)이라는 말이 있습니다. 스스로 만든 끈으로 자신을 묶는다는 뜻입니다. 우리의 생각과 판단이 바로 이 끈입니다. 우리는 삶 속에서 다양한 상황과 사건을 경험하며, 그것에 대해 나름의 판단을 내립니다. 좋고 나쁨, 옳고 그름의 기준을 세워 스스로가 그것에 얽매이기 시작하는 것입니다. 특정한 사건이 일어났을 때, 우리는 그 사건에 대해 부정적인 해석을 하고, 그것이 마음속에 굳어지면서 나중에는 그 해석 자체가 또 다른 고통을 만들어냅니다.

예를 들어, 누군가가 나에게 상처를 주는 말을 했을 때, 우리는 그 말에 너무 깊이 사로잡혀 분노나 슬픔을 느낍니다. 하지만 그 말 자체가 나에게 영구적인 상처를 주는 것은 아닙니다. 그 상처는 내가 그 말을 어떻게 해석하느냐에 달려 있습니다. 누군가는 그저 지나가는 말로 흘려버릴 수 있지만, 또 다른 누군가는 그 말을 가슴 깊이 새기고 오랫동안 괴로워할 수 있습니다. 결국, 나를 괴롭게 하는 것은 외부에서 발생한 일이 아니라, 내가 만들어낸 해석, 즉 내가 스스로 만든 감옥인 것입니다.

정신적 감옥의 또 다른 사례로는 스스로 정해놓은 완벽함의 기준을 들 수 있습니다.

많은 사람이 자신이 설정한 완벽함에 도달하지 못하면 자신을 스스로 비난하고 좌절합니다. 학생이라면 시험에서 한 문제라도 틀리면 자신을 실패자라 여기고, 직장인이라면 업무에서 작은 실수 하나로 자신을 무능력하다고 단정 짓습니다. 혹은 부모라면 자녀를 완벽하게 양육하지 못했다는 자책에 빠지기도 합니다.

이런 기준은 외부의 압력이나 사회적 기대에서 비롯되었을 수 있지만, 시간이 지나면서 그것을 스스로 내면화해 감옥처럼 여기고 살아갑니다.

실제로는 아무도 완벽을 요구하지 않는데도, 우리는 그 기준에 스스로 갇혀 마음의 자유를 잃는 것입니다.

이러한 감옥에서 벗어나려면, 완벽하지 않아도 괜찮다는 사실을 받아들이고, 자신의 가치를 외부 기준이 아니라 내면의 평화와 성장에서 찾는 노력이 필요합니다.

이와 관련하여 하와이 전통의 치유법인 호오포노포노(Ho'oponopono)는 매우 유용한 지혜를 제공합니다. 호오포노포노는 우리의 마음을 정화하고 치유하는 과정에서 자신에게 축적된 부정적인 기억과 감정을 깨닫고 그것을 정화하는 방법을 제시합니다. '미안합니다. 용서하세요. 감사합니다. 사랑합니다.'라는 간단한 네 마디가 호오포노포노의 핵심입니다. 이 네 마디는 단순히 외부 상황을 해결하는 말이 아니라, 나 자신에게 하는 말입니다.

나 자신에게 미안함을 전하고, 용서를 구하며, 그 모든 것에 감사를 표하고, 사랑을 보내는 것입니다.

호오포노포노의 핵심은 우리의 모든 문제와 고통이 외부로부터 온 것이 아니라, 내 안에 있는 기억과 감정에서 비롯된다는 것을 깨닫는 데 있습니다. 따라서 외부 세계에 대한 불만이나 분노보다는 내 마음속에서 그것을 어떻게 받아들이고 해석하는지에 집중해야 합니다. 이 치유 과정은 나의 마음속에서 만들어진 감옥을 풀어내는 열쇠가 될 수 있습니다.

호오포노포노의 방식은 내가 스스로 만든 감옥에서 벗어나는 방법을 명확하게 제시합니다. 마음속에서 일어나는 분노나 슬픔, 불안 등을 정화하는 것이 핵심입니다. 우리가 종종 겪는 고통과 상처들은 외부에서 일어난 일들이 아니라, 그 일에 대해 우리가 형성한 기억과 감정에서 비롯된 것입니다. 이러한 감정의 고리를 끊고, 나 자신을 용서하고 사랑하는 과정은 결국 내가 만들어 놓은 감옥을 허물고 자유로 나아가는 길입니다.

스스로 만든 감옥을 허물기 위한 첫걸음은 내가 지금 감옥 안에 있다는 사실을 인식하는 것입니다. 많은 사람은 자신이 감옥에 갇혀 있다는 사실조차 깨닫지 못합니다. 내 생각이 진리라고 믿고, 그 속에서 평생을 살아가며 고통을 감수합니다. 하지만 한발 물러서서 생각해 보면, 우리가 겪는 고통은 외부에서 오는 것이 아니라, 내 안에서 스스로 만든 것이라는 사실을 알게 됩니다.

제 생각, 판단, 견해에서 벗어나면 그 순간부터 감옥의 벽은 무너집니다. 우리의 인식이 변화함에 따라, 세상도 변화하게 됩니다. 더 이상 세상을 분별하지 않고, 있는 그대로 받아들이는 것이야말로 진정한 자유입니다. 그 자유는 바로 지금, 여기서 찾을 수 있습니다.

현대인이 '스스로 만든 감옥'의 대표적인 사례는 스마트폰 중독일 것입니다.

스마트폰은 정보를 얻고 소통하는 데 매우 유용한 도구지만, 과도한 의존은 개인을 심리적 감옥에 가두는 결과를 낳을 수 있습니다. 예를 들어, 많은 사람이 SNS에서 타인의 삶과 비교하며 자신을 초라하게 느끼거나, 끊임없는 알림과 피드 확인으로 인해 현재의 삶에 집중하지 못하고 불안감을 느끼곤 합니다.

이러한 행동 패턴은 사실 누가 강요한 것이 아니라, 스스로 만든 습관과 집착에서 비롯된 것입니다. '좋아요'와 댓글에 의존하여 자신의 가치를 확인하려는 마음, 또는 정보를 놓치면 안 된다는 불안감이 사람을 계속 스마트폰에 묶어둡니다. 결과적으로, 이러한 감정은 스스로 만들어낸 감옥이자 스트레스의 원인이 됩니다.

이 문제를 극복하려면, 먼저 자기 행동을 객관적으로 인식하고, 스마트폰 사용 시간을 조절하거나 디지털 디톡스를 실천하는 등 자기 생각과 습관을 변화시킬 필요가 있습니다. 이를 통해 자유로운 삶을 되찾을 수 있을 것입니다.

스스로 만든 감옥은 우리를 끊임없이 괴롭히고 얽매는 생각과 판단에서 비롯됩니다. 하지만 그 감옥에서 벗어나기 위해서는 스스로가 그 감옥을 만들었다는 사실을 깨닫고, 그 속에서 벗어나지는 길을 선택해야 합니다. 호오포노포노의 지혜를 통해 우리는 마음의 정화를 이루고, 나 자신을 용서하고 사랑하는 법을 배울 수 있습니다. 나의 고통이 외부에서 오는 것이 아니라, 내 안에서 만들어진 것임을 깨달을 때, 우리는 더 이상 그 감옥에 머무르지 않게 될 것입니다. 진정한 자유는 바로 제 마음 속에서부터 시작됩니다.

Part 2

삶의 방향과 가치관

대언담담 소언첨첨(大言炎炎 小言詹詹)

큰말은 담백하여 시비에 구애되지 않고

작은말은 말이 많아 이러쿵저러쿵 시끄럽다.

- 장자(莊子) 제물론 -

우리의 삶은 연기적 존재

삶은 우리가 흔히 생각하는 것처럼 독립적이고 고립된 것이 아닙니다. 불교에서 말하는 연기법(緣起法)은 모든 존재와 현상이 상호 의존적이며, 원인과 조건에 의해 발생한다는 진리를 설명합니다. 이는 우리가 경험하는 모든 것이 그 자체로 독립되어 존재하는 것이 아니라, 이전의 원인과 조건, 그리고 다른 것들과의 관계 속에서 나타나며, 끊임없이 변화하고 상호작용한다는 것을 뜻합니다. 이러한 연기적 관점에서 보면, 우리는 고정된 실체가 아니라 끊임없이 변화하는 과정 속의 존재일 뿐입니다.

마치 만다라나 태피스트리(Tapestry)와 같은 복잡한 패턴을 이루는 삶의 구조는 다양한 요소들이 서로 연결되어 하나의 전체를 이루고 있는 것과도 같습니다.

각각의 실이 독립적으로 보이지만, 그 실들이 서로 얽히고 교차하면서 하나의 아름다운 그림을 만들어냅니다. 이처럼 우리의 삶도 개별적 요소들이 모여 이루어진 연기의 집합체입니다. 이 글에서는 연기적 존재로 사는 삶을 빛의 이중성, 즉 입자성과 파동성의 두 가지 성질과 연결 지어 살펴보고자 합니다.

　만다라는 동양 전통에서 우주와 삶의 본질을 상징하는 도형으로, 연기법의 원리를 시각적으로 표현한 예시라 할 수 있습니다. 만다라는 중심에서 시작하여 점차 외곽으로 퍼져 나가는 복잡한 형태를 보이며, 이는 모든 존재가 중심을 공유하면서도 서로 얽혀 있다는 것을 상징합니다. 이 패턴들은 개별적으로 존재하지 않으며, 하나의 전체 속에서 서로를 보완하고 연결되어 있습니다. 만다라의 형태는 연기적 삶의 모습을 형상화한 것입니다. 우리는 이 삶의 패턴 속에서 분리된 독립적 존재가 아니라, 서로에게 영향을 주고받으며 존재하고 있습니다.

　예를 들어, 나무 한 그루를 생각해 봅시다. 나무는 혼자서 자라지 않습니다. 땅속에서 물과 영양분을 흡수하고, 태양으로부터 빛을 받아 광합성을 합니다. 그 과정에서 나무는 자신이 있는 주변 환경과 끊임없이 상호작용하며 존재를 유지합니다. 우리가 보는 나무는 그 자체로 고정된 실체가 아니라, 수많은 조건이 모여 이루어진 연기의 결과물입니다. 그 나무가 자라기 위해서는 빛, 공기, 물, 그리고 땅이 필요하며, 이 모든 요소가 얽혀 나무를 존재하게 만듭니다.

　사람의 삶도 마찬가지입니다. 우리는 홀로 존재하지 않으며, 주변의 무수한 요소들과 끊임없이 상호작용하고 영향을 주고받습니다. 내 생각, 감정, 행동조차도 내가 속한 사회, 문화, 관계 속에서 발생하며, 그 모든 것은 과거의 경험과 기억, 그리고 주변 환경에 의해 형성된 결과입니다. 따라서 나라는 존재도 결국 그 이전의 조건들과 원인에 의해 형성된 연기의 결과물이라 할 수 있습니다.

삶이 연기적 존재라는 것을 이해하는 또 하나의 비유는 빛의 이중성에서 찾을 수 있습니다. 빛은 고전적으로 입자와 파동이라는 두 가지 상반된 성질을 동시에 가진다고 알려져 있습니다. 양자역학에 따르면, 빛은 때로는 입자처럼 행동하여 특정한 위치에 존재하는 듯 보이다가, 다른 상황에서는 파동처럼 행동하여 공간적으로 퍼져나갑니다. 이 두 가지 성질은 서로 모순되는 것이 아니라, 빛의 본질을 설명하는 두 가지 서로 다른 방식일 뿐입니다.

삶도 이와 비슷한 이중적 성질을 가지고 있습니다. 한편으로, 우리는 독립적이고 구체적인 존재로 여겨질 수 있습니다. 내가 느끼고 생각하는 감정과 생각은 나만의 것이며, 다른 사람과는 분리된 것처럼 보입니다. 그러나 다른 한편으로는 우리는 끊임없이 주변과 상호작용하며 그 안에서 나의 존재가 의미를 찾습니다. 나라는 존재가 독립된 실체가 아니라, 마치 파동처럼 세상 속에서 퍼져 나가고 그 속에서 서로 영향을 주고받는 관계 속에 있다는 것입니다.

빛이 입자이면서도 동시에 파동일 수 있는 것처럼, 우리의 삶 역시 독립적인 개체인 동시에 연기적 관계 속에서 존재하는 것입니다. 우리는 때로는 나만의 독립된 개체로서 존재하는 것처럼 느끼지만, 동시에 우리는 이 세상 속에서 끊임없이 상호작용하며 존재하는 연기의 한 부분입니다.

연기법에서 중요한 점은 모든 것이 상호 의존적이라는 것입니다. 한 가지 현상이 존재하려면 반드시 그에 상응하는 원인과 조건이 있어야 합니다. 원인이 없으면 결과도 없고, 결과가 없으면 원인도 없습니다. 이처럼 모든 존재는 단일한 실체로서 존재하는 것이 아니라, 수많은 다른 조건들과 관계 속에서 잠시 존재할 뿐입니다.

빛의 이중성을 다시 생각해 보면, 입자가 파동으로 존재하고, 파동이 입자로 존재할 수 있음을 알게 됩니다. 이는 곧 우리의 존재도 고정된 것이 아니며, 우리가 처한 조건과 상황에 따라 끊임없이 변화하고 있음을 상징합니다. 우리는 독립적으로 존재하는 실체가 아니라, 끊임없이 변화하는 연기의 흐름 속에서 살아가고 있습니다.

삶이 연기적 존재라는 것을 이해할 때, 우리는 더 이상 나의 고통과 기쁨을 고정된 것으로 여기지 않게 됩니다. 지금 나에게 고통을 주는 상황도 결국은 일시적인 것이며, 그것은 그 이전의 조건들에 의해 형성된 결과일 뿐입니다. 그리고 그 고통도 시간이 지나면 사라지고 새로운 조건이 형성되면 다른 결과가 나타나게 될 것입니다. 이러한 연기적 관점을 통해 우리는 삶의 무상함과 변화를 받아들이고, 그것에 대해 집착하지 않게 됩니다.

삶은 독립된 실체가 아니라, 끊임없이 변화하고 상호작용하는 연기의 과정입니다. 만다라와 태피스트리처럼, 각각의 구성 요소들은 서로 얽히고 교차하여 하나의 전체를 이루고, 그 속에서 우리는 존재하게 됩니다.

우리의 손가락 다섯 개가 각각 달라 보이지만 따로따로 분리할 수 없는 것처럼 현상계에 개별적으로 존재하는 모든 것 역시 모양이 달라 보일 뿐 따로 분리되거나 독립된 하나로 존재할 수는 없는 것 아닌가요.

마치 태피스트리의 한 조각실처럼 연기적 존재인 것입니다.

삼라만상, 우주 만물은 이렇듯 서로서로 연결된 인드라망이요 양자 에너지 장입니다.

빛이 입자이면서도 파동일 수 있듯이, 우리의 존재도 독립적인 동시에 관계 속에서 형성된 것입니다.

불교에서 말하는 연기법을 통해 우리는 삶을 바라보는 새로운 관점을 얻을 수 있습니다. 나의 고통이나 기쁨, 성공이나 실패 모두가 일시적인 것이며, 그것들은 그 자체로 고정된 실체가 아닙니다. 우리의 삶은 무수한 조건들이 만들어낸 결과일 뿐이며, 그것이 끊임없이 변화할 수 있음을 인식할 때 우리는 더 큰 자유와 평화를 찾을 수 있을 것입니다.

긍정적 마인드가 몸을 치유한다

긍정적 생각이 몸을 치유할 수 있다는 말은 이제 더 이상 단순한 위안의 메시지가 아닙니다. 우리 주변만 자세히 살펴보아도 평소에 긍정적인 사람과 부정적인 사람의 건강 상태만 보아도 쉽게 찾아볼 수 있습니다.

전혀 모르는 사람을 보더라도 그의 몸 건강 상태만 살펴보고 잠시 이야기를 나누어보면 그가 삶을 긍정적으로 사는지 아니면 부정적으로 사는지 알아볼 수 있을 것입니다.

서양의 영적 스승으로 잘 알려진 데이비드 호킨스 박사는 긍정적인 생각이 실제로 신체적 강인함과 직접적으로 연결되어 있음을 밝혔습니다.

그는 『의식 혁명』이라는 책에서 이 주제를 과학적으로 다루었고, 그 속에서 마음의 상태가 신체에 미치는 영향의 실험을 통해 증명했습니다. 그의 연구 결과는 마음과 몸의 상호작용이 단순한 믿음을 넘어 실제로 체험할 수 있는 힘으로 작용한다는 것을 보여줍니다.

호킨스 박사는 사람에게 특정 단어나 이미지를 떠올리게 하면서 그들의 근력을 측정했습니다. 긍정적이고 사랑이 가득한 단어, 예를 들면 기쁨, 평화, 사랑 같은 단어를 들었을 때 피실험자들의 근력은 더 강하게 나왔고 반면 증오, 슬픔, 공포 같은 부정적인 단어를 접했을 때는 그들의 근력이 약해졌습니다.

이 연구는 마음에 떠오르는 긍정적인 생각들이 실제로 신체적 반응을 유도하여 사람의 힘을 강화할 수 있다는 것을 과학적으로 증명한 것입니다.

호킨스 박사는 이 실험을 통해 인간의 에너지 상태가 단순히 정신적 상태에 그치는 것이 아니라, 몸과 마음이 서로 깊이 연결되어 있으며, 마음에서 발생하는 생각과 감정의 파장이 신체의 강인함과 건강에까지 큰 영향을 미친다고 설명합니다.

몸과 마음은 서로 끊임없이 영향을 주고받으며, 이를 통해 인체는 자신의 균형을 유지하려 합니다. 예를 들어, 우울감에 빠지면 어깨가 처지고 몸이 무겁게 느껴지며, 무기력감이 일어나는 것을 누구나 경험해 보았을 것입니다.

이때 부정적인 생각은 일종의 부정적인 파장을 발생시키며, 이는 세포와 장기에 부담을 줍니다. 호킨스 박사는 인간의 에너지 상태를 '진동수'로 표현하며, 긍정적 진동수는 높은 에너지를, 부정적 진동수는 낮은 에너지를 지니고 있다고 합니다.

이러한 진동수는 주변 환경에 있는 에너지를 끌어들이고 상호작용하며, 몸 안에 긍정적이거나 부정적인 영향을 미칩니다.

따라서 긍정적인 진동수가 지배적일 때, 몸과 마음은 더 건강하고 활기찬 상태로 유지되지만, 부정적인 진동수가 지배적일 때는 신체가 점점 약해질 수밖에 없습니다.

마음의 상태가 몸에 영향을 미치는 또 다른 대표적인 사례로는 '플라세보 효과'를 들 수 있습니다. 우리는 학교에서 이미 많이 들어본 이야기일 겁니다.

실제 약물이 아닌, 단순한 설탕 알약을 복용했음에도 불구하고 긍정적인 기대를 한 사람들은 병세가 호전되는 경우가 많습니다. 이는 믿음이 만들어내는 긍정적 파장이 신체에 직접적인 치유 효과를 발휘한다는 것을 시사합니다.

반면, '노시보 효과'라고 불리는 반대 상황도 존재합니다. 부정적인 생각과 불안감이 강할 경우, 신체는 더욱 악화하는 경향이 있으며, 이는 또한 마음과 몸의 상호작용을 보여주는 중요한 사례입니다.

또한 암 환자들이나 난치병 환자들이 희망을 잃지 않고 긍정적인 태도로 병을 이겨내는 경우를 우리는 종종 보게 됩니다. 자신을 믿고 긍정적인 마음가짐을 유지하는 사람들은 그렇지 않은 사람들보다 면역력이 더 강하게 유지되며, 어려운 상황 속에서도 기적 같은 회복을 보이는 경우가 많습니다.

이와 같이 몸과 마음의 조화를 이루기 위해 긍정적인 생각을 유지하는 것이 매우 중요합니다.

스트레스를 받거나 부정적인 생각이 머릿속을 가득 채울 때, 깊게 숨을 들이쉬고 명상을 통해 마음을 평화로운 상태로 돌리는 것만으로도 신체와 마음을 재충전할 수 있습니다.

또한, 일상에서 감사하는 마음을 자주 떠올리는 것도 큰 도움이 됩니다. 감사는 긍정적인 에너지를 키워주고, 우리를 더 건강하고 강인하게 만들어줍니다.

긍정적인 태도를 유지하려는 노력은 단순히 기분만 좋아지는 것을 넘어 신체적 건강에도 큰 변화를 가져올 수 있습니다.

호킨스 박사의 연구에 따르면, 마음가짐은 매우 강력하며, 긍정적인 생각이 신체 건강에 직접적인 영향을 미칠 수 있다고 합니다.

이 사례를 통해 한번 생각해 보세요.

만약 내가 몸이 자주 아프거나 불편하다면, 혹시 내 삶이 부정적인 생각으로 가득 차 있지는 않은지 돌아볼 필요가 있지 않을까요?

우리는 왜 명상에 빠져드는가?

우리가 사는 현대 사회는 아주 복잡하고 빠르게 변화하고 있습니다. 따라서 현대인들은 정신적으로나 신체적으로 많은 스트레스와 압박을 느끼며 살아가고 있습니다.

이렇게 빠르게 변하는 세상 속에서 쉼 없이 달리다 보면, 내면의 고요와 평온함을 찾기란 쉽지 않습니다.

많은 사람이 바로 이런 이유로 명상을 찾고 있으며, 명상은 단순한 유행을 넘어 이제는 일상의 중요한 부분이 되어가고 있습니다.

우리 주변을 잠시 살펴보면 요가, 명상, 마음수련과 같은 명상센터를 쉽게 찾아볼 수 있습니다. 이렇듯 명상은 이제 특정인들만 하는 영역이 아닙니다.

그렇다면 왜 사람들은 시간과 돈을 투자하면서까지 명상에 몰두할까요? 명상이 우리에게 주는 이점과, 동·서양의 주요 명상법에 대해 함께 알아보겠습니다.

명상은 단지 눈을 감고 앉아 있는 것이 아니라, 마음을 들여다보고 깨달음을 추구하는 중요한 자기 성장의 수단이기도 합니다.

동·서양에는 다양한 명상의 방식이 존재합니다. 이를 이해하는 것은 명상이 단순히 한 가지 방법이 아니라 여러 철학과 방법론이 공존하는 넓은 영역임을 깨닫게 합니다.

동양에서는 명상이 오랜 역사가 있으며, 주로 불교와 힌두교에 뿌리를 두고 있습니다. 대표적인 명상법으로는 다음이 있습니다.

불교의 참선(禪)으로 이는 불교에서 명상의 일종으로 현재 순간에 집중하며, 마음의 평안을 찾고 깨달음을 얻기 위한 수행법입니다. 참선은 호흡에 집중하거나, 특정 구절을 반복하면서 마음을 맑히는 데 도움이 됩니다. 참선을 통해 우리는 내면을 깊이 들여다보고, '나'라는 고정된 자아가 없다는 무아(無我)의 상태를 경험하게 됩니다.

힌두교의 요가와 명상에서는 다양한 요가를 통해 명상 상태에 도달하려 합니다. 요가는 단순한 신체 운동을 넘어서, 호흡, 정신 집중을 통해 신체와 마음을 하나로 연결하는 방법입니다. 요가 명상은 사람들로 하여금 내면의 깊은 평화와 연결되게 하고, 현재 순간을 있는 그대로 받아들이게 합니다.

서양에서도 명상은 고대 철학에 뿌리를 두고 있으며, 오늘날에는 다양한 방식으로 변형 발전했습니다. 요즘 서양에서 크게 유행하고 있는 마인드풀니스는 불교의 명상에서 파생된 것으로, 현재 순간에 의식적으로 집중하는 방법입니다. 주의가 분산되지 않도록 지금, 이 순간의 느낌과 감정에 온전히 몰입함으로써 마음을 고요하게 하고 스트레스를 완화합니다. 특히, 직장 생활과 일상에서 적용하기 쉬워 많은 현대인이 선호하는 방식입니다.

우리가 잘 알고 있는 기업인 애플(Apple)과 구글(Google) 모두 디지털 웰빙과 마음 챙김을 위한 명상 프로그램을 제공하며, 사용자가 일상에서 쉽게 명상을 접할 수 있도록 돕고 있다고 합니다.

애플은 정신건강의 일환으로 마음 챙김(Mindfulness) 프로그램을 제공하고 있고, 구글(Google)은 직원들을 위한 명상 프로그램을 지원하고 있어 명상을 통해 더 나은 정신건강과 웰빙을 추구할 수 있도록 돕고 있는 것입니다.

다음은 가이드 명상으로 음성이나 음악을 통해 명상의 진행을 돕는 방식입니다. 초보자들이 명상을 접하기 좋은 형태로, 명상 전문가의 안내에 따라 마음을 차분히 다스릴 수 있습니다. 이 방식은 마음을 한 곳에 집중시키는 데 도움이 되며, 불안감이나 스트레스를 줄이는 데 효과적이라고 합니다.

이렇듯 우리는 왜 명상에 빠져드는 건가요? 이유는 무엇인지 긍정적인 면이 많다는 것일 겁니다.

명상은 우리가 시간 대부분을 생각 속에서 살고 있음을 알아차릴 수 있으며, 이를 통해 많은 사람이 내면의 평화와 자기 이해를 하게 되기 때문입니다. 복잡한 현대 사회에서 끊임없는 정보와 자극 속에서 살아가며, 사람들은 본연의 자신을 잃어버리기 쉽습니다. 그러나 명상을 통해 우리는 생각의 소음 속에서도 마음의 고요를 찾고, 자신을 깊이 탐구하며 진정한 자유를 느낄 수 있는 것입니다.

내면을 들여다볼 기회, 명상을 하는 동안 우리는 자신의 마음속으로 들어가 감정과 생각을 관철할 수 있습니다. 우리가 평소 얼마나 생각에 집착하며, 이러한 집착이 어떻게 고통의 원인이 되는지를 깨닫게 됩니다. 생각에 휩쓸려 다닐 때 우리는 현재를 온전히 경험하지 못하고, 과거의 후회나 미래의 불안에 사로잡힙니다. 그러나 명상을 통해 이러한 마음의 상태를 알아차리게 되면, 더 이상 생각에 끌려다니지 않게 됩니다.

마음의 고통에서 벗어나는 길, 인간은 기본적으로 사고하는 존재이며, 이러한 생각이 때로는 스트레스나 불안의 원인이 됩니다. 지나칠 게 많은 생각은 우리를 혼란스럽게 하고, 부정적인 생각들은 고통을 심화시킵니다. 명상은 생각의 흐름을 관찰하면서 그것들이 우리 삶에 미치는 영향을 인식하게 합니다. 이때 우리는 생각에 대한 집착을 내려놓고, 감정을 있는 그대로 받아들이게 되며, 고통을 줄이는 길을 찾게 됩니다.

알아차림의 중요성 인식, 명상은 알아차림의 연습입니다. 우리 내면에서 일어나는 감정과 생각을 알아차리는 순간, 그 감정과 생각이 더 이상 우리를 지배하지 못하게 됩니다. 예를 들어, 화가 났을 때 '지금 내가 화가 나 있구나.'라고 알아차리면, 그 순간 우리는 화의 감정에서 벗어나게 될 수 있습니다. 생각이 고통의 원인이 된다는 것을 이해하고, 이러한 생각을 알아차리는 습관을 들이는 것은 삶의 고통을 줄이는 데 매우 중요한 역할을 합니다.

생각은 인간의 삶을 풍요롭게 만드는 중요한 요소이지만, 동시에 고통을 일으키는 주된 원인이 되기도 한다는 사실을 많은 사람들이 모르고 살아갑니다. 과거의 실수에 대한 후회나 미래에 대한 걱정은 생각을 통해 만들어지며, 이는 현재의 삶을 놓치는 결과로 이어집니다.

명상을 통해 우리는 과거와 미래에 대한 불필요한 집착에서 벗어나, 지금, 이 순간에 머물 수 있는 힘을 얻게 됩니다.

명상의 중요한 목표 중 하나는 생각과 감정을 단순히 '있는 그대로' 받아들이는 것입니다. 우리의 생각은 마치 하늘을 떠다니는 구름처럼 끊임없이 나타났다가 사라집니다. 이 생각에 끌려다니기보다는, 그것들을 관찰하고 지나가도록 두는 것이 명상의 핵심입니다. 이런 훈련을 통해 우리는 생각의 노예가 아닌 생각의 관찰자가 됩니다.

생각을 다스리는 힘을 얻은 사람은 외부의 상황에 휘둘리지 않고, 삶의 작은 순간에서도 기쁨과 평화를 느낄 수 있게 됩니다. 나아가, 생각에서 벗어나질수록 삶이 훨씬 단순하고 가벼워지며, 자기 자신과 깊은 연결을 느낄 수 있게 됩니다.

명상은 마음속 깊은 곳을 탐험하고, 자신을 더 잘 이해하는 여정입니다.

명상을 통해 사람들은 내면의 평화를 찾고, 자신과 삶에 대해 더 깊은 통찰을 얻을 수 있습니다.

동양과 서양의 명상법은 방식은 다르지만, 본질적인 목적은 하나입니다. 고요한 마음과 깨달음을 통해 자신을 자유롭게 하는 것입니다. 명상은 생각에 휘둘리지 않고, 마음의 고요를 유지할 수 있도록 도와줍니다.

이런 상태는 우리가 더욱 평온하고 행복한 삶을 살게 해 줍니다. 명상은 단순히 일시적인 휴식이 아니라, 지속적인 평화로 가는 길입니다. 명상은 삶의 질을 높이는 중요한 도구입니다. 우리가 모두 내면의 고요를 찾는 방법을 제공해 주며, 더 나은 삶으로 이끌어줍니다.

지금, 잠시만 멈춰보세요.

명상을 한 번도 해보지 않은 분이라도 괜찮습니다. 하던 일을 잠시 내려놓고, 조용히 앉아 명상의 자세를 잡아보세요.

그리고 자신의 마음속에서 어떤 일이 일어나고 있는지 가만히 관찰해보세요.

아마도 뜻밖의 깨달음을 얻을 수 있을 것입니다.

이런 작은 실천이 나를 찾아가는 첫걸음이 될 수 있습니다.

무엇을 부러워할 것인가?

사람들은 저마다 다른 삶을 살아갑니다. 얼굴 모양, 피부색, 생각, 가치관, 삶의 태도, 문화, 그리고 삶의 경험까지 모두 다르기에, 같은 삶이란 결코 있을 수 없습니다.

이것이 바로 천상천하 유아독존의 삶입니다.

알프스 산악 지역에서 커피를 재배하는 사람, 험한 산에서 등반가들의 짐을 옮기는 사람, 바다에서 물고기를 잡으며 하루하루 살아가는 사람, 그림을 그리는 사람, 정치하는 사람, 자동차를 운전하는 사람, 혹은 도시에서 노숙하며 살아가는 사람까지—그 삶의 모습은 너무나 다양해 상상조차 어려울 정도입니다.

그렇다면, 이렇게 다양한 삶 속에서 누가 가장 삶을 잘살고 있을까요? 누가 가장 행복한 삶을 살아가고 있을까요?

그 기준은 무엇일까요?

사회가 만든 남들보다 잘사는 기준으로 바라본다면 그것은 쉽게 분별할 수 있겠으나 과연 그것이 정말 정답일까?

어떤 사람들은 돈에 목숨 걸고, 어떤 사람들은 명예에 목숨 걸며 살아가고 또 어떤 사람들은 소소한 행복을 추구하며 소박하게 살아가는 사람들도 있습니다.

어느 사람의 삶이 잘사는 길이라고 하는 정답이 없지만 죽음이 가까이 왔을 때 후회하지 않고 만족한 삶을 살았다고 눈을 편안히 감을 수 있는 삶이 현명하게 살아간 삶이 아닐까요.

사람들은 오로지 앞만 보고 천년만년 살 것처럼 전력 질주하는 사람이 있는가 하면 내일은 없는 것처럼 오늘만 즐기며 사는 사람들이 있는 사람들도 있습니다.

지금, 이 시각에도 지구 어느 곳에서는 사건·사고가 끊이질 않고 있습니다.

일본의 임종봉사자 병동에서 평생 일하며 수많은 말기 환자를 돌본 간호사들과 의사들은 생의 끝에서 사람들이 후회하는 것들을 조사하고 그 조사 결과를 책으로 만들었습니다. 죽음 직전 사람들은 무엇을 가장 후회할까요? 이들이 죽음을 임박해서 후회하는 내용들은 대개 유사한데 몇 가지 후회하는 내용은 이런 것들이라 합니다.

'내 삶을 살았더라면….'

많은 환자는 자신의 욕구와 꿈을 타인의 기대나 사회적 기준에 맞추어 억눌렀던 것을 후회했습니다. 특히 가족과 사회의 기대에 부응하려다 자신의 꿈을 실현하지 못한 경우가 많았습니다. 이들은 '진정한 나'로서의 삶을 살았더라면 좋았을 것이라며, 후회했다 합니다.

'더 많이 사랑을 표현했더라면….'

사랑과 감사를 표현하지 못한 것에 대한 후회도 자주 들려왔습니다. 가족과 친구들에게 사랑을 충분히 표현하지 못했다거나, 가까운 사람과의 갈등을 해소하지 않은 채 시간이 흘러버린 것을 아쉬워하는 경우가 많았습니다. 이들은 표현하지 않으면 언젠가 그 기회를 잃을 수 있음을 깨달았다고 말합니다.

'현재의 순간을 더 즐겼더라면…'

많은 사람이 과거나 미래에 대한 걱정에 사로잡혀 현재를 놓친 것을 후회했습니다. 매 순간을 더 깊이 음미하고 감사하며 살았다면 삶이 더 풍성했을 것이라고 이야기했습니다.

'너무 일만 하며 살지 말걸.'

특히 직장 생활에 몰두하며 가족이나 자신을 위한 시간을 가지지 못한 것을 후회하는 사례가 많았습니다. 적당한 균형을 유지하며 일과 삶을 조화롭게 살아가는 것의 중요성을 절실히 느꼈다고 합니다.

임종봉사자에서 일하는 간호사들이나 의사들은 이러한 사례를 통해 사람들에게 자기 자신을 존중하고, 사랑을 표현하며, 순간순간을 충실히 살아가라고 조언합니다. 삶의 마지막 순간에 도달하기 전에 이러한 삶의 지혜를 마음에 새기고 하루하루를 더 의미 있게 살도록 도와주는 것입니다.

이런 사례를 통해서 보듯이 지금 나는 잘 살아가고 있는지 한번 되돌아보는 것도 좋을 것입니다.

돈, 명예, 쾌락, 행복, 보람, 가족, 사랑, 감사….

이 중에서 가장 부러워해야 할 가치는 언제나 행복으로 충만한 감정일 것입니다.

돈과 명예는 잠시 동안 행복감을 줄 수는 있지만, 그 행복이 오래 지속되기는 어렵습니다.

지금 이 순간에도 우리는 사회가 만든 뉴스와 미디어에 끊임없이 노출되어 다양한 정보를 접하며 살고 있습니다.

이런 정보를 보며, 마치 치열하게 살아야만 행복할 것이라고 착각하며 살아가고 있는 것은 아닌지 스스로 돌아볼 필요가 있습니다.

곰곰이 생각해 보면, "나는 지금 무엇을 추구하고 있으며 어디로 향하고 있는가?"를 깨달을 수 있을 것입니다.

사회에서 성공한 사람들을 볼 때, 그들의 한순간만을 보지 말고 삶 전체를 바라보아야 합니다.

그렇게 했을 때만, 그들의 삶이 진정으로 바르고 행복한 삶인지 아닌지를 알 수 있을 것입니다.

자 그럼 살면서 진정으로 중요한 것이 무엇인지 생각해 보세요.

그리고 무엇에 중점을 두고 어떻게 살아갈 것인지는 각자의 선택입니다.

결국, 선택의 결과도 온전히 자신의 몫이 될 것입니다.

삶의 방향과 가치를 고민하며, 진정 행복한 삶을 선택할 수 있기를 바랍니다.

천국과 지옥은 어디에서 오는가?

　우리는 종종 천국과 지옥에 대한 개념을 이야기합니다. 어딘가 멀리 떨어진 곳에 존재하는 이상적인 천국, 또는 불행한 영혼들이 고통받는 지옥. 이 두 개념은 우리 삶에서 선과 악, 행복과 불행을 상징적으로 나타내지만, 과연 그것들이 실제로 존재하는 것일까요?

　아니면 우리의 마음, 즉 생각에 따라서만 존재하는 것일까요?

　우리가 느끼는 천국과 지옥은 바로 우리의 마음이 창조한 산물일 뿐, 외부에 따로 존재하지 않는다는 가설을 탐구해 보고자 합니다.

　천국과 지옥이 외부에 따로 있는 것이 아니라, 그것은 우리의 마음이 만들어낸 결과물이라고 할 수 있습니다. 우리는 자주 '이곳이 아니라 저곳', '오늘이 아니라 내일', '이것이 아니라 저것' 등의 비교를 하며 생각 속에서 만족과 불만족을 만들어냅니다. 그러한 비교와 불만이 쌓일 때, 우리는 자신을 스스로 지옥에 가둡니다.

　반대로, 현재 상황에 만족하고 감사하는 마음을 가질 때, 우리는 우리 안에서 천국을 경험합니다. 이처럼 천국과 지옥은 외부의 물리적인 장소가 아니라 우리의 마음, 즉 우리의 생각에 달려 있습니다.

그 예로 우리 주변에 사는 우리 이웃들만 자세히 들여다보아도 알 수 있습니다. 누구는 나보다 가진 것이 없어도 항상 힘이 넘치고 항상 웃고 항상 여유롭게 사는 긍정적인 사람들을 볼 수 있고 또 다른 사람은 나보다 가진 것도 많고 자식들이 모두 잘되었는데도 불구하고 항상 무엇이 부족한 듯 항상 바쁘고 얼굴은 전쟁을 치르듯 굳어있고 매사에 불평불만이 가득한 사람들을 찾아볼 수도 있습니다.

이처럼 지금 이 차가 아니라 저 차를 원하거나, 지금의 상황에 만족하지 못하고 다른 상황을 바란다면, 우리의 마음은 끊임없이 고통 속에 빠지게 됩니다. 더 나은 것을 추구하는 것이 나쁘다는 것이 아닙니다. 하지만 그 생각에 지나치게 집착할 때, 우리의 마음은 스스로 고통을 만들어 냅니다. 비교하는 생각이 바로 고통의 주범입니다. 더 많은 것을 원하거나, 남들과 끊임없이 비교하며 살아갈 때, 그 비교 자체가 우리를 힘들게 합니다.

삶 그 자체는 우리가 경험하는 현실입니다. 그 현실 자체는 본래 고통을 주지 않습니다. 그러나 우리가 그 상황에 대해 끊임없이 생각하고, 그 생각에 집착할 때, 고통이 발생합니다. 예를 들어, 돈을 많이 벌지 못해서, 외모가 남들보다 못해서, 소유한 물건들이 남들보다 부족해서 괴로워지는 것은 현실이 아니라 그 현실을 대하는 우리의 생각 때문입니다. 실제로는 아무도 우리에게 상처를 줄 수 없습니다. 그저 우리 자신만이 우리의 마음을 괴롭게 만들 수 있습니다. 우리가 현실에서 느끼는 불만족과 상처는 외부에서 비롯된 것이 아니라, 그 상황을 받아들이는 우리 자신의 생각에서 기인합니다.

이것을 아는 것이 바로 지혜입니다. 외부 상황이 아니라 우리의 생각이 고통을 만들어낸다는 것을 깨닫는 것. 다른 사람들과 자신을 비교하거나, 물질적 소유를 추구할 때 우리는 행복할 수 없습니다. 그것은 끝이 없기 때문입니다. 생각에 매몰되면, 우리는 자신을 스스로 불필요한 고통 속으로 내몰게 됩니다. 반대로, 그 생각을 내려놓고 현실에 집중할 때 우리는 진정한 평온함을 찾을 수 있습니다.

모든 사람이 각자 자신만의 영화를 찍고 있습니다. 각자가 제 생각 속에서 줄거리를 만들고, 그 줄거리를 해석하며, 그 이야기를 진실이라고 믿습니다. 우리는 자신만의 주인공이 되어 이 이야기를 이끌어가지만, 그 이야기가 반드시 진실인 것은 아닙니다. 이 이야기는 단지 우리의 생각 속에서 만들어진 허구일 뿐입니다. 그러나 우리는 그것을 마치 절대적인 진실인 것처럼 믿으며 살아갑니다.

우리가 고통을 느끼는 이유는 외부 상황 때문이 아니라, 그 상황을 어떻게 해석하느냐에 달려 있습니다. 결국, 우리는 모두 각자의 천국과 지옥을 마음속에 만들고 있습니다. 그 천국과 지옥은 외부에 따로 존재하지 않습니다. 그것은 우리의 마음속에서, 우리의 생각 속에서만 존재하는 허상입니다.

우리가 진정으로 자유로워지기 위해서는 이 허상의 굴레에서 벗어나야 합니다. 생각에 집착하지 않고, 비교하지 않고, 있는 그대로의 현실을 받아들이는 법을 배워야 합니다. 마음이 만들어낸 천국과 지옥에서 벗어날 때, 우리는 진정한 평온함과 자유를 찾을 수 있습니다.

마음이 만들어낸 생각의 틀 안에서 살아가는 것은 쉽습니다. 그러나 그 생각이 우리를 고통스럽게 하고 불행하게 만드는 경우가 많습니다. 생각에 집착하지 않고, 현재의 순간에 집중하며, 있는 그대로의 삶을 받아들일 때, 우리는 마음속에 천국을 만들 수 있습니다. 반대로, 끊임없이 비교하고 불만을 쌓을 때, 우리는 스스로 지옥을 만들어냅니다. 천국과 지옥은 바로 우리 마음속에서 시작되고 끝납니다.

천국과도 같은 삶을 살아간 사람은 누가 있을까? 생각해 보았습니다.

우리가 들어 잘 알 수 있는 마더 테레사의 삶이 아닐까요. 마더 테레사는 자신을 위한 욕심이나 물질적 욕망을 버리고, 오로지 타인을 위해 헌신하는 삶을 살았습니다. 특히 인도의 콜카타 빈민가에서 가장 가난하고 병든 사람들을 돌보며, 그들이 존엄과 사랑을 느끼며 죽음을 맞이할 수 있도록 지원했습니다.

그녀의 삶은 불편함과 고난이 많았지만, 내면의 평화와 행복으로 가득 찬 삶을 살았다고 알려져 있습니다. 이타적인 삶을 통해 얻은 내적 기쁨과 평화가 그녀에게는 천국과 같은 삶이었으며, 많은 사람에게 영감을 주는 사례로 남아 있습니다.

불평불만이 가득한 삶에는 내적 기쁨과 평화가 있을 자리가 없을 것입니다. 항상 있는 그대로 감사함을 잃지 않는 삶 속에서 이런 것들은 발견될 것입니다.

나는 지금 천국에서 살아가고 있나? 아니면 지옥에서 살아가고 있나?

긍정적인 삶의 방향

삶이란 무엇일까요? 우리는 보통 삶을 외부 세계와의 상호작용, 생각, 감정, 그리고 그 안에서의 경험으로 이해합니다. 그러나 이러한 경험 뒤에는 진정한 내가 존재합니다. 그 나는 물질적이고 생물학적인 몸 그 자체가 아니라, 그 모든 것을 경험하는 의식일지도 모릅니다. 이 의식이야말로 우리가 진정으로 인식하고 있는 나이며, 삶에서 직면하는 모든 상황은 결국 이 의식의 경험일 뿐입니다.

그렇다면, 왜 어떤 사람은 고통을 느끼고, 또 다른 사람은 같은 상황을 가볍게 받아들일 수 있을까요? 그것은 바로 생각에 대한 태도에서 비롯됩니다.

삶에서 괴로움을 느끼는 이유는 단 하나입니다. 우리가 특정 상황을 문제로 여겼기 때문입니다. 사실, 그 상황 자체는 문제가 아닙니다. 동일한 상황에서도 어떤 사람은 아무런 문제로 느끼지 않지만, 또 다른 사람은 이를 심각한 문제로 받아들입니다.

결국, 괴로움은 상황이 아니라 우리가 그 상황을 바라보는 태도에서 생겨나는 것이 아닐까요?

문제는 상황이 아니라, 그 상황을 바라보는 우리의 시각과 해석입니다. 즉, 외부에서 벌어지는 일들이 우리에게 고통을 주는 것이 아니라, 그것을 해석하는 우리의 마음이 고통의 원인이 되는 것입니다.

우리가 생각하는 것만큼 세상은 객관적으로 존재하지 않습니다. 우리의 생각, 감정, 느낌은 각자의 관점에서 만들어진 결과입니다. 따라서 어떤 상황이 발생했을 때, 그것을 문제가 될지 아닐지는 오직 우리가 그것을 어떻게 해석하느냐에 달려 있습니다. 예를 들어, 직장에서의 실패나 인간관계에서의 갈등이 있을 때, 어떤 이는 그 상황을 단순한 도전으로 여기며 긍정적으로 받아들이지만, 다른 이는 이를 극복할 수 없는 문제로 생각하고 절망에 빠질 수 있습니다. 이 차이는 바로 생각에 대한 태도에서 비롯됩니다.

우리가 삶에서 어려운 상황을 마주할 때, 중요한 것은 그 상황을 해결하려고 애쓰는 것이 아니라, 먼저 내 생각에 의문을 던지는 것입니다. 이 생각이 과연 진실인가? 이 상황이 정말로 나에게 해를 끼칠 것인가? 이런 질문을 던져보는 것입니다. 우리는 종종 자동으로 문제를 만들어냅니다. 작은 일도 크게 받아들이고, 무의미한 일에도 지나치게 집착하는 경향이 있습니다. 그러나 그 생각이 실제로 진실인지, 그 생각이 나에게 도움이 되는지 따져본다면, 불필요한 괴로움에서 벗어날 수 있을 것입니다.

우리가 겪는 문제는 대개 그 자체가 문제가 아닙니다. 그것을 문제로 인식하고 걱정하는 우리 생각이 문제의 원인입니다. 내 생각을 객관적으로 바라보고, 그것이 과연 사실인지에 대해 의심해 볼 때 우리는 더 자유로워질 수 있습니다. 이와 같은 과정에서 우리는 생각의 속박에서 벗어나고, 삶을 더 가볍게 받아들일 수 있게 됩니다.

영적인 자유를 향한 길은?

우리는 모두 영적인 존재로서 삶을 경험하고 있습니다. 육체적인 경험을 통해 외부 세계와 상호작용하지만, 그 본질은 의식입니다. 그렇다면, 진정한 자유를 향해 나아가기 위해 어떤 방향으로 삶을 살아야 할까요? 그것은 세 가지로 요약될 수 있습니다.

삶에 내맡기기, 삶을 받아들이기, 그리고 삶에 저항하지 않기 등으로요.

첫째로 삶의 흐름을 거스르지 않고, 그저 흐르는 대로 받아들이는 것이 중요합니다. 우리가 삶을 통제하려 하거나 억지로 방향을 바꾸려 할 때, 불필요한 저항과 고통이 생깁니다. 반면, 삶을 있는 그대로 받아들이고 흐름에 맡기면, 우리는 더 자연스럽고 평온한 상태에서 살아갈 수 있습니다. 세상은 우리의 계획대로 항상 흘러가지는 않지만, 그것이 반드시 나쁜 것은 아닙니다. 오히려 우리가 상상하지 못한 더 나은 기회와 경험이 우리 앞에 펼쳐질 수 있습니다.

둘째로 삶을 그대로 받아들이기입니다. 우리는 종종 삶에서 일어나는 일들을 거부하거나, 바꾸고 싶어 합니다. 하지만 모든 상황이 우리의 뜻대로 이루어지는 것은 아닙니다. 중요한 것은 그 상황 자체가 아니라, 그 상황을 받아들이는 우리의 태도입니다. 수용은 그 상황을 있는 그대로 인정하고 받아들이는 것입니다. 삶이 주는 모든 경험을 있는 그대로 받아들이면, 우리는 더 이상 저항하지 않고 그 상황 속에서 배우고 성장할 수 있습니다.

셋째로는 삶에 저항하지 않기입니다. 삶은 변화를 거듭합니다. 우리는 그 변화에 저항하려는 경향이 있지만, 저항은 더 큰 고통을 가져옵니다. 저항하지 않는 삶이란, 변화에 순응하고 그 변화를 받아들이는 것입니다. 삶은 끊임없이 흘러가며, 우리의 통제를 벗어난 일이 많습니다. 이 흐름에 저항하지 않고 받아들일 때 우리는 더욱 평온하고 행복한 상태로 살아갈 수 있습니다.

이처럼 우리가 삶을 더 깊이 이해할수록, 그 속에서의 고통은 줄어들고, 자유는 커집니다. 삶은 우리가 통제할 수 있는 대상이 아니며, 모든 상황을 우리의 뜻대로 만들 수 없습니다. 그러나 우리가 의식적으로 삶을 경험하고, 그 경험을 통해 자신을 알아가며, 생각의 속박에서 벗어나려고 노력할 때, 우리는 더 큰 영적인 자유를 얻을 수 있습니다.

진정한 자유는 삶을 통제하려는 욕망에서 벗어나는 데 있습니다. 상황을 있는 그대로 수용하고, 그 안에서 의미를 발견하며, 그것을 문제로 여길 필요가 없다는 깨달음을 얻는 것입니다. 삶은 끊임없이 변화하고, 우리는 그 변화 속에서 다양한 경험을 하게 됩니다. 이 과정에서 우리는 자신을 더 깊이 이해하고, 내면의 평화를 찾을 수 있습니다.

삶은 외부 세계와의 상호작용을 통해 끊임없이 변하지만, 그 변화를 받아들이고 흐름에 몸을 맡길 때, 우리는 진정한 자유로 나아갈 수 있습니다. 삶에 내맡기기, 삶을 그대로 받아들이기, 그리고 저항하지 않기라는 세 가지 원칙을 바탕으로, 우리는 더 긍정적이고 자유로운 삶을 살 수 있을 것입니다.

익숙한 생각에 인생을 맡기지 마라

우리가 살아가는 유일한 시간은 언제일까요?

과거도, 미래도 아닌 바로 지금, 이 순간입니다. 실제로 존재하는 시간은 오직 지금뿐입니다.

많은 사람은 과거의 경험과 기억, 배운 지식과 상식으로 자신을 정의하며, 미래에 대한 두려움이나 기대 속에서 살아갑니다. 하지만 과거는 이미 지나간 것이고, 미래는 아직 오지 않았습니다. 우리가 실제로 경험할 수 있는 유일한 현실은 바로 지금입니다.

생각해 보세요. 과거는 이미 지나갔기에 존재하지 않습니다. 우리가 과거를 느낄 수 있는 것은 오직 기억 속 이미지(image)로만 가능한 것입니다. 마치 영화 속 한 장면처럼, 과거는 머릿속에서 재생되는 이미지일 뿐, 실재가 아닙니다.

미래도 마찬가지입니다. 아직 오지 않은 미래는 단지 우리의 상상 속 이미지(image)로만 존재할 뿐입니다.

결국, 지금, 이 순간만이 우리가 실제로 살고 경험할 수 있는 유일한 현실입니다.

지금 여기서 제가 한 말이 진실인지 바로 실험해 보세요. 자, 5분 전에 자신이 했던 상황을 기억해 보세요. 그리고 그 5분 전의 상황은 실제로 존재하는지? 아니면 내 기억 속의 이미지로만 존재하는지? 이렇듯 모든 것은 지금, 이 순간만이 유일한 실재이며 지금, 이 순간만이 영원한 것입니다.

그런데도 우리는 익숙한 생각에 사로잡혀 과거의 잔상 속에서 살고, 머릿속으로 만들어낸 미래의 그림을 좇으며 현재를 놓치곤 합니다.

과거의 기억과 경험으로 만들어진 개념, 즉 관념은 사실상 존재하지 않습니다. 그것은 단지 머릿속에 저장된 정보일 뿐, 현실 속에서 실체가 있는 것이 아닙니다. 이미지로만 존재하는 허상의 세계입니다. 과거의 모든 일들은 지나갔고, 그저 생각으로 남아 있을 뿐입니다. 그런데 우리는 그 관념들에 묶여 살면서 그 안에서 자신의 정체성을 형성하고, 한계를 만들며 살아갑니다. 익숙한 관념 속에서 안전함을 느끼지만, 그것은 마치 사슬처럼 우리를 현재로부터 멀어지게 만듭니다.

관념은 본질적으로 과거의 산물입니다. 우리는 과거의 경험과 배움을 통해 개념을 형성하고, 그것을 바탕으로 세상을 이해하고 판단합니다. 하지만 이러한 관념은 더 이상 유효하지 않은 것일 수 있으며, 현실과는 다른 왜곡된 시각을 제공할 때도 많습니다.

예를 들어, 어린 시절 경험했던 두려움이 성인이 되어서도 여전히 나를 지배하는 경우가 있습니다. 하지만 그 두려움은 이제 더 이상 현실에 맞지 않는 감정일 수 있습니다. 이러한 관념에서 자유로워질 때, 우리는 비로소 진정한 자유를 맛볼 수 있습니다.

자유란 단순히 육체적인 구속에서 벗어나는 것이 아니라, 관념과 상식, 지식이라는 정신적 구속에서 벗어나는 것을 의미합니다. 우리가 진정으로 해탈하는 순간은, 이 모든 소지장(所知障)에서 벗어나게 되는 순간입니다. 소지장은 우리가 알고 있는 것들, 즉 지식과 관념이 장애가 되어 진정한 자유를 방해하는 것을 말합니다. 우리는 때때로 알고 있는 것이 우리를 보호한다고 생각하지만, 오히려 그것이 우리를 가둬두고 있는 경우가 많습니다. 앎으로부터의 자유가 곧 해탈이며, 그것이 진정한 평화를 가져다줍니다.

과거에도 아무 일도 일어나지 않았고, 미래에도 아무 일도 일어나지 않을 것입니다. 우리가 경험한 모든 일은 이미 지나간 허상일 뿐이며, 미래에 일어날 일들은 아직 실재하지 않는 상상 속의 산물일 뿐입니다. 우리는 이 허상들 속에서 자신의 인생을 그려내고, 그것에 맞추어 살아가고 있지만, 정작 우리가 사는 현실은 오직 이 순간입니다. 현재라는 순간은 매 순간 새롭게 흘러가며, 그 안에 무한한 가능성이 존재합니다. 우리가 익숙한 생각, 과거의 관념 속에서 벗어나 이 순간에 집중할 때, 우리는 비로소 진정한 삶을 살 수 있습니다.

익숙한 생각에 인생을 맡기지 말라는 말은, 과거의 습관적 사고방식에서 벗어나 현재를 살아가라는 뜻입니다. 과거의 경험과 관념은 때때로 우리에게 안정감을 주기도 하지만, 그것은 동시에 우리를 제한하고, 자유롭게 사는 것을 방해합니다. 과거에 얽매인 사고는 우리를 자동으로 반응하게 만들고, 미래에 대한 불안은 현재를 살아가는 능력을 약화합니다. 우리는 익숙한 패턴에서 벗어나, 매 순간 새롭게 다가오는 현실에 마음을 열어야 합니다.

이러한 삶의 방식은 불교에서 말하는 무상(無常)의 가르침과도 연결됩니다. 모든 것은 변하며, 고정된 것은 없습니다. 우리의 관념과 상식도 마찬가지입니다. 그것은 영원히 변하고, 새로운 것으로 대체됩니다. 그러므로 과거에 얽매이거나 미래를 걱정하는 대신, 지금, 이 순간을 온전히 받아들이고 살아가는 것이야말로 가장 현명한 삶의 방식입니다.

현재라는 순간을 살아간다는 것은 단순히 시간을 흘려보내는 것이 아니라, 그 순간에 완전히 몰입하는 것을 의미합니다. 우리가 익숙한 생각에서 벗어나, 있는 그대로의 현실을 받아들이고, 매 순간 새롭게 살아갈 때, 인생은 훨씬 더 풍요로워질 것입니다. 과거에 얽매인 사람은 마치 오래된 옷을 입고 있는 것과 같습니다. 그 옷은 이미 낡고 헤져 있지만, 여전히 그것을 벗어던지지 못한 채 불편함을 감수하며 살아갑니다. 반면, 지금, 이 순간에 충실한 사람은 매 순간 새로운 옷을 입는 것과 같습니다. 언제나 신선하고 가벼운 마음으로 세상을 살아갈 수 있습니다.

결국, 인생을 진정으로 살아가는 방법은 익숙한 생각을 내려놓고, 매 순간 새롭게 현실을 마주하는 것입니다. 과거의 경험과 앎에 얽매이지 않고, 끊임없이 변화하는 지금, 이 순간을 있는 그대로 받아들일 때, 우리는 진정한 자유와 평화를 경험할 수 있습니다.

오늘부터 연습해 보세요. 그리고 다짐해 보세요.

지금, 이 순간을 있는 그대로 받아들인다고…. 열심히 살아가되 결과에는 결코 연연하지 않겠다고….

아는 게 병이다(Knowing is a Disease)

아는 것이 많으면 행복할까요? 상식적으로는 그렇다고 생각할 수 있습니다. 하지만 꼭 그렇지만은 않습니다.

우리 주변에서 일어나는 일 중에는, 오히려 모르는 편이 마음이 더 편할 때도 있습니다. 반대로, 어떤 것을 알게 되면서 근심, 걱정, 불안을 느끼게 되는 경우도 많습니다. 그래서 옛말에 "아는 것이 병"이라는 말이 생겨난 것이겠지요. 영어에도 이와 비슷한 속담이 있습니다. "Ignorance is bliss."라는 표현으로, "무지함이 행복이다."라는 뜻입니다.

현대 사회는 지식과 정보를 축적하는 것을 매우 중요하게 여깁니다. 남들보다 더 많이 배우고, 더 빨리 성공해 돈과 명성을 얻으려면 지식과 정보가 필요하니까요. 그래서 사람들은 치열한 경쟁 속에서 어제도, 오늘도, 내일도 끊임없이 지식과 정보를 쌓아가며 살아갑니다.

하지만 아이러니하게도, 한 분야의 지식을 많이 알수록 오히려 머리가 아프고 삶이 복잡하게 느껴질 때가 많습니다. 심지어 많이 알게 될수록 "내가 모르는 것이 얼마나 많은지"를 깨닫게 된다고 합니다.

결국, 지식과 정보가 많아지는 것이 꼭 행복으로 이어지는 것은 아닐지도 모릅니다.

이렇듯 지식과 정보는 끝이 없는 것입니다.

새로운 정보가 계속 끊임없이 넘쳐나며, 더 많은 것을 알고자 하는 욕망에 휩싸여 살아갑니다. 하지만 이런 욕망은 알게 모르게 번뇌가 쌓이고, 마음은 점점 더 무거워집니다.

과거의 기억과 아직 오지 않은 미래에 대한 불안, 그리고 불필요한 정보들이 우리의 마음을 복잡하게 만들고, 우리는 순수하게 지금, 이 순간에 존재하지 못하게 됩니다.

많은 것을 알고 있을수록 마치 지혜가 깊어지는 것 같지만, 사실 우리는 '아는 게 병'이라는 사실을 잊고 있습니다.

모르고 살아도 될 일은 일부러 찾아서 얻은 정보로 인해 마음속으로 혼란과 고통을 받았던 경험은 누구나 있을 것입니다. 정보는 필요한 것도 많지만 이렇듯 모르는 게 더 좋은 경우는 너무도 많이 있습니다.

아주 오랜만에 동창회에 갔다 와서 싸우는 부부 이야기를 들어본 적 있으신가요? 동창회에 갔다 와서 보니 남편이나 아내가 그 동창의 배우자와 비교되어서 싸우게 된다는 말로 우리는 그 말만 믿고 비교하게 된 것입니다.

우리의 삶은 실제 세상이 아닌, 우리가 쌓아 올린 고정관념과 편견, 불필요한 분별로 가득한 마음속의 세상을 살아가기 때문입니다. 이러한 분별은 불필요한 고민과 번뇌를 불러오고, 더 여러 가지 지식을 얻으려는 욕망이 우리를 끊임없이 괴롭힙니다.

불교의 한 유명한 깨달음을 얻은 선사에게 한 학자가 찾아온 이야기가 있습니다. 그는 불교의 가르침을 배우고자 하였으나, 이미 머릿속에는 자기만의 고정관념과 지식으로 가득 차 있었습니다. 선사는 학자의 이야기를 가만히 듣고 나서, "잔을 비우고 다시 오세요."라는 말을 남겼습니다. 학자는 이해할 수 없었습니다. 왜냐하면 그는 이미 불교에 대한 많은 것을 알고 있다고 생각했기 때문입니다. 그럼에도 선사는 학자가 지식으로 가득 찬 채로는 새로운 가르침을 받아들일 수 없다는 점을 강조한 것이었습니다.

이 이야기의 핵심은, 우리가 이미 알고 있는 것들로 가득 차 있다면, 새로운 깨달음이나 지혜가 들어갈 자리가 없다는 것입니다. 지식을 쌓는 것은 더 많은 것을 이해하려는 노력일 수 있지만, 이 과정에서 고정관념과 편견이 형성됩니다. 이러한 고정관념은 문제를 해결하는 데 방해가 될 뿐만 아니라, 때로는 오히려 새로운 관점을 수용하지 못하게 합니다.

잔을 비우라는 말은, 우리의 고정관념을 내려놓고 열린 마음으로 세상을 바라보라는 의미입니다. 이것이 바로 불교의 가르침이자, 문제를 해결하는 데 있어 중요한 지혜입니다.

과거의 사고방식으로는 현재의 문제를 해결할 수 없다는 점을 이 이야기는 잘 보여줍니다.

많은 사람은 지식을 얻는 것이 곧 지혜를 얻는 것이라고 생각합니다. 그러나 지식과 지혜는 엄연히 다릅니다. 지식은 축적을 통해 얻어지지만, 지혜는 오히려 내려놓음으로써 얻어지는 것입니다. 지식이란 더 많은 정보를 머릿속에 넣고 분석하는 능력일 뿐이며, 모든 것을 이해하려는 욕망을 바탕으로 성장합니다. 반면에 지혜는 그 반대입니다. 불필요한 것을 하나씩 내려놓으면서 마음이 고요해지고, 복잡했던 문제들이 자연스레 풀리는 경지를 의미합니다.

지식이 많으면 많은 문제에 대해 '안다'라고 착각하기 쉽지만, 결국 그 안에 번뇌와 혼란이 깃들게 됩니다. 끊임없이 쏟아지는 정보의 홍수 속에서 중요한 것은 무엇을 알고 무엇을 모르는지가 아니라, 필요 없는 것을 내려놓고 마음을 평화롭게 유지하는 법을 배우는 것입니다.

지혜란, 결국 우리 마음속의 잔을 비우고, 불필요한 분별과 집착을 내려놓는 데서 시작됩니다. 너무 많은 것을 알고 있다는 것은 때로는 마음에 짐을 지우는 일입니다. 지식을 덧붙이기보다, 오히려 쌓인 지식을 내려놓는 것이 진정한 자유와 평화에 이르는 길입니다.

있는 그대로의 삶으로 돌아가세요

우리는 흔히 현실을 그대로 보지 못하고, 내 마음속에 있는 필터를 통해 세상을 봅니다. 내가 가지고 있는 지식과 고정관념이 하나의 분별된 세계를 만들어내고, 그 안에서 우리 자신을 가두게 됩니다. 불필요한 정보와 고정된 생각에서 벗어나지 않으면, 결국 우리는 진정한 자유를 누리지 못합니다. 우리의 분별을 내려놓고, 단순하고 있는 그대로의 세상을 바라보는 것이 중요합니다.

결국 '아는 게 병이다.'라는 말은 단순히 지식을 덜 쌓으라는 뜻이 아닙니다. 이 말이 가르치는 바는, 우리 마음속의 불필요한 집착을 내려놓고 단순함 속에서 삶을 바라보라는 것입니다.

마치 선사가 "잔을 비우고 다시 오라."고 말하듯, 우리의 마음을 비우고 세상을 있는 그대로 받아들일 때 비로소 평화와 자유를 찾을 수 있습니다. 자신의 잣대를 내려놓고, 판단과 비교를 멈출 때 우리는 더 가벼워질 수 있습니다.

많이 알아서 걱정거리가 늘어나기보다는, 때로는 모르는 편이 몸과 마음에 더 좋을 때도 많이 있습니다.

삶의 단순함 속에서 진정한 행복과 평화를 찾는 것이야말로, 우리가 추구해야 할 방향이 아닐까요?

만족의 끝은 어디일까?

과연 얼마나 많이 가져야 만족할 수 있을까요?

우리는 살아가면서 끊임없이 무언가를 추구합니다. 누군가는 더 많은 돈을 원하고, 또 누군가는 더 큰 권력을, 누군가는 더 아름다워지길 바라며, 또 다른 누군가는 더 많은 존경과 명성을 얻기를 바랍니다. 좋은 집과 차, 넓은 땅 같은 물질적 소유를 목표로 우리는 매일 바쁘게 움직입니다.

그러나 이러한 끝없는 추구 속에서 우리는 문득 '얼마나 많이 가져야 비로소 만족할 수 있을까?'라는 질문과 마주하게 됩니다.

사람들은 흔히 더 많이 가지면 행복하고 안전해질 것이라는 믿음을 가지고 있습니다. 하지만 아이러니하게도, 많은 돈과 권력을 가진 사람들조차 '이제 충분하다.'라며 멈추는 경우는 거의 없습니다. 오히려 더 많이 가지려는 욕망 때문에 불행해지는 경우를 흔히 볼 수 있습니다.

우리는 TV, 신문, SNS 등에서 사업가, 정치인, 연예인의 사례 등 다양한 분야에서 탐욕이 부른 불행을 자주 접합니다. 이들은 이미 가진 것이 많음에도 불구하고 더 많은 것을 얻으려다 결국 사건·사고로 이어지는 모습을 보입니다.

왜 우리는 충분히 많은 것을 가졌음에도 만족하지 못할까요?

욕망에는 끝이 없습니다. 어떤 사람들은 돈이 많으면 더 자유롭고 행복해질 것이라 믿습니다. 하지만 현실은 종종 그 반대입니다. 돈이 많아질수록 오히려 잃을 것에 대한 불안감과 재산을 지키려는 고민과 스트레스가 커지기 때문입니다.

비슷하게, 더 높은 위치와 더 많은 권력을 추구하는 사람들조차 그러한 권력이 진정한 만족을 주지 않는다는 사실을 깨닫게 됩니다. 예를 들어, 이미 큰 권력을 가진 일부 정치인들이 더 많은 이익을 얻기 위해 거짓 선동과 가짜 뉴스를 퍼뜨리거나, 공조직을 개인적 목적으로 활용하려는 모습을 볼 때가 있습니다. 이런 행동은 그들에게 만족이라는 것이 없음을 보여주는 사례라 할 수 있습니다.

많은 사람이 묻습니다. '그렇게 힘들게 얻은 재산과 권력이 정말 행복을 가져다줄까?'

현실은 그렇지 않다는 것을 보여줍니다. 물질적 소유와 권력의 추구가 반드시 행복으로 이어지지는 않습니다. 오히려 이러한 탐욕은 더 큰 공허함을 남길 뿐입니다. 진정한 행복은 무언가를 쌓아 올리는 것이 아니라, 현재 가진 것에 만족할 줄 아는 마음에서 비롯된다는 사실을 잊지 말아야 합니다.

불교에서는 인간의 본질적인 고통의 원인을 세 가지로 설명합니다.

탐(탐욕), 진(분노), 치(무지). 이 중에서도 탐욕은 우리를 끊임없이 더 많은 것을 원하게 만듭니다. 그러나 이런 욕심은 일시적인 만족만 줄 뿐,

곧 더 큰 욕심을 불러옵니다. 그리고 우리가 그 욕심을 충족하지 못했을 때, 실망과 고통이 뒤따릅니다.

탐욕의 끝에 무엇이 남을까요? 우리는 더 많이, 더 크게, 더 높게 가지려고 노력하며 살아가지만, 결국 남는 것은 피로와 공허함입니다.

어쩌면 만족과 행복은 외부에서 찾아야 할 것이 아니라, 이미 우리 내면에 존재한다는 사실을 깨닫는 것이 중요하지 않을까요? 진정한 만족은 욕심을 내려놓고 있는 그대로를 받아들이는 마음에서 시작됩니다.

이와 관련하여 '알렉산더 대왕과 디오게네스의 일화' 중 우리에게 중요한 메시지를 전하는 깊은 교훈을 소개하겠습니다.

알렉산더 대왕이 전 세계를 정복하겠다는 야망을 품고 원정 중이던 어느 날, 그는 철학자 디오게네스를 만나게 됩니다. 디오게네스는 물질적 소유와 외적인 권위를 거부하고 최소한의 것만으로 삶을 살아가며, 자족(自足)의 미덕을 추구하던 인물이었습니다. 그날도 디오게네스는 햇볕을 쬐며 편안하게 쉬고 있었는데, 그 소박한 모습이 궁금했던 알렉산더 대왕이 그에게 다가갔습니다.

알렉산더 대왕은 디오게네스를 무척 존경하여 이렇게 말했습니다.

"나는 당신의 삶의 철학을 깊이 존경하고 있습니다. 무엇이든 당신이 원하는 것을 이룰 수 있도록 해드리겠습니다. 소원이 있다면 말씀해 주십시오."

그러자 디오게네스는 잠시도 주저하지 않고 간단하게 대답했습니다.

"그렇다면, 그곳에서 비켜주시오. 햇빛을 가리지 않게 해주면 좋겠소."

알렉산더 대왕은 이 답변을 듣고 매우 놀랐습니다. 자신의 권력으로 모든 것을 얻을 수 있을 거로 생각했지만, 디오게네스는 오히려 아무것도 필요로 하지 않는 사람이었기 때문입니다. 알렉산더는 그 자리에서 "내가 알렉산더가 아니라면, 나는 디오게네스가 되고 싶다."라고 말했다고 전해집니다.

이 일화는 소유나 권력이 아닌, 자족과 내면의 평화가 진정한 만족을 가져다준다는 메시지를 전해 줍니다. 알렉산더는 세상의 모든 것을 손에 넣으려는 욕망에 휩싸여 있었지만, 디오게네스는 이미 자기가 가진 것만으로 충분히 만족하고 있었던 것이죠.

알렉산더와 디오게네스의 대화는 우리가 외부의 성공이나 소유에 집착하지 않고 내면의 만족을 추구해야 진정한 행복에 가까워질 수 있다는 깨달음을 주는 이야기입니다.

진정한 만족은 '가짐'이 아닌 '비움'에서 비롯됩니다. 무언가를 많이 가짐으로써 진정한 행복을 찾을 수 없다는 사실을 깨닫는 순간, 우리는 우리 스스로가 이미 충분히 행복할 수 있다는 것을 알게 됩니다. 또한, 우리의 행복은 비교나 소유에서 오는 것이 아니라, 현재의 삶을 충실하게 살아가는 데서 온다는 사실을 명심해야 합니다.

얼마나 많이 가져야 만족할까요? 라는 질문에 대한 답은, 결국 '욕망을 내려놓는 순간'이라고 말할 수 있을 것입니다.

진정한 평화와 자유는 이곳에 있지 않을까요.

좀 더 모험했더라면 좋았을걸…

우리는 모두 한 번뿐인 삶을 살아가고 있습니다. 이 세상에서 누구에게나 공평하게 주어진 단 한 가지가 있다면, 그것은 언젠가 죽음을 맞이한다는 사실입니다.

아무리 돈이 많고 권력이 있는 사람도, 평범하고 소박한 사람도 모두 삶의 끝자락에 서게 됩니다. 그 마지막 순간, 인생의 궤적을 돌아보며 느끼는 감정이 무엇일지 상상해 본 적 있으신가요?

죽음이 다가올 때 가장 불행한 일은 아마도 '내가 내 인생을 후회한다.'라는 고백이 아닐까요. 눈을 감기 직전, 지나온 길을 되짚으며 아쉬움과 후회로 가득 찬 마음이라면 얼마나 무거울까요. 후회 없는 삶이란 무엇일까요?

지금, 이 순간, 살아 있는 동안 우리는 어떻게 살아야 그 마지막이 후회로 가득 차지 않을 수 있을까요?

이 질문에 대한 해답을 얻기 위해 미국에서는 90세 이상의 노인들을 대상으로 의미 있는 설문조사를 진행했습니다. 그들은 인생의 많은 시련과 기쁨을 겪었고, 수십 년 동안 크고 작은 선택을 해오며 지금까지의 시간을 채워왔습니다. 조사자들은 그들에게 물었습니다. 지금까지 살아온 인생을 되돌아봤을 때 가장 후회되는 일이 무엇입니까?

놀랍게도 90%에 가까운 응답자들이 같은 답변을 했다고 합니다. 그 답변은 아주 간단했지만, 깊은 여운을 남겼습니다.

'좀 더 모험했더라면 좋았을걸….'

이 한마디는 우리에게 많은 것을 시사합니다. 살아온 세월 속에서 더 많은 것을 시도하고, 도전하며 살았더라면 좋았을 것이라고 그들은 말합니다. 지금 우리 앞에는 무수히 많은 선택의 기로가 펼쳐져 있습니다. 그 길에서 매번 '안전한 길'을 택하고 있지는 않나요? 익숙하고 편안한 길, 도전하지 않아도 괜찮은 길 말입니다. 그러한 길은 확실히 실패의 위험은 덜할지 모르지만, 동시에 꿈과 열정을 다루지 않고도 무사히 지나갈 수 있는 길입니다.

그러나 지금 편안함과 안전만을 좇다가 마지막에 다다랐을 때 후회만이 남는다면, 그 삶은 과연 행복한 삶일까요? 살아보지 못한 삶의 가능성이 하나씩 떠오를 때, 다시는 되돌릴 수 없는 기회를 떠올리며 아쉬워한다면 그보다 더 아픈 일이 있을까요?

모험이란 꼭 큰 사업을 벌이거나 세상을 떠들썩하게 할 만한 일이 아닙니다. 모험이란 자신의 진정한 바람을 따라가는 것입니다. 자신이 좋아하는 일을 하는 것입니다.

그것이 작든 크든 상관없습니다. 하루하루 익숙함을 넘어서는 것이며, 가슴 뛰는 일에 용기 내어 도전하는 것입니다.

평소에는 하지 못했던 일, 두려워했던 일, 혹은 타인에게는 미미해 보일지라도 스스로에게 의미 있는 일들을 시도하는 것이야말로 모험입니다.

어쩌면 우리를 가로막는 것은 '실패할지 모른다.'라는 두려움일지도 모릅니다. 실패의 가능성은 불안하지만, 실패를 통해 성장하는 우리 자신을 만나는 것이야말로 삶에서 얻을 수 있는 가장 값진 경험이 아닐까요? 두려움 없이 도전한 사람들은 실패와 성공을 모두 경험하면서 점점 더 단단해지고, 무엇보다 자신이 원하는 삶을 살아갑니다. 그리고 그 과정에서 '나답게' 사는 삶의 즐거움을 발견합니다.

마지막 순간에 후회하지 않는 삶을 위해 오늘 우리는 무엇을 해야 할까요? 가장 중요한 것은 지금 내 앞에 있는 기회를 외면하지 않는 것입니다. 이런저런 핑곗거리로 자신의 하고 싶은 일을 못 하게 하는 생각에서 벗어나야 합니다.

마음속에서 '이 길이 맞을까?' 하고 망설이게 되는 일이 있다면, 그저 안전한 길로 돌아서기보다는 한 번쯤 도전해 보세요. 다른 이의 시선을 신경 쓰기보다는 자체의 가치를 존중하며 나아가는 것입니다.

우리가 도전하지 않고 놓치는 순간들은 더 이상 돌아오지 않습니다. '좀 더 모험했더라면 좋았을걸.'이라는 후회를 남기지 않기 위해서는 매 순간 우리의 선택에 있어 조금 더 용기를 내는 것이 필요합니다. 실패하더라도 그것은 인생의 일부일 뿐이며, 그 실패 속에서 배우는 것들이 우리를 더 풍요로운 사람으로 성장시킵니다. 결국 모험이란 삶을 풍요롭게 만드는 도전이며, 우리를 후회 없는 인생으로 이끌어줄 중요한 길잡이입니다.

우리는 모두 언젠가 죽는다는 사실을 알고 있지만, 그것을 쉽게 잊고 살아갑니다. 때로는 영원히 살 것처럼 경쟁에 몰두하고, 끝없는 욕심 속에서 하루하루를 치열하게 보냅니다. 혹은 반대로 매일 반복되는 일상을 아무 생각 없이 그저 기계적으로 살아가기도 합니다. 하지만 죽음은 남의 일만은 아닙니다. 언젠가 우리 모두에게도 찾아올 것입니다.

화가 마르셀 뒤샹의 묘비명에 새겨진 글귀가 있습니다. 그는 묘비에 이렇게 남겼습니다. "죽는 것은 언제나 타인의 일일 뿐." 그 역시 죽음을 피할 수는 없었습니다. 삶의 마지막 순간까지 창의적이고 자유로운 영혼이었던 그도 결국 이 세상을 떠나야 했습니다. 이 문구는 죽음을 마주하는 우리에게 묵직한 깨달음을 줍니다. 평생 예술가로서 창조적 도전을 멈추지 않았던 그도, 모든 것을 내려놓아야 할 순간이 있었던 것이지요.

또 노벨 문학상 작가인 조지 버나드 쇼의 묘비명에도 그의 독특한 유머와 날카로운 통찰이 담겨 있습니다. 그의 묘비명에는 다음과 같은 문구가 새겨져 있다고 전해집니다.

"우물쭈물하다가 이럴 줄 알았지."

이 묘비명은 그만의 풍자적 유머를 잘 보여주는 동시에, 우리에게 중요한 메시지를 전달합니다. 그는 삶과 죽음마저도 재치 있게 받아들이며, 사람들에게 삶을 망설임 없이 살라는 교훈을 남기고 있습니다.

버나드 쇼는 평생 사회적 모순을 비판하며, 변화와 도전을 멈추지 않았던 인물입니다. 그런 그도 마지막 순간을 맞이하며 우물쭈물하던 순간들을 되돌아보며, 사람들에게 지체하지 말고 살아갈 것을 당부한 것입니다.

이 묘비명은 우리에게 시사하는 바가 큽니다. 삶 속에서 무언가를 주저하거나 망설이는 순간이 많을 수 있지만, 결국 언젠가는 누구나 끝을 맞이하게 된다는 점에서 후회 없이 살아야 함을 일깨워줍니다.

죽음은 이 세상을 떠나는 일이기도 하지만, 어쩌면 지금, 살아 있는 동안 우리에게 남겨진 시간을 어떻게 보내야 하는지를 끊임없이 일깨워주는 존재일지도 모릅니다. '나에게도 죽음이 찾아온다.'라는 사실을 잊지 않으며 살아간다면, 매 순간 조금 더 깨어 있고, 조금 더 용기 있게 자신만의 길을 걸어갈 수 있을 것입니다.

오늘부터라도 조금씩 새로운 길을 탐험해 보세요.

자 이제 스스로에게 질문을 던져봅시다.

나는 무엇을 위해 살 것인가? 어떻게 살 것인가?

Part 3.

삶의 태도와 선택

그들에게 정신의 세 가지 변화에 대해 말하고자 한다.
어떻게 하면 정신이 낙타가 되고 낙타가 사자가 되며
마침내 어린아이가 되는지를….

―니체의 『차라투스트라는 이렇게 말했다』―

진짜 바보는 현실과 다투는 사람

어리석은 사람은 현실을 부정하며 자신의 마음(생각)을 내려놓지 않으려는 사람입니다. 반면, 지혜로운 사람은 마음(생각)을 내려놓고, 현실을 있는 그대로 받아들이며 부정하지 않는 사람입니다.

결국, 마음의 고통은 현실이 자신의 뜻대로 되지 않자 집착하고 싸우며, 그것을 바꾸려 애쓰는 데서 생기는 것입니다. 현실과 벌이는 저항이자 전쟁입니다.

이는 삶, 자연이라는 거대한 신과 싸우는 행위와 같을 것입니다. 현실과 싸우면 백전백패의 결과이겠지만 혹시 이기더라도 심각한 정신적 고통만이 있을 것입니다.

어리석은 사람은 종종 현실과 부딪히며 제 뜻대로 세상을 바꾸려 애씁니다. 현실이란 언제나 이미 주어진 상태로 존재하는데, 이를 부정하고 자신이 원하는 방향으로만 맞추려는 사람은 본질적으로 자연과 싸움을 벌이고 있는 셈입니다. 이런 싸움은 힘겨운 저항과도 같아서, 현실의 흐름을 억지로 꺾고자 하는 마음은 결국 고통을 낳게 마련입니다. 마치 거대한 강의 흐름을 거슬러 올라가려 하는 것처럼, 자연스러운 순리를 거부하고 역류하려는 시도는 사람에게 깊은 불안과 좌절을 안겨줄 뿐입니다.

반면, 지혜로운 사람은 다릅니다. 그들은 마음속의 생각이나 집착을 제거하고, 현실을 있는 그대로 받아들입니다. 이들은 현실을 바꾸려는 집착에서 벗어나 있으며, 그 안에서 고요함과 평화를 찾습니다. 이러한 자세는 마치 바람이 불어도 그 바람에 흔들리되 꺾이지 않는 대나무와 같습니다. 굴복하는 듯 보이지만, 그 안에 힘이 존재하고, 그 힘은 오히려 삶의 자연스러운 흐름을 받아들이는 데서 비롯됩니다.

어리석은 자는 언제나 마음의 고통 속에 빠져 있습니다. 그 이유는 단순합니다. 마음이 기대하는 바와 현실이 어긋날 때, 그는 현실을 바꾸려하거나, 상황을 다시 제 뜻대로 고쳐보려는 집착을 버리지 않기 때문입니다. 이런 과정은 마치 자기 자신과 싸우는 싸움이기도 합니다. 기대와 바람이 강해질수록, 그리고 그 기대가 현실에 부딪칠수록 마음은 상처를 입고 그 고통은 더 깊어져 갑니다.

결국, 현실과 다투는 사람은 마음속에서 끊임없이 전쟁을 벌이고 있는 셈입니다. 현실을 적대하고 그에 저항하는 것은 결국 자기 자신과 싸우는 행위입니다. 자연의 법칙을 거슬러 살려는 사람은, 그 무엇도 쉽게 얻을 수 없을뿐더러 내면의 평화를 스스로 망가뜨리고 있을 뿐입니다. 백번 싸우면 백번 패하는 싸움이며, 혹시 운 좋게 이긴다 해도 결과는 참담합니다. 승리는 오히려 더욱 큰 공허함과 더 큰 집착을 불러오고, 그 끝에는 지치고 상처 입은 마음만이 남게 됩니다.

이렇듯 삶을 바라보는 방식에 따라 사람은 지혜롭거나 어리석어질 수 있습니다. 삶을 억지로 구부려 제 생각에 맞추려는 사람은 자기 자신을 자해하고 있는 것과 다름없습니다. 세상은 개인의 뜻대로 움직이지 않으며, 이러한 세상을 이해하고 받아들이는 지혜를 배워야만 우리는 진정한 평화를 찾을 수 있습니다.

이와 관련된 사례를 2가지 소개하겠습니다.

어느 날 한 제자가 스승에게 물었습니다.

"스승님, 저는 세상이 너무 고통스럽습니다. 사람들은 제 뜻대로 움직이지 않고, 세상은 불공평합니다. 어떻게 해야 이 고통에서 벗어날 수 있을까요?"

스승은 미소를 지으며 제자를 데리고 호숫가로 갔습니다. 그리고 돌멩이를 하나 들어 호수에 던지며 말했습니다.

"보아라. 돌멩이가 물에 던져졌을 때, 물은 저항하지 않고 파문을 일으킬 뿐이다. 하지만 그 파문도 곧 사라지지 않느냐?"

제자는 고개를 끄덕이며 대답했습니다.

"그렇습니다, 스승님. 물은 돌과 싸우지 않네요."

스승은 계속 말했습니다.

"세상에서 일어나는 모든 일은 저 돌멩이와 같다. 너는 그 돌멩이를 막으려 하거나, 그것을 두고 화를 낸다. 하지만 돌은 이미 던져졌고, 현실은 그렇게 흘러가는 것이다. 진짜 바보는 돌멩이를 붙잡으려 애쓰는 사람이니라. 현명한 사람은 돌을 흘려보내고, 물처럼 유연하게 살아간다."

제자는 이 말을 듣고 깊은 깨달음을 얻었습니다.

"저는 그동안 현실과 싸우느라 고통을 자초했군요. 이제는 저도 물처럼 살겠습니다."

두 번째 이야기는 일본의 스님과 "내 아이" 이야기인데요. 일본의 한 스님이 어느 날 절에서 수행하고 있을 때, 어떤 여자가 아기를 안고 찾아왔습니다. 여자는 "이 아이가 당신의 아이라서 책임을 지고 키워야 한다."라고 말했습니다. 사실 그 아기는 스님과 아무런 관계가 없었으나, 여자는 주변 사람들에게도 스님이 아기의 아버지라고 소문을 내었습니다.

스님은 자신에게 닥친 이 억울한 상황을 부정하거나 변명하지 않고 그저 "그래, 그렇다면 내가 책임지겠습니다."라고 말하며 아기를 키우기 시작했습니다. 시간이 흐르면서 아기를 맡긴 여자는 진실을 깨달으며 양심의 가책을 느끼게 되었고, 결국 아기가 스님과 무관함을 인정하고 데려가겠다고 사과했습니다. 스님은 아무런 원망 없이 아이를 여인에게 돌려주며 "그래, 데려가도 좋습니다."라고 답했습니다.

이 이야기에서 스님은 현실을 부정하거나 저항하지 않고 있는 그대로 받아들이는 자세를 보여줍니다. 억울하고 부당한 상황에서도 자신의 견해를 변명하거나 상대를 탓하기보다는 주어진 상황을 조용히 받아들였습니다. 그의 이러한 평정심과 현실 수용의 태도는 지혜로움의 극치를 보여줍니다. 만일 그가 억울함에 싸우려 했다면, 마음의 평화를 잃고 오히려 더 큰 고통과 혼란 속에 빠졌을 것입니다. 이 스님의 사례는 현실을 있는 그대로 받아들이는 것이야말로 고통에서 벗어나는 길임을 다시금 일깨워줍니다.

이 두 가지 사례는 현실을 거스르며 다투는 것이 오히려 고통을 불러오고, 있는 그대로 받아들이는 마음이야말로 지혜로운 삶으로 이어짐을 잘 보여줍니다.

현대를 살아가는 우리는 이런 사례들처럼 살기는 어려울 것입니다. 무한경쟁 사회에서 살아남기 위해선 경쟁도 하고, 많은 노력도 필요하기 때문입니다. 그런데 여기서 배울 점은 열심히 경쟁하고 노력은 하되 결과에는 연연하지 말자는 것입니다.

그 결과는 있는 그대로 삶이 나에게 준 것입니다. 결과를 부정하면 삶을 부정하는 꼴이 됩니다. 현실은 그저 있는 그대로일 뿐입니다. 세상이 나와 맞지 않을 때마다 세상을 바꾸려 애쓰기보다는, 내면의 관점을 바꾸어 세상을 받아들이는 연습을 해보는 것이 어떨까요?

울퉁불퉁한 시골길도 아름다운 법이고, 꼬불꼬불 자란 소나무가 더 아름다운 법입니다.

새롭게 태어나려는 자는
반드시 나의 세계를 파괴해야

우리는 모두 삶을 살아가면서 성장하고 변화를 갈망합니다. 그러나 진정한 변화, 특히 내면의 성장을 이루기 위해서는 기존에 있던 나의 세계를 파괴해야 한다는 무거운 진리를 마주하게 됩니다. 우리는 익숙한 자신과의 이별을 두려워하지만, 그 이별이야말로 새로운 시작을 위한 필수 과정임을 깨닫게 됩니다.

나라는 것이 무엇일까요? 당신이 생각하는 나는 결국 과거의 집합물에 불과합니다. 내 생각, 기억, 지식, 경험 등의 조합물/집합물이라고 할 수 있을 것입니다. 이런 나의 정체성을 고집하지 말고 열린 마음으로 새롭게 모든 것을 받아들이며 변화를 수용할 때 나라는 정체성도 변할 수 있는 것입니다.

저는 변화와 관련된 내용 중 이 말이 정말 좋습니다.

독일 작가 헤르만 헤세(Hermann Hesse)의 소설 『데미안(Demian)』에 나오는 것으로 성장과 변화를 상징적으로 담고 있는 유명한 구절입니다.

"새는 알에서 나오려고 투쟁한다.
알은 세계이다.
태어나고자 하는 자는 하나의 세계를 파괴해야 한다."

— 헤르만 헤세의 『데미안』 중에서

이 구절은 주인공이 자기 내면과 정체성을 깨닫는 과정에서 언급되며, 자기 혁신과 영적 성장에 있어 기존의 익숙한 세계와 관념을 깨뜨려야 한다는 메시지를 담고 있습니다. 이는 진정한 자아를 찾고 새롭게 변화하기 위해 반드시 기존의 틀과 한계를 넘어야 함을 상징적으로 표현한 문장입니다.

이 문장은 우리에게 중요한 교훈을 전달합니다.

새가 알 속에서 안전하게 머무는 동안 그 안은 자신의 전부인 세계입니다. 하지만 새가 성장하고 태어나려면 그 세계, 즉 알을 깨뜨리고 다른 세계로 나와야만 합니다. 그 과정은 분명 고통스럽고 두려움으로 가득할 수 있지만, 이 파괴 없이는 새로운 삶도 없습니다.

우리의 삶도 이와 다르지 않습니다. 인간의 영적 성장, 혹은 내면의 성장은 고통과 불확실성을 동반한 변화 속에서 이루어집니다. 우리는 자신이 누구인지, 세상에서 어떤 역할을 하고 있는지에 대한 견고한 인식이 있지만, 그 인식이 때로는 우리를 갇히게 만드는 알과 같을 수 있습니다. 그 알 속에서는 안전을 느끼지만, 더 큰 성장과 새로운 경험을 얻기 위해서는 결국 그 껍질을 벗고 나와야 합니다.

애벌레가 나비로 변하는 과정도 이와 비슷합니다. 애벌레는 자신의 존재가 익숙해진 상태에서 더 이상 변화가 필요 없다고 느낄지도 모릅니다. 하지만 자연은 그에게 새로운 운명을 부여합니다. 나비가 되기 위해서는 고된 탈피 과정이 필수적입니다. 애벌레는 자신의 오래된 모습을 버리고, 마침내 날개를 펼칠 수 있는 아름다운 나비로 다시 태어납니다. 이 과정은 고통스럽고, 탈피의 순간에는 마치 모든 것이 끝난 것처럼 느껴질 수도 있습니다. 하지만 그 고통의 끝에는 아름다운 자유와 변신이 기다리고 있습니다.

우리 역시 이와 같습니다. 영적인 성장을 이루고자 한다면, 기존의 나에 대한 정체성에서 벗어나야만 합니다. 우리가 나라고 정의하는 모든 것 즉, 과거의 경험, 타인이 보는 나의 모습, 내가 스스로에게 부여한 제한적인 역할 등의 모든 것은 우리의 영혼이 자유롭게 성장하는 데 걸림돌이 될 수 있습니다.

우리가 성장하고 변화하기 위해서는, 이 오래된 나의 세계를 허물고 새로운 나를 받아들여야 합니다.

많은 이들이 두려워하는 것은 바로 이 파괴의 순간입니다. 지금까지 살아왔던 방식, 형성했던 관계, 주변 환경 그리고 익숙한 나 자신을 무너뜨린다는 것은 누구에게나 고통스러운 일입니다. 그러나 그 순간이야말로 진정한 변화의 시작입니다. 우리가 과거에 의존하며 머물러 있으면, 나비가 날개를 펼치지 못한 채 애벌레 상태로 남아 있듯이, 우리는 영원히 성장할 수 없습니다. 과거의 나와 완전히 결별하지 않으면, 새로운 나를 발견할 수 없습니다.

여기서 중요한 것은 이 변화가 단순히 외적인 모습의 변화가 아니라는 점입니다. 물질적 성공이나 사회적 위치의 변화는 일시적인 성취일 뿐입니다. 진정한 변화는 내면에서 일어나는 것입니다. 우리는 끊임없이 자신의 한계를 넘어서고, 더 높은 깨달음과 평화의 상태로 나아가야 합니다. 그 길은 외롭고 때로는 두려울 수 있지만, 새로운 세계로 향하는 유일한 길입니다.

얼마 전 〈세계테마기행〉에서 나온 어느 여행 작가도 이런 말을 하더군요. "힘들고 낯선 환경만이 나를 변화시킨다."라고 인상 깊었던 내용이라 순간 저는 평소에 가지고 다니던 작은 수첩에 메모까지 했습니다.

정말로 우리 내면의 세계를 파괴하고 새롭게 태어나는 과정은 고통스러울 수 있지만, 그것이 곧 자유로 가는 길입니다. 우리는 자신의 알을 깨고 나와야만 합니다. 알은 보호막일 수 있지만, 그 보호막은 동시에 우리를 가두는 감옥이 될 수 있습니다. 그 감옥에서 벗어나기 위해서는 내면의 용기가 필요합니다. 과거의 나를 벗어던지고 새로운 나로 다시 태어나는 일, 이것이야말로 우리가 삶에서 끊임없이 추구해야 할 궁극적인 목표입니다.

이 과정을 거치며 우리는 비로소 진정한 나를 찾게 됩니다. 이때의 나는 더 이상 과거의 경험이나 외부의 평가 때문에 정의되는 존재가 아닙니다. 우리는 자신을 스스로 창조하는 주체가 되고, 더 넓고 깊은 깨달음을 얻습니다. 이 깨달음은 외부 세계의 조건에 따라 흔들리지 않는, 내면에서 우러나오는 진정한 자아의 모습입니다.

결국, 새롭게 태어나려는 자는 반드시 나의 세계를 파괴해야 합니다. 그 세계는 우리가 익숙하게 여겼던 모든 것이며, 그 파괴는 고통을 수반할 수 있습니다. 하지만 그 고통이야말로 새로운 출발을 위한 첫걸음입니다. 우리는 나비가 되기 위해 애벌레의 껍질을 벗어야 하며, 영적인 성장을 위해 자신의 알을 깨야만 합니다. 그리고 그 순간 우리는 마침내 새로운 자유와 평화를 얻게 될 것입니다.

생각, 감정, 느낌도
구름이 생겼다 사라지듯

구름을 자세히 관찰해 보신 적이 있나요? 특히, 비 온 뒤 산 중턱에 생긴 구름의 모습은 정말 아름답습니다. 그러나 이 구름도 영원하지 않습니다. 바람이 불면 흩어지고, 따스한 햇살이 닿으면 흔적도 없이 사라진다. 우리는 경험을 통해 이런 자연의 이치를 익히 알고 있습니다. 이처럼 구름은 끊임없이 형태를 바꾸며 태어나고 사라지기를 반복합니다.

우리의 일상에서 끊임없이 떠오르는 생각, 느낌, 감정도 이런 구름과 같다는 생각을 한 번이라도 해보신 적이 있나요?

불교적 관점에서 보면, 생각, 느낌, 감정은 마치 하늘을 떠다니는 구름과도 같습니다. 구름이 생겼다가 흩어지듯이, 우리의 마음속에서도 생기는 이런 것들도 자연스럽게 생겨났다 사라집니다. 이런 이치를 알면 우리의 삶이 덜 고통스럽고 덜 스트레스를 받지 않을까요.

우리가 고통을 느끼는 이유는 단순히 이 떠오른 생각과 감정을 진실이라고 믿고 집착하기 때문입니다. 그러나 그 생각을 믿지 않고 흘려보낼 수 있을 때, 우리는 더 이상 그 고통에 휘말리지 않게 됩니다.

우리는 흔히 떠오른 생각을 나 자신이라고 착각합니다. '나는 이런 생각을 하고 있으니, 이게 바로 나다.'라고 느끼는 순간, 그 생각은 우리의 정체성을 규정짓고, 그에 따라 감정이 발생합니다. 구름이 생겼다가 사라져도 그 구름이 머물렀던 공간을 여전히 존재하고 있습니다. 우리도 마찬가지입니다.

여기서 우리는 알아야 할 것이 있습니다. 내 안에서 떠오른 생각, 느낌, 감정은 진짜 나 자신이 아니라는 것을 알아야 한다는 것입니다.

기쁨, 슬픔, 분노, 두려움 같은 감정들이 이렇게 우리를 사로잡습니다. 하지만 이러한 감정들은 모두 우리의 생각에서 비롯된 일시적인 현상입니다. 우리가 생각에 너무 집착할 때, 그것은 마치 하늘에 잠시 머물다 사라지는 구름을 진짜 하늘이라고 믿는 것과 같습니다. 구름이 지나가도 하늘은 여전히 그 자리에 있는 것처럼, 우리의 생각이 지나가도 진짜 나는 여전히 존재합니다.

불교에서는 이를 '무상'이라고 설명합니다. 모든 것은 끊임없이 변하고, 고정된 것이 없습니다. 생각, 느낌, 감정도 예외는 아닙니다. 그것들은 잠시 떠올랐다가 다시 사라지기를 반복합니다. 마치 구름이 하늘에 떠 있다가 바람에 흩어지듯, 우리의 마음속 생각과 감정도 그저 순간적으로 나타났다 사라질 뿐입니다. 하지만 우리는 그 일시적인 현상에 집착하여 그것이 진리라고 믿고, 거기에서 고통을 느끼게 됩니다.

여기서 중요한 점은, 생각 자체가 고통을 유발하는 것이 아니라는 것입니다. 오히려 생각에 대해 우리가 가지는 집착, 그리고 그것을 나의 정체성으로 받아들이는 것이 문제입니다. 예를 들어, '나는 무능하다.'라는 생각이 떠오를 때, 그것을 그저 하나의 생각으로 바라본다면 큰 문제가 되지 않을 수 있습니다. 하지만 그 생각을 내가 진실이라고 믿고, 무능한 사람이 된다고 느낄 때 우리는 고통을 겪게 됩니다. 이때 우리의 생각과 감정은 하나의 거대한 고정관념처럼 우리를 지배하게 되고, 그로 인해 삶의 고통이 발생합니다.

생각, 느낌, 감정이 구름과 같다는 비유는 우리에게 큰 교훈을 줍니다. 구름은 그저 하늘을 스쳐 지나가며, 하늘은 그 구름에 의해 더럽혀지거나 손상되지 않습니다. 구름이 지나간 뒤에도 하늘은 본래의 청명한 모습을 유지합니다. 마찬가지로 우리의 마음도 생각과 감정이 스쳐 지나가는 그릇일 뿐, 그것들에 의해 변질되지 않습니다. 우리는 우리의 생각이나 감정이 내가 아니며, 그것들이 지나가도록 그냥 놔두면 된다는 사실을 기억해야 합니다.

불교에서는 이와 같은 관점을 통해 고통에서 벗어나는 방법을 제시합니다. 우리가 떠오르는 생각과 감정에 대해 집착하지 않고, 그저 관찰하는 태도를 가지는 것이 중요합니다. 생각은 자연스럽게 떠오를 수 있지만, 그것을 억지로 없애려고 하거나, 반대로 그것에 너무 깊이 빠져드는 것은 불필요한 고통을 불러일으킵니다. 우리는 생각이 떠오를 때, 그것이 잠시 머물다 갈 뿐임을 인식하고, 그에 매달리지 않는 연습을 해야 합니다.

불교에서 자주 언급되는 '두 번째 화살'의 비유가 이 맥락에서 이해될 수 있습니다. 첫 번째 화살은 우리가 피할 수 없는 삶의 고난이지만 불편함을 의미합니다. 그러나 두 번째 화살은 우리가 그 불편함에 대해 어떻게 반응하느냐에 달려있습니다. 첫 번째 화살이 우리에게 상처를 준다면, 두 번째 화살은 우리가 그 상처를 어떻게 생각하고 받아들이느냐에 따라 자처한 고통입니다. 생각과 감정을 구름처럼 보고 흘려보낼 수 있을 때, 우리는 더 이상 두 번째 화살을 맞지 않게 됩니다.

우리는 종종 생각과 감정에 휘말리며 그것들이 영원할 것처럼 느끼곤 합니다. 그러나 그들은 언제나 일시적인 것이며, 시간이 지나면 자연스럽게 사라집니다. 감정적으로 힘든 순간이 오더라도, 그 순간이 영원히 지속되지 않음을 인식하면 우리는 고통 속에서도 마음의 여유를 찾을 수 있습니다. 불안, 두려움, 분노 등 부정적인 감정들이 구름처럼 떠올라도, 그저 그것들이 사라질 때까지 지켜보는 것이 중요합니다.

이러한 관점에서 우리는 진정한 자유를 찾을 수 있습니다. 생각과 감정이 우리를 잠시 스쳐 지나가게 놔두고, 그에 집착하지 않을 때, 우리는 고통에서 벗어날 수 있습니다. 마치 하늘이 구름에 의해 더러워지지 않듯이, 우리의 본래 마음은 그 생각과 감정에 의해 손상되지 않습니다. 이 점을 깨달을 때 우리는 삶을 더 가볍고 자유롭게 살아갈 수 있게 됩니다.

생각, 느낌, 감정은 구름처럼 일시적인 현상입니다. 우리가 그것을 진지하게 받아들이고 집착할 때 고통이 생기지만, 그것을 단순히 지나가는 현상으로 보고 흘려보낼 수 있을 때, 우리는 더 이상 그것들에 휘둘리지 않게 됩니다. 그러므로 생각이 떠오를 때, 그 생각을 믿거나 집착하지 말고, 그저 하나의 구름처럼 바라보고 흘려보내는 것이 중요합니다. 이렇게 함으로써 우리는 더 깊은 평온과 자유를 경험할 수 있습니다.

삶은 언제나 끊임없는 변화 속에 있습니다. 구름처럼 생각, 감정, 느낌도 일어나고 사라지기를 반복합니다. 그 흐름 속에서 우리는 자신을 잃지 않고, 그저 자연스러운 마음의 흐름을 따라갈 때, 진정한 나를 찾고 고통에서 벗어나게 됩니다.

지금, 이 순간을 살아라(Carpe diem)

까르페 디엠(Carpe diem).

영어로는 "Seize the day"로 '현재를 잡아라, 현재를 즐기라'는 의미입니다.

이 말의 유래는 고대 로마 시대로 시인 호라티우스라는 사람이 자신의 시구절에 처음 사용했다고 하고 그 후 오랜 세월 전쟁에 시달렸던 로마에 평화가 찾아오자, 로마시민이 이제는 마음 편히 오늘을 즐기자는 의미에서 카르페 디엠이란 말을 사용했다고 합니다.

그 이후인 중세 말기에는 흑사병이 유행해서 많은 사람이 죽자, 사람들은 만나고 헤어질 때 까르페 디엠이라고 인사하면서 서로를 격려하는 인사말로 변했다고 합니다.

죽지 않아서 다행이야 지금, 이 순간을 마음껏 즐기자고 말하면서. 어찌 보면 좋은 말이면서 씁쓸한 의미입니다.

이 말이 더욱 유명해진 것은 1989년 개봉된 영화 〈죽은 시인의 사회〉라는 영화에서 까르페 디엠이라는 대사에 등장하면서입니다.

우리는 모두 언젠가 숨을 멈추고 차갑게 죽어가게 되어 있으니, 미래를 위해 현재를 희생하지 말고 지금 하고 싶은 것을 찾으라는 의미로 선생님이 학생들께 가르친 대사입니다.

그럼 21세기에 사는 우리에게는 까르페 디엠이 어떤 의미로 사용할 수 있을까? 많은 사람이 현재를 온전히 즐기며 살까? 우리나라 자살률 통계를 볼 때 그렇지 않은 사람들이 많은 것 같습니다. 지금이란 시간은 딱 한 번뿐이니 현재를 즐기라는 물질적 세계의 의미에서 더 벗어나 비물질적 영역인 마음의 상태까지 넓혀보면 어떨까 합니다.

아니 현재에 살지 과거나 미래에 살고 있는 사람이 어디 있냐고, 반문하는 사람도 있겠지만 가만히 자기 자신의 상태를 관찰하면 몸은 비록 현재에 살고 있지만 마음(생각)만은 과거나 미래에 가 있는 경우가 많이 있습니다. 아니 생각이 과거나 미래로 가 있는지조차 인식하지 못하며 살고 있는 사람들이 많이 있습니다.

그래서 동·서양의 많은 영적 스승이 현재에 살라, 현존하라고 강조하는 것이 이 때문입니다. 행복이 충만한 삶의 비결이 현재에 있다는 말입니다.

현재의 영적 스승 중 대표적인 사람 에크하르트 톨레의 책『지금 이 순간을 살아라』에서도 자신의 체험을 전하면서 '지금 여기'만이 유일하게 평화와 자유를 얻을 수 있다고 이야기합니다. 방법은 간단합니다. 과거나 미래가 아닌 바로 지금, 이 순간을 사는 것입니다. 우리는 고통을 만들어내는 것이 우리 자신이라는 사실을, 다른 사람이나 바깥세상이 아닌 우리 자신의 마음이라는 것을 자각해야 합니다. 실제로 우리의 마음은 하루 오만가지 다양한 생각을 끊임없이 하면서 언제나 불행했던 과거를 되돌아보고 두려운 미래에 대해 걱정합니다. 지금만이 존재하는 모든 것입니다.

지금이 아닌 삶이란 결코 존재한 적이 없으며 앞으로도 결코 존재할 수도 없습니다. 영원한 현재야말로 우리의 전체 삶이 펼쳐지는 무대이며 경험되어지는 유일한 곳이며 언제나 우리와 함께 남을 것입니다.

과거 · 현재 · 미래, 지금 나는 어디에서 살고 있는가?

우리는 하루하루를 살아가며 많은 걱정과 고민 속에 빠져들곤 합니다. 내일은 어떻게 될까? 다음 달엔 이 문제가 해결될까? 이런 생각들은 끊임없이 우리의 머릿속을 맴돌며 현재를 잊게 만듭니다. 그러다 보니, 우리는 종종 '지금'이 순간에 집중하지 못하고 지나간 일이나 오지 않은 미래에만 몰두하게 됩니다. 이러한 삶은 정신적으로도 육체적으로도 우리를 지치게 하고, 삶의 즐거움을 잃게 만듭니다.

이런 상황에서 '까르페 디엠(Carpe Diem)'이라는 말은 우리에게 중요한 메시지를 던져줍니다. 이는 시간의 흐름 속에서 유일하게 우리가 통제할 수 있는 것은 '현재'뿐이라는 철학을 담고 있습니다. 과거는 이미 지나갔고, 미래는 아직 오지 않았으므로, 지금, 이 순간을 살라는 것입니다.

그러나 현실 속에서 우리는 이러한 지혜를 쉽게 잊고, 매 순간을 불안과 두려움으로 가득 채우며 살아갑니다. 특히 오늘날의 현대인들은 다양한 외부의 자극과 정보 속에서 끊임없이 '해야 할 일', '이루어야 할 목표', '미래의 불안'에 사로잡혀 있습니다. 이러한 생각들은 때로는 긍정적인 동기를 부여할 수 있지만, 대부분은 우리의 현재를 잠식해 버리고, 정신적 고통을 초래합니다.

많은 사람이 미래에 대한 과도한 생각에 사로잡혀 있습니다. 예를 들어, 어떤 사람은 자신의 직업적 성공에 대한 불안과 걱정 때문에 매일 밤에 잠을 이루지 못할 수 있습니다. '내가 이 프로젝트를 성공적으로 마칠수 있을까?', '내 경력은 앞으로 어떻게 될까?' 이런 질문들이 머릿속을 떠나지 않고, 그것은 점점 커다란 부담으로 작용합니다.

결국, 그는 오늘 하루를 온전히 살아내지 못하고, 이미 다가오지 않은 미래의 걱정 속에서 고통받게 됩니다.

이처럼 미래에 대한 집착은 우리를 불안하게 만들고, 그 불안감은 현재의 삶에서 멀어지게 만듭니다. 하지만, 중요한 것은 우리가 미래를 온전히 예측하거나 통제할 수 없다는 사실입니다. 미래는 불확실한 것이며, 그 불확실성 자체가 삶의 한 부분입니다. 아무리 치밀한 계획을 세운다고 해도, 예상치 못한 일들이 일어날 수 있습니다. 그러니 미래를 위한 준비도 중요하지만, 그것이 현재의 순간을 놓치게 만드는 원인이 되어서는 안 됩니다.

과거에 대한 후회와 집착 미래에 대한 불안뿐만 아니라, 우리는 종종 과거에 대한 후회에 사로잡히기도 합니다. '내가 그때 그렇게 하지 않았더라면…', '그 선택이 잘못된 것이었어….'라는 생각들이 머릿속을 떠돌며 현재의 나를 괴롭힙니다. 하지만, 과거는 이미 지나간 일이며, 다시 돌아가서 바꿀 수 없습니다. 우리는 과거의 실수를 통해 배우고, 성장할수 있지만, 그것에 집착하여 현재를 살아가지 못하는 것은 무의미한 일입니다.

까르페 디엠의 지혜는 여기서도 빛을 발합니다. 과거의 실수나 후회를 붙잡고 있는 대신, 지금, 이 순간에 집중하라는 것입니다. 우리의 삶은 항상 현재의 순간 속에서만 이루어지며, 그 순간 속에서 우리는 새로운 선택을 할 수 있습니다. 과거의 잘못이 현재의 선택을 가로막지 않도록 하고, 그 순간의 소중함을 인식하는 것이 중요합니다.

생각에 몰입해 고통받는 사람들 즉 우리는 종종 자신이 한 생각에 몰입하여 그 생각 속에서 벗어나지 못하고 고통받는 경우가 많습니다. 예를 들어, '나는 충분히 좋은 사람이 아니야.', '이 일은 내가 감당할 수 없는 것이야.'와 같은 부정적인 생각들은 우리를 자체의 감옥에 가둡니다. 이러한 생각들은 반복적으로 우리 마음속에 떠오르며, 그로 인해 우리는 더욱 깊은 우울감과 불안 속으로 빠져들게 됩니다.

이때 우리는 '생각은 생각일 뿐'이라는 점을 기억해야 합니다. 우리의 생각이 반드시 현실을 반영하는 것은 아닙니다. 그저 순간적으로 떠오른 관념일 뿐이며, 그 생각에 몰입하지 않을 때 우리는 보다 자유로운 삶을 살 수 있습니다. 결국, 고통은 외부에서 오는 것이 아니라, 우리의 생각에서 비롯되는 경우가 많습니다. 까르페 디엠은 이러한 관점에서 중요한 메시지를 전합니다. 생각에 몰두해 고통스러워하기보다는, 지금, 이 순간의 현실을 바라보고 그 안에서 평화를 찾으라는 것입니다.

지금, 이 순간의 중요성 현대 사회는 끊임없이 빠르게 돌아가며, 우리는 끊임없는 정보의 흐름과 바쁜 일상에서 현재를 놓치기 쉽습니다. 하지만 우리의 삶은 오직 지금, 이 순간에만 존재합니다. 우리가 과거를 되돌릴 수도, 미래를 미리 경험할 수도 없습니다. 오직 지금, 이 순간이 우리의 유일한 현실입니다.

따라서 우리는 순간순간을 소중히 여겨야 합니다. 지금 내가 할 수 있는 일이 무엇인지, 지금 내가 감사할 수 있는 것이 무엇인지를 생각해 보세요. 그리고 그 순간에 집중하세요. 그러면 미래에 대한 불안도, 과거에 대한 후회도 조금씩 사라지지 않을까요?

지금, 이 순간을 진정으로 살아가는 것이야말로 우리의 삶을 더욱 풍요롭게 만드는 길이니까요.

생각에 몰입해 고통받는 대신, 지금, 이 순간을 살아가는 법을 배울 때 우리는 보다 자유롭고 평화로운 삶을 살 수 있습니다. 행복은 오직 현재의 순간에서만 느낄 수 있습니다. 그러므로 지금, 이 순간을 붙잡고, 그 속에서 진정한 삶의 의미를 찾아보세요.

하나의 길이 막히면 또 다른 길이 열림

"하나의 길이 막히면 또 다른 길이 열린다."

이 말을 저는 정말 좋아합니다. 제 삶을 돌아보면, 이 말이 늘 제게 큰 위로와 가르침이 되었으니까요.

20대 시절, 저는 대학을 졸업하고 누구보다 높은 자존심을 가지고 있었습니다. 그래서 취업 지원서를 제출할 때도 오직 대기업이나 정부 공기업 같은 곳만 골라 지원했죠. 하지만 결과는 대부분 1차 서류전형 탈락이었습니다.

특히 지방대 출신이었던 저는 면접 기회조차 얻기 어려웠습니다. 당시에는 대학의 명성이 취업에 중요한 영향을 미쳤던 시대였으니까요.

이렇게 여러 차례 고배를 마시다 보니 제 눈높이도 조금씩 낮아졌습니다. 그러다 문득 "공무원 시험이라도 한번 준비해 볼까?"라는 생각을 하게 되었고, 새로운 길을 선택하게 되었습니다.

그때부터 약 6개월간 열심히 준비한 끝에 경기도 9급 공무원 시험에 합격할 수 있었습니다. 그렇게 시작된 공직 생활은 제게 새로운 인생의 문을 열어주었습니다. 대기업 취업의 길이 막힌 대신, 공직이라는 또 다른 길이 열린 것이죠.

이후 저는 1993년부터 2024년까지 31년간 한 직장에서 근무하며 지방 부이사관(3급)으로 명예롭게 퇴직했습니다. 공직사회에서 나름 성공했다고 자부할 수 있고, 무엇보다 노후에 대한 경제적 걱정 없이 지낼 수 있게 되었습니다. 지금, 이 글을 쓰는 것도 재취업을 하지 않아도 되는 삶의 여유 덕분입니다.

사실 이런 유사한 경험은 한두 번이 아닙니다. 인생에서 원하는 일이 되지 않아 좌절했던 순간들 속에서도 더 나은 결과로 이어진 경우가 참 많았습니다.

"하나의 길이 막히면 또 다른 길이 열린다."라는 말은 단순한 위로를 넘어, 삶의 진리가 아닐까요?

사람마다 각자 원하는 삶을 찾아 어느 한길을 선택하며 살지만 종종 그 길이 막히는 상황은 누구나 한 번쯤은 경험할 것입니다. 모든 길이 자신이 원하는 길로만 이어지지는 않았을 것입니다. 그때마다 좌절하거나 절망하기 쉽지만, 삶 전체를 놓고 볼 때 오히려 그런 상황이 더 좋게 되는 경우도 많이 있습니다.

여기서 새옹지마(塞翁之馬)의 교훈을 떠올려 보면 새로운 시각을 얻을 수 있습니다.

새옹지마란 중국 고사성어로, 변방에 사는 한 노인의 말이 도망갔다가 다시 돌아오면서 오히려 더 큰 복을 가져다준다는 이야기에서 유래했다 합니다.

중국 지방에 한 노인이 살고 있었는데 어느 날 기르던 말이 국경을 넘어 오랑캐들의 땅으로 도망을 가버렸어요. 이에 이웃들이 노인에게 위로를 전하자, 노인은 마을 사람들에게 말했어요. '이 일이 복이 될지 누가 알겠습니까?'라고 말이죠.

정말로 그로부터 몇 달이 지난 어느 날 도망쳤던 말이 암말과 함께 노인의 곁으로 돌아왔습니다. 이에 마을 사람들은 노인의 말이 맞았노라며 크게 축하해주었습니다.

마을 사람들은 노인이 기뻐할 거로 생각했지만 노인은 기쁜 기색 없이 덤덤히 마을 사람들에게 말했습니다. "이 일이 화가 될지 누가 알겠습니까?"라고 말이죠.

그런데 정말 며칠 후 노인의 아들이 말을 타다가 낙마하여 다리가 부러지고 말았습니다.

이에 마을 사람들은 노인을 찾아가 노인의 말이 맞았노라며 위로를 전했고요. 그러자 노인은 이번에도 덤덤히 마을 사람들에게 말했습니다. "이 일이 복이 될지 누가 알겠습니까?"라고 말이죠. 날 후로 얼마 지나지 않아 오랑캐가 침략해 와서 나라에서 징집령이 내려져 젊은이들은 모두 전장에 나가야 했습니다. 그런데 노인의 아들은 다리가 부러져 전장에 끌려가지 않게 되었다는 이야기가 전해지며 새옹지마라는 고사성어가 입에서 입으로 전해지게 되었다고 합니다.

이렇게 인생지사 새옹지마 '인간 세상 모든 일은 새옹지마이니 지금의 결과로 연연해서 하지 말자.'라는 뜻으로 진해지고 있습니다.

이 고사는 인생에서 일어나는 모든 일이 반드시 나쁜 것도 아니며, 반대로 좋은 일이라고 해서 반드시 영원히 좋은 결과만을 가져오는 것은 아니라는 깊은 뜻을 내포하고 있습니다.

우리의 삶에서 특정한 목표나 계획이 뜻대로 풀리지 않을 때, 그것을 실패로 단정 짓는 경향이 있습니다. 하지만 "하나의 길이 막히면 또 다른 길이 열린다."라는 말처럼, 어떤 문이 닫힐 때 새로운 기회가 준비되고 있음을 깨닫는 것이 중요합니다.

예를 들어 직장에서의 실패나 실수, 중요한 시험에서의 낙방 등은 순간적으로는 큰 좌절감을 안겨주지만, 장기적으로 볼 때는 더 나은 기회를 제공해 줄 수 있다는 것입니다.

저의 경우도 아마 20대 때 대기업에 취업 못한데 오히려 공무원의 길을 가게 만들었고 이곳에서 30년 넘게 다니게 했으니, 전화위복이 된 게 아닌가 싶습니다.

이것뿐만이 아니고 그 예를 가만히 과거를 되돌아보면 수없이 많은 사건/사고가 있습니다. 그러니 인생의 수많은 갈림길에서 문이 닫힌 것처럼 느껴질 때, 그로 인해 새로운 선택지가 나타나게 됩니다.

이러한 관점에서 본다면 인생에서 벌어지는 일들에 대한 우리의 반응도 달라져야 합니다. 한 가지 문이 닫혔다고 해서 모든 것이 끝난 것이 아닙니다. 오히려 그 문이 닫힘으로써 우리는 더 넓고 더 큰 가능성을 지닌 새로운 문 앞에 서 있을 수 있습니다. 새옹지마의 이야기는 바로 이 점을 강조합니다. 즉, 삶은 전혀 단순하지 않고, 우리가 경험하는 모든 일에는 그 속에 숨겨진 기회와 교훈이 존재한다는 것입니다.

현대 사회는 빠른 성공을 추구하는 경향이 더 강합니다. 실패는 불필요한 것으로 간주하며, 성공만이 중요한 것처럼 보입니다. 하지만 실패는 오히려 새로운 성공으로 가는 중요한 디딤돌일 수 있습니다. 막힌 길 앞에서 좌절하지 않고, 그 속에서 배울 점을 찾으며 새로운 길을 모색하는 것이야말로 진정한 성장입니다. 때로는 예상하지 못한 방향으로 가게 되어 당황할 수 있지만, 그것이 새로운 기회로 이어질 가능성은 매우 크다는 사실을 안다면 삶의 무게는 작아질 것입니다.

세상사를 겪다 보면, 좋은 일은 언제나 좋은 것만을 의미하지 않으며, 나쁜 일도 언제나 나쁜 것만을 의미하지 않는다는 사실을 깨닫게 됩니다.

결국, 하나의 길이 막히면 또 다른 길이 열립니다. 때로는 그 길이 우리가 처음에 생각한 것보다 더 나은 길일 수 있습니다. 인생의 길을 걷다 보면 예상치 못한 장애물이나 실패를 만날 수 있지만, 그때마다 새옹지마의 지혜를 떠올리며 긍정적인 마음으로 새로운 기회를 맞이하십시오.

마치 말이 도망갔다 돌아왔을 때 더 큰 복을 가져왔던 것처럼, 인생의 돌발적인 사건들도 우리에게 더 큰 선물을 안겨줄 수 있습니다. 중요한 것은 그 순간의 실패에 좌절하지 않고, 열린 새로운 문을 향해 나아가는 것입니다.

내가 생각하는 선택보다 삶이 더 잘 나를 좋은 곳으로 인도할 것입니다.

Life knows better. So live without worrying about anything.

하나를 잃으면 다른 하나를 얻는 게 인생

하나를 잃으면 또 다른 하나를 얻는 것이 인생입니다.

모든 것을 가지려 애쓰지 마세요. 우리는 모두를 가질 수도 없지만, 그렇다고 모든 것을 잃는 것도 아닙니다.

삶은 균형 속에서 이루어집니다. 하나를 잃으면 다른 하나를 얻게 되는 것, 그것이 바로 인생의 이치입니다.

우주는 늘 균형을 유지하며 돌아갑니다. 태극 모양처럼 말입니다.

음이 있으니 양이 있고, 빛이 있으니 어둠이 있으며, 하늘이 있으니 땅이 있고, 남자가 있으니 여자가 있습니다.

가난이 있으니 부가 있고, 탄생이 있으니 죽음도 있는 것입니다.

이처럼 삶은 끊임없이 균형을 맞추며 돌아가고 있습니다. 우리 모두, 나도 당신도, 이 법칙에서 예외는 없습니다. 그러니 하나를 잃었다고 좌절하지 마세요. 인생은 또 다른 것을 준비하고 있을 테니까요.

삶을 살아가다 보면 뜻하지 않게 어려운 일들을 마주하게 됩니다. 우리가 세운 계획이 뜻대로 되지 않거나, 사랑하는 사람을 잃거나, 소중히 여기던 기회가 눈앞에서 사라지는 순간이 찾아올 수 있습니다. 그럴 때마다 우리는 깊은 슬픔과 좌절에 빠져들곤 합니다.

하지만 이런 어려움 속에서도 삶은 계속되고, 그 안에는 새로운 가능성과 기회가 숨겨져 있다는 사실을 잊지 말아야 합니다.

하나를 잃으면 또 다른 하나를 얻게 된다는 말은 그저 위로의 말로 끝나지 않습니다. 이는 수많은 사람이 경험을 통해 깨달은 인생의 진리입니다. 우리는 어떤 것을 잃을 때 그 상실감에만 집중하기 쉽지만, 그로 인해 열리게 되는 또 다른 길이 있다는 사실을 미처 알지 못합니다. 새로운 문이 열리기 전, 잃어버린 것에 대한 아쉬움과 슬픔에 잠겨 있어 그 문을 볼 수 없을 뿐입니다.

인생에서 뜻하지 않은 일이 벌어질 때, 그 일이 불행으로 느껴지는 건 당연한 일입니다. 하지만 그 불행을 통해 우리는 더 강해지고, 더 성숙해지며, 새로운 시각으로 세상을 더 멀리 그리고 더 높이 바라볼 수 있는 기회를 얻게 됩니다.

고통을 겪고 난 후의 삶은 이전과는 달라집니다. 어쩌면 그 변화는 우리가 원하지 않았던 것일 수 있지만, 시간이 지나면서 그 변화가 우리에게 필요한 것이었음을 깨닫게 됩니다.

예를 들어, 사랑하는 사람과의 이별은 누구에게나 큰 상처를 남깁니다. 그 상실감을 극복하는 데는 시간이 걸리고, 그 사람을 다시 만날 수 없다는 현실에 고통스러울 수 있습니다. 그러나 그 이별을 통해 우리는 더 성숙한 사랑을 배울 수 있고, 자신을 돌아보는 시간을 가질 수 있으며, 더 넓은 마음으로 새로운 사람을 받아들일 준비를 할 수 있게 됩니다. 하나의 사랑이 끝나면 또 다른 사랑이 시작되는 것처럼, 인생은 끊임없이 변화하며 우리에게 새로운 가능성을 제시합니다.

또 다른 예로, 직장에서의 실패를 들 수 있습니다. 오랫동안 노력해 온 프로젝트가 실패하거나, 승진 기회를 놓쳤을 때 우리는 좌절감을 느낄 수 있습니다. 그러나 그 실패를 통해 우리는 새로운 기술을 배우고, 더 나은 방법으로 문제를 해결할 수 있는 능력을 키울 수 있습니다. 실패는 끝이 아니라 새로운 도전의 시작이 될 수 있습니다. 이 과정에서 우리는 더 넓은 시야를 갖게 되고, 더 큰 기회를 맞이할 준비를 하게 됩니다.

새옹지마(塞翁之馬)라는 고사성어는 이런 삶의 진리를 잘 보여줍니다. 좋은 일이 나쁜 결과를 가져올 수 있고, 나쁜 일이 결국 좋은 결과를 가져올 수도 있다는 이 말은, 인생의 굴곡에서 희망을 찾는 중요한 교훈을 담고 있습니다. 한 번의 실패가 우리 인생 전체를 결정짓는 것이 아니며, 그로 인해 우리가 더 나은 길을 찾아갈 수 있다는 것을 기억해야 합니다.

삶에서 무엇을 잃었을 때 우리는 종종 그 상실에 매몰되어 다른 가능성을 보지 못합니다. 하지만 시간이 지나고 나면 그 상실이 새로운 기회의 시작이었다는 것을 알게 되는 경우가 많습니다. 우리는 예상하지 못한 일들 속에서도 새로운 가능성과 성장의 기회를 발견할 수 있습니다. 그러니 지금 겪고 있는 어려움이 영원하지 않다는 것, 그리고 그 어려움을 통해 더 나은 내일이 기다리고 있다는 사실을 믿어야 합니다.

삶은 끊임없이 변화하고, 그 변화 속에서 우리는 새로운 자신을 발견하게 됩니다. 어떤 문이 닫혔다고 해서 모든 것이 끝난 것이 아닙니다. 닫힌 문 뒤에는 더 나은 문이 열리고 있을지 모릅니다. 그러니 잃음의 아픔에만 머물러 있지 말고, 그로 인해 얻게 될 새로운 기회를 기대하는 마음을 가져보세요. 언젠가 그 기회가 당신의 삶을 더욱 풍요롭게 만들어 줄 것입니다.

어렵고 힘든 시기일수록 우리는 더 큰 성장을 이룰 수 있습니다. 그 고통이 우리를 더욱 강하게 만들고, 우리가 잃었던 것보다 더 큰 것을 얻을 수 있도록 이끌어줍니다. 하나를 잃으면 또 다른 하나를 얻게 되는 것은 우연이 아닙니다. 그것은 인생이 우리에게 가르쳐주는 중요한 진리이자, 우리가 희망을 품고 살아가야 할 이유입니다.

그러므로 지금의 어려움이 당신의 전부가 아니라는 것을 기억하세요. 그리고 이 어려움을 통해 당신은 더 강해지고, 더 많은 것을 얻을 준비를 하고 있다는 사실을 믿으세요. 당신이 잃은 것이 있다면, 분명히 그 자리에 새로운 것이 찾아오게 될 것입니다. 삶은 언제나 그렇게 우리에게 새로운 길을 열어주니까요.

만약 세상에 자신이 원하는 일들이 100% 이루어진다면 항상 기쁠까요. 아마도 기쁨을 느끼지 못할 것입니다. 왜? 고통과 괴로움을 모르기 때문입니다.

빛은 어둠이 있어 존재하듯, 기쁨은 고통과 괴로움이 있기에 존재하는 것이니까요.

낙타와 사자, 그리고 어린아이의 삶

세상 속에 살아가는 우리는 누구나 한 번쯤 '나는 왜 삶이 힘든 것인 가?'라는 질문을 던지곤 합니다. 남들은 재미있게 보내는 것 같고, 나만 힘든 것처럼 보일 때가 있습니다.

이러한 질문 속에서 우리는 각자 다른 모습으로 살아가고 있지만, 삶의 본질을 깊이 들여다보면 세 가지 상징적인 모습으로 우리의 삶을 비유할 수 있습니다.

그것이 바로 낙타, 사자, 그리고 어린아이와 같은 삶입니다. 이 세 가지 모습은 삶의 단계이자, 우리가 세상과 관계를 맺는 방식에 대한 은유입니다.

> 그들에게 정신의 세 가지 변화에 대해 말하고자 한다. 어떻게 하면 정신이 낙타가 되고 낙타가 사자가 되며 사자가 마침내 어린아이가 되는지를….
>
> — 니체의 『차라투스트라는 이렇게 말했다』 중에서

첫째는 생각의 짐을 진 낙타의 삶입니다.

낙타는 무거운 짐을 등에 짊어지고 사막을 걸어가는 존재입니다. 이 낙타는 누군가의 명령에 따라 길을 걷고, 짐을 지며 인내합니다. 우리는 이 낙타의 모습에서 자신을 발견할 때가 많습니다. 사회의 규칙, 대중의 기대, 세상의 시스템 속에서 순응하며 살아가는 우리의 모습 말입니다. 학생으로서, 직장인으로서, 혹은 사회 구성원으로서 우리는 항상 주어진 소임을 수행했으며 삶의 무게는 짊어집니다.

낙타는 스스로 선택할 수 있는 것이 거의 없습니다. 그는 타인이 정해준 길을 따라가며, 그 길이 올바르다고 여깁니다. 이 상태는 마치 수동적으로 인생을 살아가는 모습과 같습니다. 무언가를 의심하거나 반항할 생각도 없이 그저 주어진 길을 묵묵히 걷습니다.

많은 이들이 이러한 낙타의 삶에서 벗어나지 못하고, 삶의 짐을 고스란히 받아들입니다. 생각의 짐을 진 낙타는 하루하루를 견디며 살아가지만, 삶이 즐거운 것이 아니라 그저 무거운 짐으로 느껴집니다.

사회가 만든 거대한 시스템 속에서 제 생각과 뒤엉켜 벗어나지 못하고 하루하루는 버티며 살아가는 존재가 낙타의 삶입니다.

두 번째는 세상의 시스템과 싸우는 사자의 삶입니다.

하지만 낙타의 삶을 지속하다 보면, 어느 순간 우리는 질문을 던지기 시작합니다.

'왜 나는 이 길을 가야만 하는가?', '왜 나는 이 짐을 지고 살아야 하는가?', '어 저 사람은 마음의 짐 없이 재미나게 살아가네! 이유가 무엇이지?' 이때 등장하는 것이 바로 사자의 모습입니다. 사자는 세상의 시스템, 규칙, 그리고 나와 대중의 생각에 의문을 제기하고, 이에 저항하려는 존재입니다.

마치 애벌레가 탈피를 해서 나비로 다시 태어나듯 종전에 가지고 있던 자신의 고정관념과 생각에 의문을 제기하면서 다시 새롭게 태어나는 것입니다. 바로 낙타에서 사자로….

사자는 강인한 의지와 함께 자신의 자유를 찾기 위해 싸웁니다. 그는 무언가에 반항하고, 기존의 질서를 부수려고 합니다. 우리가 사회 속에서 벗어나 자유를 갈망할 때, 우리는 사자의 정신을 불러일으킵니다. 세상이 강요하는 규칙과 권위에 맞서 자신의 길을 개척하려는 용기를 가지게 되는 것이죠.

그러나 사자의 삶은 단순한 자유를 찾기 위한 반항에서 그치는 것이 아닙니다. 그는 진정한 자기 자신을 찾기 위해 끊임없이 싸우는 존재입니다. 우리는 모두 한 번쯤 이 사자의 삶을 경험하게 됩니다. 그리고 이 시점에서 우리는 자신의 가치관과 신념에 따라 세상을 새롭게 바라보게 됩니다.

이렇게 살아가는 사람은 우리 아니 내 주변에 누가 있나? 한번 찾아보세요. 마치 낙타와도 같은 삶을 살아가는 이도 있을 것이고, 사자와 같이 매사 도전적인 삶으로 살아가는 사람도 있을 것입니다.

마지막 세 번째는 순수하고 자유로운 어린아이의 삶입니다.

그러나 궁극적으로 우리가 도달해야 할 삶은 사자의 삶도 아닙니다. 진정한 자유는 싸움을 통해 얻는 것이 아니라, 그저 존재 자체로부터 오는 것입니다. 그 답은 바로 어린아이의 삶에 있습니다. 어린아이는 세상에 대한 생각이나 선입견, 집착이 없습니다.

그는 그저 현재를 살아가며, 모든 것을 새롭게 받아들입니다.

어린아이의 삶을 자세히 들여다보면 한 가지 공통된 점을 발견할 수 있습니다. 한번 주변에 어린아이가 있으면 잘 관찰해 보세요. 어린아이들은 매 순간순간만을 살아갑니다.

과거도 아니고 미래도 아닌 바로 지금, 이 순간만을 살아가고 있음을 찾을 수 있습니다.

어른들은 지금 여기가 아니고 과거에 돌아가 후회하고 미래로 가서 걱정과 불안으로 삶을 보내는 경우가 많습니다.

어린아이는 삶을 순간순간 바로 지금만을 놀이처럼 즐깁니다. 무언가를 얻기 위해 애쓰지 않고, 잃어버릴 것에 대해 두려워하지 않습니다. 그에게 있어 삶은 그 자체로 흥미로운 경험이며, 기쁨입니다. 어린아이의 상태는 삶을 단순히 존재하는 것으로 받아들이는, 순수한 자유의 상태입니다. 여기에 선입견이나 무거운 생각의 짐은 없습니다.

'이 세상은 하수에겐 지옥이요, 고수에게는 놀이터다.'라는 말이 있습니다.

이 말은 삶을 대하는 태도가 곧 삶을 결정짓는다는 것을 의미합니다.

어른들이 삶의 고수가 아니라 바로 어린아이가 삶의 고수가 아닐까요?

어린아이의 마음을 가진 사람, 즉 선입견과 집착 없이 삶을 놀이처럼 살아가는 사람에게 세상은 놀이의 공간이 됩니다. 그들에게는 삶이 그 자체로 즐겁고 흥미로운 여정일 뿐입니다. 반면, 삶을 무거운 짐으로 여기는 사람들에게는 세상은 고난의 연속으로 느껴집니다.

어린아이의 삶이란 아무것도 기대하지 않으며, 모든 것을 받아들이는 것입니다.

생각과 판단, 집착과 열정 등으로 과거나 미래에 얽매이지 않고 그저 존재하는 삶. 이런 삶은 우리가 낙타처럼 무거운 짐을 내려놓고, 사자처럼 세상에 맞서지 않더라도 그 자체로 자유와 평화를 얻게 해줍니다.

결국 우리가 추구해야 할 것은 어린아이의 삶을 닮아가는 것입니다. 삶을 너무 무겁게 여기지 않고, 무언가를 달성해야 한다는 강박에 사로잡히지 않으며, 그저 매 순간을 즐기는 것입니다. 마치 어린아이가 놀이를 즐기듯이 말입니다. 놀이에는 목표가 없습니다. 그저 놀이 자체가 즐거움이고 경험입니다. 어린아이는 실패를 두려워하지 않고, 규칙에 얽매이지 않으며, 그저 지금, 이 순간을 살아갑니다.

우리의 삶도 마찬가지입니다. 성공과 실패를 넘어서, 우리의 존재 자체를 경험하는 순간순간이 삶의 기쁨이 되어야 합니다. 삶이란 그 자체로 놀이가 되어야 하며, 그 안에서 우리는 자유롭게 살아가야 합니다. 낙타처럼 짐을 지고 사는 것이 아니라, 사자처럼 세상과 싸우는 것도 아닙니다. 어린아이처럼, 그저 모든 순간을 받아들이며 삶을 살아가는 것. 이것이 진정한 고수의 삶일 것입니다.

삶은 고통도, 전쟁도 아닙니다. 삶은 우리에게 주어진 가장 큰 놀이입니다. 이 놀이 속에서 우리는 자유롭고, 행복하며, 무엇보다 진정한 나 자신으로 살아갈 수 있습니다.

지금 나는 어떠한 삶으로 살아가고 있나? 곰곰이 생각해 볼 시간입니다.

우리의 존재 방식과 삶의 모습

우리는 삶을 살아갑니다. 그 시간적 지점은 바로 지금, 순간순간만을 살아갑니다.

과거에서도 살아갈 수 없고 미래에서도 살아갈 수 없습니다. 오직 현재만이 유일하게 삶을 살아가는 곳입니다. 과거나 미래에서 단 1초라도 살아갈 수 있는 사람은 전 인류를 통틀어 한 사람도 없습니다.

이렇듯 여기가 존재하는 곳, 그것만이 유일한 존재 방식이자 살게 하는 삶의 모습입니다.

오직 늘…. 언제나 현재만이 존재할 뿐입니다.

한번 자신을 실험 삼아 지금 점검 해보십시오. 1분 전의 행동이나 생각이나, 기억이 있었다고 합시다. 그런 행동이나 생각, 기억이 언제 일어났어요. 바로 지금, 이 순간에 일어난 것입니다.

지금, 이 순간을 벗어나서는 그 무엇도 존재할 수 없습니다. 과거를 기억할 때도 그 기억이 어디서 일어납니까? 바로 지금 여기서 일어나고, 만약 내일 중요한 약속이 있어 내일을 걱정한다면 그 걱정이 내일 일이 아니라 바로 지금 여기의 일이라는 뜻입니다.

이해가 되셨는지 모르겠으나 모든 것은 '지금 여기'를 벗어나서 존재하는 것이 아무것도 없다는 것입니다.

과거나 미래란 존재하지 않는 것입니다. 다만 우리가 존재했다고 믿는 환영일 뿐입니다.

1분 전에 있었던 일을 사진으로 찍어서 증거로 있잖아요. 하고 말할 수 있을 것입니다. 그런데 그런 증거 사진이 어디서 일어나요. 바로 지금 여기 이 순간에 일어나는 것 아닌가요.

이렇듯 움직이는 것은 시간이 움직이는 게 아니라 우리의 마음 생각이 움직일 뿐임을 알아야 합니다.

그렇지 않은가요? 오로지 마음에만 과거와 미래가 존재하는 것입니다.

자, 이런 지혜를 알았으니 이제 우리가 어떻게 하루하루를 살아가는지 살펴보는 것은 아주 중요한 일입니다.

문제는 실재의 삶인 지금 순간순간을 못 살아가고, 후회한다며 과거의 생각에 휘둘려 지금의 시간을 보내고, 미래가 두렵다며 미래에 관한 생각에 휘둘려 지금, 이 순간을 놓치며 살아가는 것입니다.

그래서 서양 영성가 에크하르트 톨레의 가장 베스트셀러 『지금 이 순간을 살아라』라고 그렇게 강조하는 것입니다.

지금, 이 순간을 벗어날 때 누구나 혼란스럽고 불안하고 걱정된 삶을 살 수밖에 없습니다.

나중에 이들 영성가를 더 자세히 설명하겠지만 이들은 이런 것을 깨닫고 삶의 고통에서 벗어났다고 말하고 있습니다.

우리는 흔히 과거나 미래에 관한 생각에 휘둘리며 살아갑니다. 그러나 엄밀히 말하자면, 우리가 진정으로 살아가는 시간적 지점은 오직 지금뿐입니다. 과거는 이미 지나갔고, 미래는 아직 오지 않았습니다. 어느 사람도 과거 속에서 다시 살아갈 수 없고, 미래 속에서 미리 살아갈 수도 없습니다. 단 1초라도 그 시점에 머무는 것은 불가능합니다.

인류 역사를 통틀어 그 누구도 과거로 돌아가거나 미래로 건너가 본 적이 없습니다.

지금, 이 순간만이 우리의 삶에서 유일하게 존재하는 시간입니다. 과거와 미래는 실제로 존재하지 않습니다. 과거는 이미 지나가고 없어진 순간이며, 미래는 아직 도래하지 않은 시간 아닌가요. 이 둘은 우리가 마음속에서 만들어낸 환영과도 같습니다. 우리는 과거를 기억하고 미래를 상상하면서 이 두 개의 시간대를 실재하는 것처럼 느끼지만, 그것은 단지 우리의 생각일 뿐이지 우리가 존재한다고 믿는 과거도, 우리가 기대하는 미래도 결국엔 우리의 마음이 만들어낸 이미지에 불과하다는 것을 정확히 그리고 확실히 자신이 거울삼아 알아야만 합니다.

삶은 언제나 현재, 오직 이 순간 속에서만 사라집니다. 과거는 지나간 기록일 뿐이며, 미래는 우리의 상상 속에서만 존재하는 그림과 같은 것입니다.

그것이 사실이 아니라면 어디 한번 과거의 한순간을 가져와 보십시오. 과거의 한순간을 지금, 이 순간 말고 가지고 올 수 있는 사람이 있다면 그는 신과 같은 대우를 받을 수도 있을 것입니다.

그렇다면 우리는 왜 과거와 미래에 집착할까요? 왜 우리는 과거에 얽매이고, 아직 오지 않은 미래에 불안해할까요? 그 이유는 우리의 마음이 과거와 미래를 자꾸 만들어내기 때문입니다. 움직이는 것은 시간이 아니라, 우리의 마음이 그 시간을 움직이는 것입니다.

우리가 시간에 대해 가진 개념들, 즉 과거, 현재, 미래는 모두 우리의 마음속에서만 존재하는 것이며, 그 본질은 환영입니다.

동물이나 식물들은 시간이란 개념을 모릅니다. 시간은 우리 인간들이 만들어낸 약속에 불과한 것 아닌가요. 어디 시간이란 정말 존재하는 것인가요.

그러므로 삶에서 진정으로 중요한 것은 오직 지금 여기다. 지금 여기에서만 우리는 진정으로 존재할 수 있으며, 이 순간에서만 삶이 펼쳐진다는 것입니다.

따라서 우리는 끊임없이 현재에 머물러야 하고 지금, 이 순간의 중요성을 인식하고, 과거의 집착이나 미래의 불안에서 벗어날 때, 우리는 진정으로 자유롭고 충만한 삶을 살 수 있습니다. 모든 고통과 괴로움은 과거에 대한 후회나 미래에 대한 걱정에서 비롯됩니다. 그러나 이러한 것들은 모두 마음의 움직임일 뿐, 실제로 존재하는 것은 아니다. 우리가 과거를 후회하거나 미래를 불안해할 때, 그 순간 우리는 현재에서 벗어나 환영 속에서 살아가는 것임을 이제 우리는 깨달아야 합니다.

오직 지금 이 순간만이 우리가 살아갈 수 있는 유일한 시간입니다. 과거나 미래에 얽매이지 않고, 지금 이 순간을 있는 그대로 받아들일 때, 우리는 진정한 평화와 자유를 누릴 수 있습니다. 시간은 스스로 흐르는 것이 아니라, 우리의 마음이 움직이는 것입니다.

과거와 미래는 우리의 마음이 만들어 낸 상상 속의 시간일 뿐이며, 우리가 실제로 존재하는 곳은 항상 '지금, 여기'입니다. 이 변치 않는 진리를 이제 우리는 깨달았습니다.

새는 날아가면서 뒤를 돌아보지 않는다

하늘을 나는 새는 결코 뒤를 돌아보지 않습니다.

여러분은 새가 날아가며 뒤를 돌아보는 모습을 본 적이 있나요?

새가 날개를 펼치고 자유롭게 하늘을 가로지를 수 있는 이유는, 오직 앞을 향해 나아가기 때문입니다.

만약 새가 날아가며 뒤를 돌아본다면, 그 순간 날갯짓이 멈추고 추락할지도 모릅니다.

그리고 하늘을 바라보지 못한 채 망설이는 새는 이미 죽은 것이나 다름없습니다.

과거에 얽매여 사는 삶이 바로 그런 상태와 같습니다.

우리가 나아가야 할 방향은 앞인데, 과거라는 돌덩이를 날개에 매달고 있으니 한 발자국도 나아갈 수 없는 것이죠.

과거는 날개에 매달린 돌과 같습니다.

그 돌을 내려놓지 않으면 우리는 날아오를 수 없습니다.

지금 중요한 것은 과거가 아니라 현재와 앞으로의 날갯짓입니다.

돌을 떨쳐내고 자유롭게 하늘을 향해 나아가야 할 때입니다.

우리는 살아가면서 수많은 기억을 쌓아갑니다. 그중에는 아름답고 기쁜 기억도 있지만, 고통스럽고 슬픈 기억도 있습니다. 그러나 그 기억들이 아무리 좋든 나쁘든 간에, 그것을 계속 떠올리고 마음속에 간직한다면 그것은 마치 날개에 돌을 매달아 놓은 것과 같습니다. 그 돌은 무거운 짐이 되어 현재의 순간을 살지 못하게 만들고, 앞으로 나아갈 힘을 빼앗아 갑니다. 과거를 자주 돌아보는 사람은 자기 자신도 모르는 사이에 과거의 그림자 속에 갇혀, 현재 밝은 빛을 보지 못하게 됩니다.

좋은 기억이든 나쁜 기억이든, 과거는 이미 지나간 것이며 돌이킬 수 없는 것들입니다.

물론 과거를 돌아보며 배움을 얻는 것은 중요하지만, 그 배움이 지나친 집착으로 변하면 문제는 달라집니다. 우리가 과거에 머물러 있을수록, 현재의 순간은 점점 희미해집니다. 삶은 끊임없이 흘러가는 강물과 같아서, 그 강물 속에서 지금, 이 순간을 살아내지 않으면 우리는 살아가는 참된 기쁨을 느낄 수 없습니다.

지금, 이 순간에 온전히 살아가는 것이 지혜입니다.

새는 오로지 앞을 보고 날아갑니다. 새는 자신이 어디에서 왔는지, 그동안 어떻게 날아왔는지를 고민하지 않습니다. 중요한 것은 오직 지금, 이 순간에 날개를 펼치고 자유롭게 하늘을 나는 것입니다.

우리도 마찬가지입니다. 삶은 하나의 긴 여정이지만, 그 여정은 과거가 아니라 바로 지금, 이 순간에 이루어집니다.

많은 사람이 과거의 실수나 후회에 갇혀 살아갑니다. 때로는 과거의 성취와 영광 속에 안주하여 더 이상 성장하지 않는 사람들도 있습니다. 하지만 그것은 모두 현재를 놓치는 삶입니다. 과거의 좋았던 순간도, 나빴던 순간도 결국 지나간 것은 지나간 것입니다. 우리는 그 과거의 그림자를 거두고 현재라는 빛 속에서 온전히 살아가야 합니다.

지혜로운 사람은 과거에 얽매이지 않습니다. 그들은 과거로부터 배움을 얻되, 그 배움에만 머물지 않고 지금, 이 순간을 온전히 살기 위해 노력합니다. 그러한 삶은 마치 하늘을 나는 새처럼 가볍고 자유롭습니다. 새가 하늘을 날 때는 바람과 공기, 그리고 자신의 날개에만 집중합니다. 지금, 이 순간의 바람을 느끼며 하늘을 가로지르는 그 경험 자체가 삶의 본질입니다.

지금, 이 순간을 살아가기 위해서는 과거를 떠나보내는 용기가 필요합니다. 이 용기는 쉬운 일이 아닐 수 있습니다. 왜냐하면 우리는 오랜 시간 동안 과거에 대한 집착 속에서 살아왔기 때문입니다. 하지만 그 집착을 내려놓는 순간, 우리는 진정한 자유를 얻게 됩니다.

새가 하늘을 날 때 그 날개에는 아무런 짐도 없습니다. 짐을 지고 하늘을 난다는 것은 불가능하기 때문입니다. 우리의 삶도 마찬가지입니다. 과거에 대한 미련, 후회, 슬픔을 내려놓지 않으면 우리는 결코 앞으로 나아갈 수 없습니다. 삶은 항상 현재에 있습니다. 미래는 아직 오지 않았고, 과거는 이미 지나갔습니다. 중요한 것은 바로 지금, 이 순간입니다.

과거의 굴레에서 벗어나기 위해서는 우리가 자신을 끊임없이 깨우는 것이 필요합니다.

순간순간 깨어 있어야 지금, 이 순간을 놓치지 않고 살아갈 수 있습니다. 이것이 바로 진정한 지혜로운 삶입니다.

　날아가는 새처럼 가볍게, 자유롭게, 과거를 뒤에 두고 날아가는 것이
야말로 삶의 진정한 목적입니다.

　새는 날아가면서 뒤를 돌아보지 않습니다. 새에게는 과거로 인한 괴로
움이 없습니다.

　우리는 이 작은 새로부터 큰 지혜를 배울 수 있습니다. 삶은 오직 현재
에서만 이루어지며, 지금, 이 순간에 온전히 살아가는 것이 가장 지혜로
운 삶입니다. 과거에 얽매이지 않고, 미래에 대한 두려움도 내려놓은 채
오직 지금, 이 순간을 살아가는 것. 그것이야말로 하늘을 나는 새처럼 자
유롭고 충만한 삶을 사는 길입니다.

　삶의 무게를 가볍게 하고, 자유롭게 날기 위해서는 과거라는 돌덩이를
내려놓아야 합니다. 지금, 이 순간, 날개를 펴고 앞으로 나아가세요. 삶
은 지금 여기에서만 펼쳐집니다.

　이것을 아는 것이 자유와 평온으로 가는 유일한 지름길이니까요.

그저 살아지는 것이 삶

삶은 내가 사는 것일까요? 아니면 삶은 그저 살아지는 것일까요?

삶을 살면서 우리는 흔히 '내가 살아가는 삶, 내 삶'이라는 표현을 사용합니다. 하지만 정말로 내 삶을 내가 이끌어가고 있는 걸까요?

우리가 의식적으로 인생의 중요한 순간을 결정하고, 일상을 계획하고, 매일 매일 다양한 선택을 통해 인생의 방향을 바꿀 수 있다고 믿고 있기는 하지만, 이 믿음이 어쩌면 일종의 착각일지도 모른다는 생각을 안 적이 있는가요.

삶이란 정말로 내가 주체가 되어 이끌어가는 것일까요? 아니면 그저 나라는 존재를 통해 자연스럽게 흘러가는 하나의 흐름일까요?

태어날 때부터 우리는 자신의 의지와는 무관하게 이 세상에 존재하게 되었습니다.

내 선택 때문에 태어난 사람이 단 한 사람이라도 있다는 이야기를 들어본 적이 있습니까.

내가 태어나기를 원해서 태어난 것이 아니고, 누구의 자녀로 태어날지를 선택할 수 없었으며, 나를 둘러싼 환경이나 상황 역시 내 의지가 개입된 것이 아니었습니다.

죽음 또한 내가 원하는 날짜에 갈 수 없습니다. 내 의지와는 관계없이 어느날 갑자기 사라져가는 존재 아닌가요?

그런데도 우리는 어느새 '내 삶'이라는 주체성을 가지게 되었고, 이를 바탕으로 세상 속에서 나의 역할을 자처하게 되었습니다. 그러나 다시 생각해 보면 내가 원하는 대로 내 삶이 이뤄진 적이 얼마나 있었을까요?

지금 내 눈앞에 보이는 모든 것들, 주변의 소리, 마주치는 사람들조차도 내가 의도한 것이 아닙니다. 예를 들어, 눈에 들어오는 장면을 내 의지로 고르지 않았으며, 귀로 들리는 소리 역시 내가 듣고 싶어서 듣는 것이 아닙니다. 삶이란 내가 원하는 대로 펼쳐지는 것이 아닌, 마치 물결에 떠내려가듯 자연스럽게 흘러가는 것에 가깝습니다.

자연에서 우리가 흔히 마주하는 생명체들을 떠올려 보십시오. 나무와 풀은 봄이면 싹을 틔우고 여름에 자라나 가을이 되면 자체의 역할을 다하듯 잎을 떨어뜨립니다. 동물들도 마찬가지입니다. 번식기에는 자체의 자손을 남기고, 먹고 마시며 생을 이어갑니다.

계절의 변화도 그렇고 우주가 돌아가는 이치도 그렇게 모든 것은 의지와는 관계없이 자연스럽게 조화와 균형을 맞추며 돌아가고 있습니다. 그 과정 어디에도 의지적으로 삶을 통제하고자 하는 모습은 없습니다. 그저 자신이 속한 생태계와 흐름에 따라 자연스럽게 살아갈 뿐입니다. 그들은 자신이 성장하고, 열매를 맺고, 결국 죽어가는 과정을 스스로 결정한다고 믿지 않습니다. 그들은 그저 주어진 흐름에 맞춰 살아가는 것입니다.

그러나 우리 인간만이 모든 결정을 자신이 한다고 믿고 생각하며 살아갑니다.

우리 인간도 크게 다르지 않을 수 있습니다. 비록 우리는 자신을 자율적인 존재로 인식하고 있지만, 실은 보이지 않는 어떤 힘으로 이끌려 살아가고 있는 것은 아닐까요?

이 힘은 단순히 자연의 법칙, 혹은 우주의 원리일 수도 있고, 모든 것을 끌고 가는 하나의 거대한 흐름일 수도 있습니다. 내가 스스로 움직인다고 느끼는 순간조차도 어쩌면 이 거대한 흐름 속에서 자연스럽게 이루어지는 과정일 뿐일지도 모릅니다.

불교에서는 '만물에는 자성(自性)이 없다.'라고 합니다. 자성이란 변하지 않는 본질이나 고유의 속성을 뜻합니다. 즉, 모든 존재는 스스로 고유의 성질을 가지지 않고, 오직 관계와 인연에 따라 존재할 뿐입니다. 이 관점에서 보면 나라는 존재 역시 고정된 실체가 아니라, 다만 순간마다 변화하고 흐르는 하나의 과정일 뿐입니다.

즉, 무자성(無自性) 개념은 모든 존재와 현상이 독립적으로 존재하지 않으며, 다른 존재와의 관계와 원인에 의해 조건적으로 존재한다는 가르침입니다. 물속에서 생기는 거품은 독자적인 본질이 없습니다. 거품은 물과 공기가 만나 형성되며, 바람과 수면의 움직임에 따라 생기고 사라집니다. 거품 자체가 독립적으로 존재하는 것이 아니라 조건이 맞아야만 일시적으로 나타나는 것입니다. 이처럼 거품에 자성이 없는 것처럼, 우리와 모든 현상도 자성을 가지지 않고 서로 의존 관계 속에서 잠시 나타나는 것에 불과하다는 점을 보여줍니다. 또 다른 예로 꽃 한 송이를 예로 들어보면, 꽃은 혼자 스스로 피어난 것이 아니라 햇빛, 물, 흙, 공기, 시간 등 다양한 조건이 갖춰져야 비로소 피어날 수 있습니다. 만약 이 중 하나라도 없었다면 꽃은 존재할 수 없었을 것입니다. 즉, 꽃은 독립적으로 존재하는 자성이 있는 것이 아니라 여러 조건이 모인 인연 속에서 피어난 것입니다. 꽃이라는 존재 자체가 독립적이지 않으며, 이러한 연기를 통해 모든 존재가 상호 의존한다는 것을 이해할 수 있습니다. 이 두 사례는 모든 존재가 상호 연관된 관계와 조건에 의해 일시적으로 형성된다는 자성 없음의 의미를 잘 설명해 줍니다.

우리의 삶도 마찬가지 아닌가요? 우리는 스스로 인생을 주도하고 있다고 느끼지만, 이는 일시적인 인식에 불과합니다. 실은 우리의 의지와 상관없이 삶은 그저 살아질 뿐입니다.

이 원리는 자연 속에서도 확인할 수 있습니다. 태양은 스스로 빛나고 지구와 달도 스스로 돈다고 말하지만, 그 누구도 그것이 자신의 의지라고 주장하지 않습니다. 모든 것들은 그저 우주적인 흐름 속에서 맡은 바를 수행하고 있을 뿐입니다.

삶의 순환과 죽음 또한 이와 다르지 않습니다. 우리 역시 이 우주의 일부로서 자연의 일부로서 살아가고 있을 뿐이며, 삶의 과정에 그저 동참하고 있을 뿐입니다.

우리는 삶을 통제할 수 있다는 생각에 빠지기 쉽습니다. '내가 목표를 세우고 그 목표를 이루기 위해 노력한다.'라고 하거나 '내가 선택한 길로 내 인생을 만들어간다.'라는 믿음은 우리에게 커다란 동기와 희망을 줍니다. 그러나 이러한 생각들이 사실은 '삶이란 그저 흘러가는 것'임을 인정하지 못하게 하는 걸림돌이 되기도 합니다. 우리의 욕망과 계획이 결국 이루어지지 않을 때의 좌절과 고통을 생각해 보십시오. 우리는 마치 내가 삶의 주인이 되지 못했다는 아쉬움과 실패감에 빠져들곤 합니다.

그러나 삶이란 본래 그저 흘러가는 것입니다. 우리는 모든 것을 계획하고 통제하고자 하지만, 삶은 본래 계획에 따르지 않으며, 우리 뜻대로 이루어지지 않는 경우가 더 많습니다. 이는 우리에게 좌절을 주기 위한 것이 아니라, 우리로 하여금 삶이란 본래 그런 것임을 이해하고 받아들이도록 가르치는 경험일지도 모릅니다.

삶은 내가 만들어 가는 것이 아니라 그저 주어진 시간 동안 자연스럽게 흘러가는 것입니다. 그렇다고 해서 삶에 의미가 없다는 것은 아닙니다. 오히려 우리는 이 '살아지는 삶'을 통해 더 깊은 지혜와 자유를 얻을 수 있습니다. 내 뜻대로 되지 않는 삶을 억지로 통제하려는 마음을 내려놓을 때, 오히려 더 큰 평온과 자유가 우리에게 찾아옵니다.

삶의 방향과 흐름에 맡기고, 그 안에서 배워가는 것이야말로 진정한 삶의 모습이 아닐까요?

삶을 통제하려는 집착을 내려놓고 삶을 있는 그대로 바라볼 때, 우리는 삶의 진정한 아름다움을 발견하게 됩니다. 우리가 태어났을 때, 그리고 우리가 이 세상에 존재하는 이유는 우리가 알 수 없는 힘으로 결정된 것입니다. 결국 우리는 자신이 원하는 대로 인생을 끌고 가는 것이 아니라, 삶의 흐름 속에서 그저 함께 흘러가고 있는 것에 지나지 않습니다.

이 글을 읽고 삶을 돌아보며 스스로에게 묻기를 바랍니다.

삶을 통제하려는 욕망을 잠시 내려놓고, 그저 흘러가는 삶의 흐름을 느껴보십시오. 그러한 순간에 비로소 우리는 자신을 스스로 얽매고 있던 불필요한 생각과 고정관념으로부터 자유로워질 수 있을 것입니다. '내 삶'이라는 생각을 내려놓고 나면, 모든 그것은 자연스럽게 그저 사라질 뿐임을 깨닫게 될 것입니다. 있는 그대로의 삶, 노자의 무위자연, 상선 약수(上善若水)와 같은 삶이 아닐까요.

될 일은 된다

우리 삶을 되돌아보면, 과연 내 뜻대로 된 일이 몇 퍼센트나 될까요?

앞서 알려드렸듯이 제 경험만 봐도 제 의지대로 흘러간 경우보다 다른 방향으로 흘러간 경우가 훨씬 많았고 이것이 오히려 전화위복이 된 경우도 많이 있었습니다.

물론, 자신의 뜻대로 일이 풀리면 성취감도 느끼고 그 순간엔 기쁨을 맛보게 됩니다.

하지만 반대로 일이 잘 풀리지 않을 때는 실망과 좌절감이 찾아오곤 하죠. 그러나 시간을 두고 과거를 돌아보면, 내 뜻대로 되지 않았기에 오히려 더 좋은 결과를 맞이했던 경우를 저와 다른 사람들의 사례를 통해 알 수 있습니다.

어떤 사람은 직업 선택에서, 또 다른 사람은 부동산 매매에서, 혹은 남녀 간의 인연이나 돈 거래에서 이러한 경험을 해봤을 것입니다. 결국, 내 뜻대로 되지 않는 일이 반드시 나쁜 것만은 아닙니다.

때로는 예상치 못한 방향이 더 나은 결과로 이어지기도 하니까요.

삶은 언제나 우리의 의지와 상관없이 다양한 가능성으로 열려 있습니다.

서양의 영성가로 유명한 마이클 싱어라는 작가는 『상처받지 않은 영혼』이란 책으로도 유명하지만, 그의 다른 책 『될 일은 된다』을 개인적으로 더 좋아합니다. 저는 이 책을 읽고 삶을 바라보는 안목이 완전히 바뀌었고 그 결과 저의 내면에는 깊은 안도와 평화가 한결 깊이 자리를 잡았습니다.

그가 실제로 자신의 실험 삼아 실험한 내용은 이것입니다.

마음속에 현실의 대안을 지어내 놓고 그것을 내 것으로 만들기 위해 현실과 싸우는 게 나을까? 아니면 내가 원하는 바를 내려놓고 완벽한 우주를 창조해 낸 그 힘에 내맡기는 것이 나을까? 였습니다. 그는 이를 내맡기기 실험(surrender experiment)이라고 불렀습니다. 이 책에서 싱어는 우리가 어떻게 해야 내적 평화와 안도에 더 가까워질 수 있는지, 그리고 삶을 어떻게 바라봐야 하는지에 대한 철학적 관점을 다룹니다. 그의 이야기는, 삶의 흐름을 온전히 신뢰하고 우주가 우리를 향해 내미는 손길에 자발적으로 응답하는 방식으로 살아갈 때, 우리의 인생이 더욱 자연스럽고 고요하게 풀릴 수 있다는 가능성을 열어줍니다.

싱어의 철학은 '우주가 우리 삶을 다스리는 지혜로운 힘을 가지고 있다.'라는 믿음에서 출발합니다. 그는 이 지혜가 우리의 마음이나 감정의 소용돌이보다 훨씬 더 크고 완전하다고 말합니다. 따라서 우리가 현실을 통제하려 하고, 마음속에 상상한 대로 일이 이루어지기를 고집할 때 생기는 내적 갈등과 불안은 단지 우리 제 생각에서 비롯된 환영일 뿐이라고 주장합니다. 그렇기에 그는 우리에게 '내맡김'을 실험할 것을 권합니다. 이것은 우리가 원하는 바를 내려놓고, 대신 우주의 흐름을 믿고 따르는 연습을 하는 것입니다.

많은 사람이 삶을 통해 원하는 것을 얻기 위해 끊임없이 노력하고, 계획을 세우고, 원하는 방향으로 삶을 밀어붙입니다. 그러나 이런 삶은 종종 큰 불안과 고통을 낳기도 합니다. 우리가 원하는 대로 일이 풀리지 않을 때 느끼는 좌절감, 실패의 아픔, 미련과 후회는 우리를 괴롭게 만듭니다. 그러나 싱어는 우리가 그저 우리의 '원함' 자체를 내려놓고, 마음의 끊임없는 기대와 걱정을 잠시 멈춘다면 삶의 흐름 속에서 훨씬 더 깊은 안도와 평화를 얻을 수 있다고 말합니다. 그는 이러한 삶의 태도를 받아들이면, 인생의 많은 어려움과 불확실성 속에서도 흔들림 없이 중심을 지킬 수 있다고 주장합니다.

싱어가 '내맡기기 실험'을 통해 깨달은 것은, 삶이 우리가 바라는 방식대로 펼쳐지지 않는다고 해서 그것이 실패나 잘못된 것이 아니라는 점입니다. 오히려 모든 일에는 저마다의 완전한 이유와 의미가 있으며, 이것을 온전히 신뢰하고 받아들이는 것이야말로 삶의 진정한 아름다움과 평화를 경험할 수 있는 길임을 그는 깨달았습니다.

내맡김이란, 현실에 대한 저항을 멈추고 지금, 이 순간 펼쳐지는 삶을 있는 그대로 받아들이는 일입니다. 그러나 현실의 삶을 그냥 노력 없이 내맡기라는 의미는 아니고 현실을 삶을 열심히 노력하며 살아가되 그 결과에는 너무 연연하지 말라는 의미입니다.

될 일은 된다를 통해 우리가 배울 수 있는 중요한 지혜는 바로 '순응과 신뢰'입니다.

우리가 원하는 대로 일이 이루어지지 않더라도 그 안에는 우리가 알지 못하는 더 큰 그림과 지혜가 숨어 있다고 믿어야 합니다.

우리는 현실과 끊임없이 싸울 것이 아니라, 오히려 현실이 펼쳐지는 방식을 신뢰하고 그 안에 내재한 의미를 찾는 것이 중요합니다. 그렇다고 해서 삶에 대한 열정과 목표를 완전히 포기하라는 의미는 아닙니다. 다만, 내적 집착과 고집을 내려놓고, 매 순간을 열린 마음으로 대하는 연습을 하라는 것입니다.

우리의 인생이 하나의 커다란 실험의 장이 될 수 있을 것입니다. 우리는 각자 자신만의 실험을 통해 우주가 우리에게 보내는 메시지를 경험할 수 있으며, 이를 통해 내면의 평화와 자유를 발견할 수 있습니다.

마이클 싱어의 경우도 내맡김을 실천한 결과, 그에게는 일과 삶에서 뜻밖의 기회들이 주어졌습니다. 단기적으로는 그가 원하지 않았던 길도 있었고, 그 길이 순탄치만은 않았지만, 중장기적인 시야에서는 그의 삶을 풍요롭고 아름답게 만드는 데 중요한 역할을 했다고 합니다. 이는 우리가 원하지 않거나 예상하지 않았던 일들조차도 우리의 인생을 완성하는 중요한 조각이 될 수 있음을 깨닫게 해줍니다.

저의 경우 『될 일은 된다』를 읽고 나서 마치 삶의 무거운 짐을 잠시 내려놓은 듯한 기분이 들었습니다. 이 책은 '모든 것이 완벽하게 이루어질 것'이라는 단순한 진리를 전달합니다. 이것은 우리가 매 순간 삶을 통제하려는 욕망을 내려놓고, 보다 자연스럽고 열린 마음으로 현실을 받아들이도록 도와줍니다. 더 이상 과거의 후회나 미래의 불확실성에 얽매이지 않고, 지금, 이 순간을 온전히 경험하며 살아갈 수 있는 힘을 얻게 되는 것입니다.

우리는 모두 마음속에서 미래에 대한 불안과 과거에 대한 미련을 품고 살아갑니다. 그러나 이 책은 삶을 흐름에 맡기고, 현실이 펼쳐지는 대로 순응할 때 우리가 더 큰 평화와 자유를 경험할 수 있다는 것을 일깨워줍니다. 이 내적 평화는 단순한 긍정적 사고에서 비롯되는 것이 아니라, 인생이 우리에게 요구하는 것을 자연스럽게 받아들이는 '내맡김의 태도'에서 비롯됩니다.

우리의 삶이 필연적으로 지나가야 할 길 위에 있음을 깨닫게 해주고, 좋은 경험이든 나쁜 경험이든 모든 경험이 우리에게 필요한 의미를 담고 있음을 신뢰하게 만듭니다.

나쁜 경험이 있어 좋은 경험이 일어났을 때 좋은 경험임을 알게 되는 것이니까요. 세상에는 나쁜 사람들이 있어 좋은 사람이 더욱 빛나는 것처럼 말이죠.

이런 방식으로, 우리는 일상 속의 많은 작은 기적들을 발견할 수 있으며, 삶을 하나의 위대한 모험으로 바라볼 수 있게 됩니다.

자 이제 삶이 돌아가는 원리를 이해했으니 '될 일은 된다.'라는 말을 신뢰할 수 있을 것입니다.

삶이 더 잘 안다(Life Knows Better)

세상에는 우리가 예상할 수 없는 일들이 넘쳐납니다. 어느 날 갑자기 행복이 찾아오는가 하면, 다른 날에는 예상치 못한 불행, 고난이 닥칠 수도 있습니다.

지구상에 사는 사람이라면 이러한 경험을 한 번도 못한 사람은 단 한 사람도 없을 것입니다.

저 또한 이런 경험을 수없이 많이 경험했습니다.

이런 경험들은 우리에게 삶을 살아가면서 통제할 수 없는 일들이 많다는 사실을 일깨워줍니다. 하지만 그런데도 우리는 종종 삶의 흐름을 조작하고, 통제하려 애쓰곤 합니다. 우리 마음속에서 끊임없이 무언가를 더 좋게, 더 나아지게 하려는 생각들이 일어나며, 상황을 바꾸고 싶어 하는 욕망이 쉽 없이 올라옵니다.

그러나 진정으로 삶의 흐름에 모든 것을 내맡긴다면 어떻게 될까요? 혹자는 모든 것을 내맡기면 삶이 엉망진창이 되지 않을까? 라며 우려할지도 모릅니다. 그러나 실제로는 그 반대입니다. 삶을 있는 그대로 받아들이고, 자신이 어떻게 해야 하는지, 무얼 이루어야 하는지에 대한 집착을 내려놓을 때, 우리는 진정한 평온과 자유를 경험할 수 있습니다.

우리의 인생은 예측할 수 없는 흐름 속에 있지만, 이 흐름 속에는 우리를 이끄는 자연스러운 조화가 있습니다. 때로는 우리가 간절히 원하는 결과를 이루지 못할 때도 있지만, 뒤돌아보면 결국 그 모든 일이 조화롭고 필요한 경험이었다는 것을 깨닫게 됩니다. 나쁜 일이 일어난 순간에는 그저 고통스럽기만 하지만, 시간이 지나면 그것이 결국 더 나은 방향으로 우리를 인도했음을 알게 되는 경우가 많습니다.

삶의 흐름에 내맡기는 방법은 무엇일까요? 그 시작은, 마음속에서 무엇이 올라오든 그것을 붙잡지 않고 기꺼이 놓아 보내는 것에 있습니다. 어떤 감정이나 생각이 일어나더라도 그것을 있는 그대로 인식하고, 자연스럽게 흘려보내는 연습을 하는 것입니다. 이것은 단순히 수동적으로 모든 것을 받아들이는 것이 아니라, 내면의 저항과 집착을 줄이는 과정입니다. 생각과 감정을 억지로 억누르거나, 끌어올리는 대신, 흘러가도록 허용하는 것이죠.

내면의 모든 소리를 잠잠하게 만들고, 그저 삶의 흐름에 몸을 맡길 때 우리는 예상치 못한 곳에서 기쁨과 평온을 발견하게 됩니다. 우리가 애써 얻으려 노력하지 않아도, 삶은 우리가 필요한 방향으로 이끌어주고, 그 안에서 우리는 편안함을 느끼게 됩니다. 그리고 이러한 평온과 자유는 우리가 바라고 찾던 행복의 근본이었음을 깨닫게 됩니다.

삶에 대한 진정한 신뢰는, 결과에 집착하지 않고 현재 순간을 온전히 받아들이는 것에서 시작됩니다. '이 길이 맞을까?', '이 방향이 옳은가?'라는 의문은 우리를 불안하게 만들지만, 우리가 이 의문을 내려놓고 삶의 자연스러운 흐름을 믿는다면, 그 순간 우리의 삶은 한층 가볍고 여유로워집니다.

삶을 신뢰하고, 결과를 기대하지 않는 태도를 기르다 보면 우리는 진정으로 자유로워집니다. 때로는 길이 막혀 보일 때도 있지만, 그런 상황역시 우리의 성장을 돕기 위한 경험임을 받아들이는 것이 중요합니다. 막힌 길 앞에서 좌절하기보다는, 또 다른 길이 열릴 것이라는 신뢰하고 천천히 나아가 보는 것입니다.

우리는 삶 속에서 수많은 감정의 파도를 경험합니다. 기쁨, 슬픔, 분노, 두려움, 걱정, 기대 등이 때로는 나의 전부인 것처럼 다가오지만, 이러한 감정도 결국엔 모두 지나가고 맙니다. 그때 그 순간에는 중요한 듯느껴지지만, 시간이 흐르면 그저 하나의 지나가는 경험일 뿐이라는 사실을 깨닫게 됩니다.

누구나 이런 경험이 없는 사람은 없을 것입니다. 지속될 것 같았던 어떤 감정도 시간이 지남에 따라 이 자리엔 다른 감정이 자리를 잡고 있음을 조금만 의식하면서 자각해도 금방 알아차릴 수 있습니다.

삶의 흐름에 내맡길 때 우리는 이러한 감정을 억누르거나 부정하지 않고, 그저 지나가는 것을 관찰할 수 있게 됩니다. 어느 순간 고요와 평온이 찾아오고, 오로지 지금, 이 순간에 집중할 수 있게 됩니다. 그리고 이과정에서 진정한 자유와 평화를 경험하게 됩니다.

삶의 흐름에 모든 것을 내맡긴다는 것은, 우리가 바라는 모든 일들이 항상 우리 뜻대로 이루어질 것이라는 기대를 내려놓는 것입니다. 오히려 우리는 결과를 받아들이고, 그 흐름 속에서 필요한 방향을 찾아가는 법을 배우게 됩니다. 그렇게 할 때, 삶은 더 이상 싸워야 하는 대상이 아니라, 함께 춤추며 즐길 수 있는 친구가 됩니다. 삶을 신뢰하고 내맡기며, 오늘의 순간을 충분히 느끼며 살아간다면, 모든 소음은 멎고 위대한 평온과 자유만이 우리를 찾아오게 될 것입니다.

이런 삶을 살고 있는 사람 중에 대표적인 사례로 불교의 스승 틱낫한 스님과 사상가 에크하르트 톨레가 있습니다.

틱낫한(Thich Nhat Hanh)은 베트남 출신의 불교 스승이자 평화운동가입니다. 틱낫한 스님은 평생 현재 순간을 온전히 받아들이고 삶의 흐름에 내맡기는 태도를 설파해 왔습니다. 그는 '마음 챙김'을 통해 감정과 생각을 있는 그대로 알아차리고 흘려보내는 방법을 가르쳤습니다. 베트남 전쟁 시기에도 무력 대응 대신 평화를 선택하며, 자신의 의지를 삶의 흐름에 맡긴 사례는 많은 사람들에게 영감을 주었습니다. 특히, 그의 가르침은 어려운 순간에도 마음의 평온을 유지하며 흐름을 받아들이는 태도를 통해 진정한 자유를 경험할 수 있음을 보여줍니다.

또 서양의 대표적인 영성가로 알려진 에크하르트 톨레는 『지금 이 순간을 살아라』와 같은 저서를 통해 삶의 흐름에 모든 것을 내맡기는 자세를 강조해 왔습니다. 그는 젊은 시절 심각한 우울증과 고통을 겪었지만, 어느 날 '내가 나라는 생각을 내려놓는' 경험을 한 후 완전히 다른 삶의 방식을 깨닫게 되었습니다.

이후 그는 생각에서 벗어나고 지금 여기에 존재하는 것을 통해 행복과 평온을 찾았으며, 이러한 삶의 태도를 많은 사람들에게 전하고 있습니다. 톨레는 우리가 삶을 통제하려는 집착을 내려놓고 현재 순간을 받아들이는 것이야말로 내면의 자유와 평화를 얻는 길이라고 말합니다.

이 두 사람은 각각 자신만의 방식으로 삶을 온전히 받아들이고, 흐름에 맡기며 살아가는 예시입니다. 이들은 모두 고난과 고통을 겪으면서도 그것을 부정하거나 피하려 하지 않고, 오히려 삶의 일부로 받아들임으로써 진정한 자유와 평화를 얻었습니다.

우리도 이제 이를 전적으로 신뢰하고 삶을 내 의지대로 살려고 집착하지 말고, 오늘부터 삶이 펼쳐지는 대로 그렇게 살면 어떨까요? 삶이 더 잘 아니까요.

삶에서 심각한 것은 없다

삶에서 심각한 것은 없습니다. 있다면 무엇인가요? 삶은 있는 그대로 인데 무엇이 심각하다고 할까요? 있다면 그것은 밖의 상황이 아니라 오로지 '생각뿐'입니다.

내가 생각으로 해석하지 않으면 삶은 있는 그대로의 삶입니다. 안 그런가요.

생각 없이 밖의 경계에 따라가지 않으면 지금 여기 "있는 그대로"가 아닌가요.

제 생각에 끌려가지 말고 인연 따라 펼쳐지는 삶을 새옹지마의 지혜처럼 삶을 그대로 인정하며 살면 무엇이 부족한 게 있습니까.

이렇듯 생각이 일어나면 불편해지고, 생각이 사라지면 마음은 편안해집니다.

그러니 내가 지금 생각에 속고 있는지 자신을 자각하면서 사는 것이 지혜롭게 사는 지름길입니다.

불안과 걱정거리가 많다는 사람들의 공통점은 한결같이 지나치게 생각이 많다는 것입니다. 이는 정신과 의사나 심리학자들은 너무 잘 아는 사실입니다.

생각이 일어날 때 그 생각에 끌려가는 정도는 누구나 다릅니다. 그 생각은 그냥 생각일 뿐임을 실체가 없는 이미지일 뿐임을 알고 그냥 구름 지나가듯 그렇게 집착만 하지 않으면 사라지는 것이 생각입니다.

그러나 그 생각이 일어날 때 그 생각이 실체가 있는 것처럼 실제인 것처럼 집착하고 되새길 때 정신적 고통을 일으키는 것입니다.

삶에서 정말로 심각한 것이 있을까요? 잠시 멈추고 생각해 보면, 우리가 '심각하다'고 여기는 것들은 대부분 생각이 만들어낸 것들입니다. 삶 그 자체는 있는 그대로, 그저 흐르는 것입니다. 만약 우리가 그 흐름을 있는 그대로 받아들인다면 무엇이 문제일까요?

고통, 슬픔, 불안 같은 감정은 결국 우리의 생각과 해석에서 비롯됩니다. 외부의 사건 그 자체는 아무런 판단을 요구하지 않습니다. 오직 우리 자신이 사건을 어떻게 받아들이고 어떤 의미를 부여하느냐에 따라 모든 것이 달라집니다.

동일한 사건/사고도 사람에 따라 어느 사람은 죽을 정도로 고통스럽지만, 어느 사람은 그저 대수롭지 않게 여겨 고통스럽게 느끼지 않는 이유가 여기 있습니다.

이렇듯 생각과 판단이 고통을 만드는 것입니다

사람들은 종종 외부의 환경이나 상황을 문제의 원인으로 여깁니다. '이런 일이 일어나서 괴롭다.'라 거나 '저 사람이 나를 힘들게 한다.'라는 식으로, 외부의 조건이 우리의 고통 원인이라고 믿는 경우가 많습니다. 하지만 진정으로 고통을 일으키는 것은 그러한 사건 자체가 아니라 그 사건에 대한 우리의 해석과 판단입니다. 나쁜 일이라 생각하는 순간 그 일은 나쁜 것이 되고, 그 생각에 따라 고통이 시작됩니다. 만약 그 일이 좋은 일이라 생각한다면, 같은 사건이 오히려 긍정적으로 느껴질 수 있습니다.

이처럼 생각은 모든 경험의 창조자입니다. 같은 상황이라도 어떤 사람은 행복하고, 어떤 사람은 괴로워합니다. 그 차이는 사건 자체가 아니라, 그 사건에 대한 사람들의 태도와 반응에서 나옵니다. 이 세상에 존재하는 고통의 접촉점은 바로 우리의 생각입니다. 생각은 불안과 걱정을 만들고, 판단은 괴로움을 증폭시킵니다.

우리가 삶을 있는 그대로 받아들일 때, 더 이상 현실과 싸울 이유가 없습니다. 지금, 이 순간에만 집중하고, 과거나 미래에 관한 생각을 멈추어 보세요. 그러면 자연스럽게 불안이 사라지고 마음이 편안해질 것입니다. 왜냐하면 현재는 있는 그대로일 뿐이기 때문입니다. 미래에 대한 염려와 과거에 대한 후회는 오로지 생각 속에서 존재하는 것들입니다.

가령, 한 사람이 일을 잘못했다고 칩시다. 만약 그 일을 큰 문제로 생각하지 않는다면, 그 사람에게도 큰 스트레스나 부담이 되지 않을 것입니다. 하지만 만약 그 일을 '이건 정말 심각한 문제야.'라고 판단하면, 그 순간부터 그 사람은 스스로에게 압박을 가하게 됩니다. 이런 식으로 우리는 제 생각에 따라 만들어진 틀 안에 갇히게 되고, 스스로 고통을 만들어내는 것입니다.

삶은 그저 흐를 뿐입니다. 그저 물처럼 말없이 흐릅니다.

삶이 심각하지 않은 이유는 그 자체가 판단이나 해석 없이 있는 그대로이기 때문입니다. 꽃은 피고 지며, 날씨는 맑고 흐리며, 봄 여름 가을 겨울 시간은 흘러갑니다. 우리는 그저 그 흐름 속에 있습니다. 만약 우리가 그러한 흐름을 바꾸려 하거나, 특정한 방향으로 조정하려 한다면, 그 때부터 우리는 삶과 다투게 됩니다. 하지만 아무리 노력해도 우리는 자연의 거대한 흐름을 통제할 수 없습니다. 오히려 그 흐름을 따라가고 있는 그대로 받아들일 때 우리는 진정한 자유와 평온을 찾을 수 있습니다.

생각해 보면, 자연은 아무것도 '심각하다'고 판단하지 않습니다. 바람이 불고 비가 내리고 계절이 바뀌는 것은 그저 자연스러운 과정입니다.

산이 나는 눈이 와서 싫고 바람이 불어 싫다고 한 적이 있습니까?

나무가 바람에 가지가 꺾여도 나무가 '이 바람은 나쁜 놈'이라고 한 적이 있습니까?

우리의 삶도 마찬가지입니다.

우리가 그저 흐름 속에 몸을 맡길 때, 삶은 그저 존재하는 그대로일 뿐입니다. 우리가 자신을 스스로 괴롭히는 것은 생각과 판단일 뿐입니다.

생각은 모든 문제의 근원이라는 것을 알면 됩니다.

고통의 시작은 언제나 생각에서 비롯됩니다. 예를 들어, 누군가가 나에게 무례하게 말했다고 생각해 봅시다. 그 사람이 한 말은 단순한 말일 뿐입니다. 하지만 내가 그 말에 의미를 부여하고 '그는 나를 무시하고 있어!'라고 생각하는 순간, 그 일은 고통이 됩니다. 이처럼 우리는 생각을 통해 사건에 의미를 부여하며, 그 의미가 고통을 낳습니다. 다시 말해, 생각이 모든 문제의 씨앗입니다.

제 생각을 잠시 내려놓고, 눈앞의 현실을 있는 그대로 바라보는 연습을 해보는 것은 어떨까요? 무슨 일이 일어났든 그것을 굳이 판단하지 말고, 그저 지켜보는 겁니다. 그러면 사건은 그저 사건일 뿐입니다. '좋다' 거나 '나쁘다'라는 판단은 내 생각에서 나온 것일 뿐이며, 그것을 내려놓는 순간 우리는 자유로워질 수 있습니다.

삶은 심각한 것이 아닙니다.

우리가 삶을 있는 그대로 받아들일 때, 그것은 심각할 필요가 없습니다. 아무리 어려운 상황이 닥치더라도, 그것을 고통스럽게 만드는 것은 우리의 생각과 해석입니다. 스스로에게 심각한 의미를 부여하지 않는다면, 모든 일은 그저 순간의 한 부분일 뿐입니다.

모든 고통과 괴로움은 오직 우리의 생각 속에서 시작됩니다. 삶은 그저 있는 그대로 흐름이며, 우리가 그 흐름에 따라가는 것이야말로 진정한 지혜입니다. 삶을 심각하게 만드는 것은 오직 우리 스스로입니다. 생각을 내려놓고 있는 그대로의 삶을 받아들일 때, 우리는 비로소 마음의 평온을 찾을 수 있습니다.

Part 4.

진정한 자아와
내면의 평화

소리에 놀라지 않은 사자처럼,
그물에 걸리지 않은 바람처럼,
진흙에 더럽히지 않은 연꽃처럼,
무소의 뿔처럼 혼자서 가라.

- 숫타니파타 -

알아차림(Awareness), 내면을 바라보는 눈

우리는 일상에서 알아차림이라는 말을 자주 듣습니다. 보통은 외부의 사물이나 사건을 인지할 때 이 단어를 사용합니다. 그러나 여기서 말하고자 하는 알아차림은 외부 상황이 아니라, 내면에서 일어나는 생각, 감정, 심리적 변화를 스스로 인지하는 상태를 의미합니다.

외부에서 벌어지는 일들은 쉽게 알아차릴 수 있습니다. 그러나 진정으로 중요한 것은 내 안에서 벌어지는 현상들입니다. 문제는 우리가 이 내면의 변화를 알아차리려 하지 않거나, 설령 알아차린다 해도 그것을 무조건 사실로 받아들이는 경향이 있다는 점입니다.

예를 들어, 두려움, 분노, 슬픔 같은 감정이나 특정 사건에 대한 우리의 해석은 모두 스스로 만들어낸 것입니다. 그러나 우리는 그것들을 마치 절대적인 진실처럼 믿어버립니다.

하지만 생각과 감정은 단지 하나의 반응일 뿐입니다. 알아차림이란, 이 점을 깨닫는 것입니다. 내가 느끼는 감정과 생각은 내 마음 안에서 벌어진 일이며, 그것들은 내 인식의 일부에 불과하다는 사실을 깨우치는 것입니다.

우리는 외부 세계를 알아차리는 데 익숙합니다. 그러나 진정한 알아차림은 내면에서 일어나는 무의식적 흐름과 작용을 인지하는 것입니다. 내면을 바라보고, 그 속에서 무엇이 일어나고 있는지를 깨닫는 순간, 비로소 우리는 진정한 알아차림에 이를 수 있습니다.

풀과 나무가 가득한 들판을 사람의 발길이 자주 지나면 어느 순간 길이 생깁니다. 우리의 의식 또한 비슷합니다. 반복적으로 사용하는 의식의 방향과 생각의 패턴은 우리 안에서 특정한 '의식의 길'을 만듭니다.

우리는 매일 수많은 생각을 하며, 그 생각들로 인해 자신만의 신념 체계와 가치관이 형성됩니다.

이러한 생각들은 특정한 습관과 사고방식을 만듭니다. 그리고 이것이 바로 나만의 가치관과 믿음, 세상을 바라보는 고유한 관점으로 자리 잡게 됩니다.

이러한 가치관과 신념이 형성되면 우리는 이를 기준으로 세상을 해석하게 됩니다. 이를테면 선과 악, 미와 추, 크고 작음, 증감, 생멸 등등 모든 것을 분별하는 잣대로 사용하게 됩니다. 나만의 '길'을 통해 세상을 재단하는 것입니다.

나에게 익숙한 방식으로 세상을 바라보고, 그 속에서 나만의 판단과 분별을 하게 됩니다. 여기서 알아차림은 무엇보다도 중요한 역할을 합니다. 내가 세상을 어떻게 바라보는지, 내 안에 어떤 기준과 잣대가 있는지를 스스로 인지할 수 있기 때문입니다.

내가 생각한 것 판단한 것이 옳다고 믿고 그것을 주장하니까 싸움이 생기는 것입니다. 우리 주변에서 아주 흔히 볼 수 있는 상황입니다. 내 생각이 틀린 수도 있다고 생각하지는 못하는 것이지요.

　우리가 세상을 바라볼 때, 그 모든 것은 결국 내 마음속에서 벌어지는 현상입니다. 진정한 의미에서 알아차림이란, 세상사 모든 것이 외부에 있는 것이 아니라 내 마음속에서 벌어지고 있음을 깨닫는 것입니다. 세상에 대한 나의 평가, 사람들에 대한 나의 판단, 특정 사건에 대한 나의 해석 모두가 결국 내 안에서 이루어진 생각의 반응이라는 것을 아는 것입니다. 그리고 이러한 깨달음을 통해 분별과 망상의 굴레에서 벗어날 수 있게 됩니다.

　마음은 늘 비교하고 분별하려 합니다. 우리는 끊임없이 세상을 평가하고, '옳고 그름', '좋고 나쁨'을 판단합니다. 이러한 분별 망상은 때로는 우리에게 큰 고통을 안겨줍니다. 세상이 나를 괴롭히는 것처럼 느껴질 때가 있지만, 실제로는 내가 나를 괴롭히고 있는 것입니다. 자신이 만들어낸 기준과 분별을 바탕으로 세상을 보며 자체의 마음에 상처를 내는 것입니다. 이것이 바로 자승자박(自繩自縛), 스스로 만든 줄로 자신을 묶는다는 의미입니다.

　알아차림은 이러한 고통에서 벗어나는 열쇠가 됩니다. 내가 자신을 스스로 괴롭히고 있음을 깨달을 때, 우리는 그 고통에서 벗어나게 될 가능성을 찾게 됩니다. 알아차림을 통해 내 생각과 감정에 얽매이지 않고, 그것이 단지 한 순간의 반응에 불과함을 깨달을 때, 비로소 우리는 스스로에게 자유를 줄 수 있습니다. 외부의 상황이 어떠하든, 내 마음 안에서 그것을 어떻게 받아들이고 반응하는지는 결국 나에게 달려있다는 사실을 알아차리면, 우리는 더 이상 외부 상황에 끌려다니지 않게 됩니다.

알아차림은 또한 우리를 현재의 순간으로 데려옵니다. 과거나 미래가 아닌, 지금, 이 순간에 존재하게 합니다. 대부분의 고통은 과거의 상처나 미래에 대한 불안에서 비롯됩니다. 그러나 알아차림을 통해 지금, 이 순간에 집중할 때, 우리는 불필요한 생각과 걱정을 내려놓고 현재의 평화와 안정을 느낄 수 있게 됩니다. 결국 알아차림이란, 내 마음의 작용을 인식하고, 그 마음이 내 삶의 주인이 아닌 도구가 되도록 하는 것입니다.

알아차림은 특별한 순간에만 적용되는 것이 아닙니다. 알아차림은 일상의 모든 순간에 적용될 수 있습니다. 매일 아침 일어나 눈을 뜨는 순간부터, 하루 종일 겪는 수많은 감정의 변화를 인식하는 일까지, 알아차림은 언제 어디서나 실천할 수 있습니다. 매 순간 나에게 어떤 생각과 감정이 드는지를 바라보는 것, 그저 그것이 일어나고 있음을 알아차리는 것이 중요합니다. 알아차림은 내가 누군가와 대화할 때, 일상에서 다양한 상황에 반응할 때, 나의 감정과 생각을 그대로 바라보는 것에서 시작합니다.

알아차림이 일상화될 때, 우리는 더욱 깊이 있는 내면의 평화를 경험할 수 있습니다. 내면의 고요함을 통해 나의 마음을 관찰할 때, 비로소 우리는 진정한 자기 자신을 이해하게 됩니다. 나의 신념과 가치관이 나를 어떻게 이끌고 있는지를 볼 수 있고, 필요하다면 그것을 내려놓을 수 있는 선택의 자유를 가질 수 있습니다.

알아차림은 자기 자신을 있는 그대로 바라보는 힘을 줍니다. 그리고 그 힘은 우리를 고통과 분별의 굴레에서 벗어나게 해줍니다. 자체의 마음을 알아차림으로써 우리는 진정한 자유와 평화를 찾아갈 수 있습니다. 내가 어떤 상황에서도 나의 반응과 생각을 관철할 수 있을 때, 우리는 비로소 외부에 휘둘리지 않는 평온한 삶을 살아갈 수 있습니다.

마음속에서 만들어진 고통과 불안에서 벗어나는 데 필요한 것은 외부의 변화가 아니라, 내면의 알아차림입니다. 내가 지금, 이 순간 어떤 생각을 하고 있으며, 그것이 나를 어떻게 이끌고 있는지를 인식하는 것이 중요합니다. 우리는 자신을 스스로 이해하고 자유로워지기 위해 알아차림의 연습을 지속해야 합니다. 알아차림을 통해 우리는 삶을 더 지혜롭게 살아갈 수 있으며, 지금, 이 순간에 진정한 의미를 발견할 수 있을 것입니다.

지금, 이 순간 내 안에서 무슨 일이 일어나고 있지? ON-Air…?

당신은 무한한 가능성을 지닌 사람

> 북쪽 깊은 바닷속에 한 마리 물고기가 살고 있었습니다. 그 이름은 곤(鯤)이라 불렸으며, 그 크기는 몇천 리인지 가늠할 수 없을 정도로 거대했습니다.
> 어느 날, 이 물고기는 변하여 붕(鵬)이라는 새가 되었고, 그 등 길이 역시 몇천 리인지 알 수 없었습니다.
> 붕은 기운을 모아 한 번 날아오를 때 그 거대한 날개가 하늘을 뒤덮는 구름처럼 펼쳐졌습니다.
> 이 웅장한 새는 바다의 기운이 요동치고 물결이 험해지면 남쪽 깊은 바다, 하늘 못(天池)으로 날아갔습니다.

이 이야기는 장자의 첫 편, 소요유(逍遙遊)에 나오는 대목으로, 물고기 곤이 새 붕이 되어 자유롭게 하늘을 나는 모습이 묘사되어 있습니다.

이 장면은 소요유라는 제목에서 암시하듯 훨훨 나는 절대 자유의 경지를 비유적으로 상징합니다.

절대 자유란 바로 우리를 속박하는 것에서 벗어나, 한계를 뛰어넘고 변화하는 힘을 통해 얻게 되는 경지를 말합니다. 곤이 거대한 붕으로 변한 것은 변화(變化)와 초월(超越)을 통해 본래의 모습을 뛰어넘을 수 있다는 가능성을 시사하는 것입니다.

흥미로운 것은, 이러한 자유의 경지는 외부에서 주어지는 것이 아닌 우리 본래의 존재에서 나오는 힘이라는 점입니다.

장자는 이 이야기로 우리 내면에 본래부터 자리 잡는 무한한 가능성과 잠재력을 상징하고 있습니다.

바다의 흐름에 맞춰 곤이 붕으로 변화하고 하늘 높이 날아오른 것처럼, 우리 역시 삶의 변화에 순응하며 자신 속의 잠재력을 펼칠 수 있습니다.

물고기 곤이 남쪽 하늘 못으로 날아갈 수 있었던 것은 초자연적인 힘 때문이 아니라, 그가 본래 지닌 가능성이 환경과 결합하여 발현된 것입니다. 곤과 붕의 이야기에서처럼 우리는 모두 변화와 성장을 통해 무한한 가능성을 발휘할 수 있는 존재입니다.

중요한 것은 이러한 가능성을 깨닫고, 그 잠재력을 삶에 적용하는 것입니다.

우리 인간은 본래 여러 한계 속에 갇혀 있습니다. 하지만 그 한계를 인식하고 그것을 초월하려는 순간, 우리는 자신이 지닌 잠재력과 가능성을 발휘할 수 있습니다. 물고기 곤이 바다에서 하늘로 도약할 수 있었던 것처럼, 우리도 삶에서 다양한 변화와 도전에 맞서면서 자신이 지닌 재능과 잠재력을 자유롭게 펼칠 수 있습니다.

장자가 강조하는 것은 이러한 자유와 변화는 누구나 접근할 수 있는, 우리 내면에 잠재된 힘이라는 것입니다. 곤이 붕이 되어 넓은 하늘을 나는 것은, 그가 스스로 변화를 선택하고 초월했기 때문입니다. 이처럼 우리도 자체의 변화를 선택하고, 자신의 한계를 넘어서려는 마음만 있다면 언제든지 무한한 가능성을 발휘할 수 있습니다.

오늘날 우리 삶의 다양한 도전과 변화는 때로는 불안과 두려움을 불러일으킬 수 있습니다. 하지만 이 과정을 통해 우리는 내면의 힘을 발견하고, 더 넓은 가능성을 바라볼 수 있는 계기를 맞이할 수 있습니다.

물고기 곤이 바다의 흐름을 따라 거대한 붕으로 변화한 것처럼, 우리도 자신을 변화시키고, 더 넓은 세계로 날아오를 수 있습니다.

우리 내면에는 아직 발견되지 않은 재능과 무한한 잠재력이 자리 잡고 있습니다. 이 잠재력을 자각하고, 외부의 조건이 아닌 자기 내면에서 자유와 변화를 찾아내는 것이야말로 진정한 의미에서의 성취와 성장이라 할 수 있습니다.

물고기 곤이 새 붕으로 변하여 하늘을 나는 이야기는 현대인의 삶에서도 많은 영감을 줍니다. 이를 잘 보여주는 사례의 인물로 스티브 잡스(Steve Jobs)의 이야기를 들 수 있습니다.

스티브 잡스는 애플(Apple)의 공동 창업자로 세계적인 혁신을 이끌었지만, 1985년 자신이 세운 회사에서 쫓겨나는 충격적인 사건을 겪었습니다. 이는 마치 물고기 곤이 더 이상 바다에 머무를 수 없는 상황에 처한 것과 같았습니다. 잡스는 당시 엄청난 좌절감을 느꼈지만, 이를 자신의 새로운 가능성을 발견하는 계기로 삼았습니다.

그는 다음 단계로 나아가 넥스트(NeXT)라는 컴퓨터 회사를 설립하고, 픽사(Pixar)를 통해 애니메이션 산업의 혁명을 일으켰습니다. 이 과정에서 그는 기술과 예술을 결합한 창의적인 비전을 더욱 발전시켰습니다.

1997년, 그는 다시 애플로 돌아와 아이맥(iMac), 아이팟(iPod), 아이폰(iPhone) 등 혁신적인 제품을 선보이며 세상을 바꾸는 인물이 되었습니다.

잡스는 물고기 곤이 바다를 떠나 하늘을 나는 새 붕으로 변모한 것처럼, 한계와 실패를 발판 삼아 더 넓고 자유로운 세계로 도약했습니다.

스티브 잡스의 삶은 장자의 곤과 붕 이야기와 닮아 있습니다. 기존의 환경에서 쫓겨난 경험은 그에게 엄청난 아픔이었지만, 이는 동시에 새로운 시각과 더 높은 목표를 향한 도전의 기회가 되었습니다. 그는 자신의 상상력과 열정을 통해 하늘 높이 나는 붕처럼 세상을 바라보는 시야를 넓히고, 인류에게 새로운 가능성을 제시했습니다.

붕새처럼 절대 자유를 얻기 위해서는 자신의 고정관념과 편견에서 벗어나는 것이 필수적입니다. 편견과 선입견은 우리가 세상과 자신을 한정된 틀 안에서만 바라보게 하고, 무한한 가능성을 차단합니다. 매미와 새끼 비둘기가 자기 경험 안에서만 세상을 판단하려 했던 것처럼, 우리도 때때로 익숙한 것에 안주하며 새로운 시각을 받아들이기를 꺼립니다. 하지만 이는 무지와 어리석음에서 벗어나지 못하게 하는 족쇄일 뿐입니다.

우리의 마음을 열고 시야를 넓히는 순간, 우리는 비로소 스스로 설정한 한계를 초월하여 진정한 자유를 느낄 수 있습니다. 붕새가 바람에 몸을 맡겨 드높은 하늘로 비상하듯, 우리도 고정된 생각과 선입견을 내려놓고 세상을 있는 그대로 바라볼 때 더 큰 자유와 평화를 얻을 수 있습니다.

진정한 자유와 지혜는 타고난 능력이나 특별한 외부 조건에서 오는 것이 아닙니다. 그것은 자체의 편견을 깨고, 변화와 초월을 추구하려는 내면의 힘에서 비롯됩니다. 매미와 새끼 비둘기가 붕새를 비웃던 편협한 시각에서 벗어나, 붕새처럼 열린 시야와 용기를 가질 때, 우리는 무한한 가능성의 세계에서 자유롭게 날 수 있습니다.

내가 없으니, 문제도 없다(No Self No Problem)

나는 누구일까요?

다른 사람이 "당신 자신을 소개해 보세요."라고 물으면, 우리는 보통 이렇게 대답합니다.

"제 이름은 ○○○이고, 나이는 ○○살입니다. 직업은 ○○○이고, 누구의 남편(아내)이며, 누구의 아버지(어머니)입니다."

이처럼 우리는 이름, 나이, 직업, 가족관계를 통해 자신을 설명합니다. 하지만 이 모든 것은 내가 스스로 만들어낸 것이 아니라 타인에 의해 정해진 개념들입니다. 이름, 관계, 직업은 사회가 만들어낸 틀 속에서 나를 규정하는 기준일 뿐입니다.

그렇다면, 우리가 이렇게 정의하는 '나'라는 존재가 과연 진정한 나일까요?

곰곰이 생각해 보면, 이름과 나이, 직업 같은 것들은 단지 사회적 정체성일 뿐, 본질적인 나를 설명하지 못합니다. 사실, 이 모든 것은 순간적으로 붙여진 이름에 불과합니다.

더 깊이 들여다보면, 이름과 관계, 직업 등이 생기기 이전에도 나는 존재했습니다. 태어나기 전에도, 이름이 붙여지기 전에도 나는 이미 존재하고 있었습니다. 그렇다면, 우리가 나라고 정의하는 것은 이런 외적인 조건으로는 설명할 수 없는 더 근원적인 무언가일 수밖에 없습니다.

'나'란 무엇일까요?

우리가 알고 있는 이름과 지위를 넘어선, 변하지 않는 본질이 바로 진정한 '나'일지도 모릅니다.

불교에서는 이 지점에서 무아의 가르침을 제시하며, 우리가 나라고 믿는 존재가 실체 없이 공(空)함을 설파합니다. 다시 말해, 어떤 분명한 존재는 있지만 그 실체를 찾으려 하면 알 수 없다는 것입니다.

우리는 사회로부터 주어진 이름, 역할, 그리고 내 생각 속에서만 존재하는 자아를 나라고 믿고 살아갑니다. 이 자아는 우리가 누구인지 규정하려는 고정된 개념이며, 이를 에고라고 부릅니다. 에고는 내가 세상에서 어떤 존재로 인식되고 어떻게 존재하고자 하는지에 대한 무수한 생각과 개념들로 이루어져 있습니다.

그런데 이 에고가 나라는 믿음 속에 우리가 자신을 스스로 가두게 될 때, 삶이 점점 더 힘들고 고통스럽게 느껴집니다. 결국, 에고는 우리 마음속에서 끊임없이 문제를 일으키고, 번뇌와 갈등의 원인이 됩니다.

에고의 작용 속에서 우리는 자신과 남을 비교하고, 분별하며, 나와 내 것이라는 집착을 만들어냅니다. 나라고 믿는 에고가 있기에 우리는 끊임없이 외부와 싸우고, 내가 아닌 것에 저항하며 살아갑니다. 그 결과, 내 것, 내 생각, 나의 방식이 옳다는 고집 속에서 고통이 발생하게 됩니다.

이와 같은 비교와 집착 속에서 자신을 스스로 괴롭히는 번뇌가 끊임없이 만들어지며, 이러한 번뇌의 원인은 모두 자아에 있습니다.

"내가 없으면 문제도 없다.(No Self, No Problem)"라는 어느 불교 스님의 말씀처럼, 결국 자아와 에고를 초월하면 문제는 사라지게 됩니다. 에고는 우리 마음속에서 자꾸만 자신을 강조하려 하고, 자신을 중심으로 세상을 바라보게 만듭니다. 그러나 그 에고가 사라지고, 나라는 생각에서 벗어나면 더 이상 비교할 대상도, 집착할 대상도 사라지게 됩니다. 그러면 비로소 마음의 평화가 찾아오고, 우리 삶의 문제들은 본래 아무것도 아니었음을 깨닫게 됩니다.

불교에서 말하는 공(空)의 개념은 바로 이런 뜻입니다. 공은 무언가가 존재하지만, 그것을 고정된 실체로 찾을 수 없음을 의미합니다. 세상 모든 것은 인연에 따라 나타났다가 사라지는 것이고, 어떤 것도 고정된 자아로 존재하는 것은 아닙니다.

나라는 존재도 이와 같습니다. 나와 너, 그들의 구분은 단지 우리의 생각 속에서 만들어진 개념일 뿐, 실체가 없는 공한 존재입니다.

중국 선불교의 6조 혜능 대사는 깨달음을 얻기 전 "빈손으로 왔고 빈손으로 돌아간다."라는 말을 자주 하였다고 합니다. 혜능 대사는 세상에 태어날 때 이미 가진 것이 없었고, 죽을 때도 마찬가지라는 가르침을 통해, 우리가 삶에서 "나의 것"이라고 여기는 모든 것들이 사실은 무상하고 덧없음을 강조하였습니다. 이 일화는 자아와 소유라는 개념이 허상에 불과하며, 자아를 내려놓으면 결국 모든 고통에서 벗어날 수 있음을 상기시킵니다.

우리가 진정으로 고통에서 벗어나고자 한다면, 위와 같이 나와 내 것이라는 에고의 생각을 내려놓는 연습이 필요합니다. 그리고 내 존재가 단지 사회적 규정이나 생각 속에서만 존재하는 것이 아님을 깨닫는 것이 중요합니다. 에고가 사라지면, 자아로 인한 문제도 더 이상 존재하지 않습니다. 이를 위해 명상을 통해 자아에서 벗어난 상태를 경험하거나, 생각이 아닌 그대로의 상태를 받아들이는 것이 필요합니다.

에고와 자아를 벗어난 삶은 더 이상 나와 내 것이라는 집착이 없는 삶입니다. 그곳에서는 비교와 판단이 사라지고, 자연스러운 평화와 자유가 깃들게 됩니다. 우리가 진정 원하는 것은 내 마음속의 고요함과 자유일 것입니다. 그 자유는 바로 자아를 벗어난 그곳에 존재하며, 진정한 자기 자신은 그 에고의 바깥에서 기다리고 있습니다.

'쏟아진 물 항아리의 이야기'가 있습니다. 한 제자가 스승에게 물었습니다.

"스승님, 왜 저는 이토록 고통스럽습니까?" 스승은 제자를 우물가로 데려가 물 항아리를 건네며 물을 채우라고 했습니다. 제자는 물을 가득 채웠지만 돌아오는 길에 물을 모두 쏟고 말았습니다.

당황한 제자가 말하자 스승은 답했습니다.

'쏟아진 물을 걱정하지 마라. 물은 흘러가도 항아리는 여전히 그 자리에 있지 않느냐?'

그리고 덧붙였습니다.

> "너는 자신을 항아리가 아니라 그 안의 물로 착각하고 있다. 물은 흘러가고 사라질 뿐이다.
> 무아란 네가 본질적으로 비어 있음을 깨닫는 것이다. 그 비어 있음은 고통이 아니라 자유다."

이 말에 제자는 집착을 내려놓고 자유를 이해하기 시작했습니다.

무아란 변하는 것들에 얽매이지 않고, 비어 있음을 통해 자유를 얻는 깨달음입니다.

이 글을 읽고 있는 독자라면 지금 한번 실험해 보십시오. 에고가 사라진, 즉 생각이 사라진 상태에서 지금 무슨 무슨 문제가 있는지? 이렇듯 문제는 나에 대한 집착 생각 속에서만 존재하는 허상입니다.

삶에서 힘든 순간순간이 왔을 때 다음을 떠올려 보세요.

내가 없으면 문제도 없는 것입니다. No Self, No Problem입니다….

'생각하는 사람'과 '반가사유상'이 전하는 두 삶의 모습

　우연히 로댕의 생각하는 사람과 불교의 반가사유상을 알게 된 후, 저는 특히 반가사유상의 미소에 깊이 매료되었습니다. 이 두 작품을 보면서 서로 다른 삶의 모습이 떠올랐기 때문입니다.

　생각하는 사람은 우리와 같은 보통 사람들의 삶을 떠올리게 합니다. 끝없이 고민하고, 사유하며, 때로는 그 속에서 고통을 느끼는 모습이죠. 반면, 반가사유상은 삶을 뛰어넘은 영적인 깨달음의 삶을 상징합니다. 그 미소 속에는 평온함과 절대적 자유가 담겨 있습니다.

　시대를 넘어 예술은 언제나 인간 경험을 반영하며, 감정과 사유의 깊은 면모를 포착해 왔습니다. 이 두 조각상 역시 인간 존재에 대한 철학적 메시지를 담고 있습니다.

　로댕의 생각하는 사람은 끝없는 사유 속에서 고뇌를 상징합니다. 인간의 지적 탐구와 내적 갈등을 표현하며, 사유의 한계와 그 속의 고통을 드러냅니다.

　반면, 한국의 금동 미륵 반가사유상은 영적 깨달음에서 나오는 평온함을 보여줍니다. 사유를 넘어선 존재의 자유와 초월적 상태를 상징합니다.

이 두 작품은 서로 다른 시대와 문화에서 탄생했지만, 우리에게 중요한 메시지를 던집니다.

바로 사유에 의존하는 삶과 그 이상의 깨달음을 누리는 삶이라는 두 가지 모습입니다.

이 조각상들을 통해 우리는 삶의 다양한 차원을 돌아보고, 자신에게 더 깊은 질문을 던질 수 있습니다.

생각하는 사람인 고뇌 속의 인간, 로댕의 생각하는 사람은 서양 예술의 대표적인 상징으로, 깊은 사색에 잠긴 인간의 모습을 담고 있습니다. 근육질의 몸이 앞으로 굽어 있고, 턱에 손을 괸 채 사유하는 모습은 현실적 문제에 관한 질문과 씨름하는 모습이 보입니다. 그의 긴장된 자세는 특히 지적 투쟁의 무게를 그대로 드러내고 있습니다.

그렇다면 이 인물은 무엇이 고민하는 걸까요? 아마도 존재의 근본적인 의문들, 즉 "우리는 왜 존재하는가?", "삶은 왜 고해인가?", "삶의 의미는 무엇인가?", "어떻게 살아가야 하나?"에 대한 답을 찾고 있는 듯합니다. 하지만 그의 몸에 새겨진 긴장은 답이 여전히 찾기 어렵다는 것을 보여줍니다. 생각하는 사람이 표현하는 고통은 인간 의식의 어두운 면을 드러냅니다. 그것은 이해와 명료함을 갈망하는 마음의 끝없는 갈등을 상징합니다.

우리는 모두 때때로 생각의 덫에 갇혀서 고민하고, 분석하고, 과도하게 생각하다가 혼란에 빠지는 경험을 합니다. 로댕의 이 조각상은 그러한 보편적인 인간 조건을 나타내며, 끊임없이 명쾌함을 추구하면서도 그로 인해 자신을 스스로 고통스럽게 만드는 모습을 형상화한 것입니다.

반면에, 한국 불교 미술의 걸작인 반가사유상은 절대적인 고요와 내면의 평화를 나타나는 듯합니다. 반가사유상은 한쪽 다리를 가볍게 다른 쪽 위에 올리고 앉아 있으며, 턱을 괴고 있는 자세는 생각하는 사람과 유사하지만, 그 속에서 생겨나 오는 에너지는 완전히 다릅니다. 그의 미소는 미묘하지만 심오합니다. 자세히 보고 있자면 이 미소가 저를 사로잡습니다.

이는 깊은 명상의 상태, 즉 지적 사유를 넘어선 통찰을 반영합니다.

반가사유상은 생각 속에 빠져 있는 것이 아니라 그 생각을 초월한 존재의 상태에 있는 듯합니다. 그의 표정은 더 이상 지적 해답을 필요로 하지 않는 깨달음을 나타냅니다. 불교 철학에서 이러한 상태는 흔히 '깨달음 또는 열반'으로 묘사되며, 세상의 환상에서 벗어나 궁극적인 진리를 깨닫는 순간을 의미합니다. 이 깨달음은 고통이 자아의 집착에서 비롯되며, 진정한 자유는 그 집착을 내려놓는 데 있다는 것을 이해하게 되는 것입니다.

반가사유상은 바로 이 집착에서 벗어난 상태, 즉 진정한 나의 본질을 깨달은 상태를 상징합니다. 미소는 이러한 깨달음의 기쁨을 상징하며, 이 순간에 존재함으로써 얻게 되는 평온함을 나타냅니다.

생각하는 사람과 반가사유상의 대조는 인간 의식의 두 단계를 엿볼 수 있는 창을 제공합니다. 로댕의 인물은 마음속에서 끊임없이 질문을 던지며 이해하고자 하지만, 그 과정 자체가 고통스러워 보입니다. 이곳에서는 자아가 강하게 작용하며, 모든 것을 끊임없이 의심하고 질문하지만,

그로 인해 위안을 얻지는 못합니다. 그 몸의 긴장과 자세의 강도에서 이 지식 탐구의 무게가 고스란히 드러납니다. 우리 현대를 살아가는 무한경쟁의 사회에서의 나를 보는듯하여 한편으로는 애처롭게 느껴질 때도 있습니다.

반면에 반가사유상은 이러한 단계를 초월한 상태에 있습니다. 그의 미소를 보아도 그가 어떤 상태에 있는지를 짐작할 수 있으며, 그는 모든 질문에 답을 얻은 결과가 아니라, 질문 자체를 초월한 상태에서 오는 것일 듯합니다. 그는 '비 이원성'의 경지에 도달하여 자아와 우주의 구분이 사라지고, 오로지 현존하는 순간만이 남아 있는 상태입니다. 이는 불교적 개념인 무아의 깨달음으로, 자아의 환상이 사라지고 모든 생명과의 연결성을 인식하게 되는 상태일 겁니다.

생각하는 사람에서 반가사유상으로의 여정은 단순히 생각의 집착에서 해탈로의 이동을 의미이며, 자아 중심의 질문에서 내면의 자유를 향해 나아가는 여정이며, 의미를 찾는 고통에서 벗어나 삶을 있는 그대로 받아들이는 기쁨을 찾는 과정일 겁니다. 이 과정에서 마음이 모든 것을 이해하려는 끊임없는 욕망을 내려놓고, 경험과 현존에서 진정한 진리를 깨닫게 됩니다.

우리는 이런 경지를 얻을 수 없지만 이를 통해 현실에 집착하는 나의 모습을 되돌아보고, 삶에서 한 발짝 뒤로 물러나 더 큰 틀에서 바라보아야 합니다. '나에게 무엇이 중요한지? 그럼, 앞으로 어떻게 살아가야 하는지?'에 대한 답변이 지혜로운 삶을 살아가는 등대와도 같은 빛이 될 것이기 때문입니다.

로댕의 생각하는 사람

불교의 반가사유상

(출처 : 좌 www.photo.rmn.fr/, 우 중앙국립박물관)

내려놓아라, 방하착 하라

삶을 살아가며 우리는 수많은 것에 집착하게 됩니다.

물질적인 소유물, 인간관계, 성공, 심지어 우리의 생각과 감정까지도 포함됩니다. 특히, 정신적인 집착은 물질적 집착보다 더 깊은 고통을 초래하기 쉽습니다.

처음에는 사소하게 시작된 작은 욕망이나 집착도 시간이 지날수록 우리를 점점 더 무겁게 얽매이게 만듭니다. 그리고 집착은 늘 고통을 동반합니다. 이것은 삶의 진리와도 같습니다.

진정한 자유와 평화는 내려놓음에서 시작됩니다. 불교에서 말하는 방하착(放下着)이 바로 이를 가르칩니다.

방하착은 "내려놓아라."라는 뜻으로, 모든 집착을 내려놓을 때 비로소 고통에서 해방될 수 있다는 깊은 의미를 담고 있습니다.

우리가 집착을 내려놓는 순간, 삶은 훨씬 가벼워지고 평화로워집니다. 자유로워지기 위해서는 지금 나를 붙잡고 있는 것을 인식하고, 그것을 부드럽게 내려놓을 용기를 가지는 것이 필요합니다. 내려놓음이 곧 해방으로 가는 길입니다.

한번 실험해 보겠습니다. 여기 종이컵 하나가 있습니다. 종이컵이 없다면 자신의 핸드폰으로 해보세요.

자 이제 종이컵 하나를 손에 들어 올려 보세요. 처음에는 매우 가볍고, 아무런 부담이 없을 것입니다.

1분, 10분이 지나도 손에 무리가 가지 않습니다. 하지만 1시간, 2시간이 지나면 그 작은 종이컵도 손에 무겁게 느껴지고, 결국에는 손이 아파 오기 시작합니다. 이 종이컵은 변함없이 가벼운 상태로 있지만, 그것을 오랫동안 들고 있을 때 우리는 그 무게가 점점 더 크게 느껴집니다. 이것이 바로 집착의 본질입니다.

우리가 붙들고 있는 대상이 무엇이든, 그것이 처음에는 아무리 가볍고 사소해 보이더라도, 시간이 지나면 그것은 우리에게 무거운 짐이 되어 돌아옵니다. 물질적인 소유물일 수도 있고, 관계 속에서의 기대일 수도 있으며, 혹은 제 생각과 감정일 수도 있습니다. 처음에는 별다른 문제가 없지만, 그것을 계속 쥐고 있으면 그 무게가 우리에게 고통을 가져다줍니다. 이처럼 집착이 지속될수록 우리는 더 큰 부담을 느끼며, 고통 속에서 벗어나기 힘들어집니다.

삶에서 우리는 끊임없이 무언가를 붙들려고 합니다. 더 좋은 집, 더 높은 지위, 더 나은 관계, 더 많은 돈 등등. 이러한 것들이 우리에게 행복을 줄 것이라고 믿고 있지만, 사실 그것들은 우리를 점점 더 고통 속으로 끌어들입니다.

종이컵을 오랫동안 들고 있는 것처럼, 그것들을 계속 붙잡고 있을수록 우리는 그것들의 무게에 짓눌리게 됩니다.

감정 역시 마찬가지입니다. 누군가에 대한 분노, 미움, 후회와 같은 감정들도 처음에는 작고 사소해 보일지 모르지만, 그것들을 오랫동안 마음 속에 간직하면 마음의 무게는 점점 더 커집니다. 그리고 결국에는 그 감정들이 우리를 지배하게 됩니다. 이러한 감정적 집착은 우리가 과거에 집착하게 만들며, 현재의 평화를 누리지 못하게 합니다.

집착에서 벗어나는 길은 단순합니다. 바로 내려놓는 것입니다. 종이컵을 오랫동안 들고 있다가 내려놓으면 그 순간 고통이 사라집니다. 손에 있던 무게가 사라지고, 손은 다시 자유로워집니다. 우리의 삶에서도 마찬가지입니다. 물질적인 것, 감정적인 것, 생각과 같은 것들을 내려놓을 때 우리는 그 고통에서 벗어날 수 있습니다.

내려놓음은 포기가 아닙니다. 이는 우리를 옭아매는 것들로부터 자유로워지는 과정입니다. 물질적 소유물이나 성취에 대한 집착을 내려놓는다고 해서 우리가 아무것도 원하지 않게 되는 것이 아닙니다. 오히려 그 집착에서 벗어남으로써 더 큰 평화와 자유를 누리게 되는 것입니다. 불교에서는 이러한 내려놓음을 통해 공(空)의 상태, 즉 텅 빈 마음의 상태에 도달한다고 말합니다. 모든 것을 내려놓았을 때 우리는 비로소 참된 나와 마주하게 됩니다.

삶의 모든 순간에 우리는 선택할 수 있습니다. 무언가를 계속 붙잡고 있을 것인가, 아니면 내려놓을 것인가. 만약 집착을 계속한다면 우리는 고통 속에서 살아가게 됩니다. 하지만 내려놓는 순간, 우리는 고통에서 벗어나게 됩니다. 종이컵을 내려놓는 것처럼, 우리는 마음의 짐을 내려놓고, 가벼운 마음으로 삶을 살아갈 수 있습니다.

현대 사회는 끊임없이 더 많이 소유하고, 더 많이 성취할 것을 요구합니다. 그러나 그 요구에 끌려가다 보면 우리는 점점 더 많은 것을 집착하게 되고, 그에 따라 삶의 무게는 더 무거워집니다. 하지만 우리는 언제든 내려놓을 수 있습니다. 그저 종이컵을 내려놓듯이, 마음속의 집착을 내려놓으면 됩니다.

내려놓음은 단순히 물질적인 것에 국한되지 않습니다. 우리의 감정, 생각, 그리고 자아에 대한 집착도 마찬가지입니다. 모든 것을 내려놓는 순간, 우리는 비로소 진정한 평화와 자유를 누릴 수 있습니다. 방하착 하라, 내려놓아라. 그것이 고통을 피하는 길이며, 더 가벼운 삶을 살아가는 방법입니다.

이 글은 종이컵의 비유를 통해 삶에서의 집착이 결국 고통을 가져온다는 점을 설명하며, 내려놓음을 통해 자유와 평화를 찾을 수 있습니다.

자유와 평화는 밖에 있는 것이 전혀 아닙니다. 바로 자기 안에 이렇게 숨겨져 있는 것입니다.

나는 지금 무엇을 움켜쥐고 있나요? 그것을 놓아버리면 됩니다.

참 자아의 3가지 상태

인류가 만든 시간이라는 개념을 통해 우리의 삶을 세 가지 상태로 나눌 수 있습니다. 하루 24시간 동안 우리는 다음의 세 가지 상태를 경험합니다.

첫 번째는 깨어 있는 상태, 두 번째는 꿈꾸는 상태, 그리고 세 번째는 깊이 잠든 상태입니다. 이 세 가지 상태는 모든 사람이 매일 경험하는 자연스러운 과정이며, 각 상태는 우리가 세상을 경험하는 방식, 의식의 수준, 그리고 몸과 마음의 균형에 중요한 영향을 미칩니다. 깨어 있음, 꿈, 그리고 깊은 잠은 우리의 삶을 이루는 기본적인 리듬이자, 조화로운 삶을 위해 모두 필요한 상태입니다.

우리가 깨어 있는 상태는 물질적인 몸을 가지고 보고 듣고 느끼고 맛보고 냄새 맡고 하는 일상생활에서 가장 익숙한 상태입니다. 이때 우리는 주변 환경을 인식하고, 생각하고, 느끼며, 다양한 활동에 참여합니다. 깨어 있는 동안 우리는 일을 하거나 사람들과 소통하고, 문제를 해결하며, 자신의 목표를 향해 나아갑니다. 이 상태에서 우리는 의식을 완전히 깨운 상태로, 자신을 포함한 세상과 끊임없이 상호작용합니다. 많은 사람은 이 상태가 가장 실제적이라고 생각하지만, 깨어 있는 상태만이 우리 삶의 전부는 아닙니다.

두 번째는 꿈꾸는 상태입니다. 몸은 가만히 있지만 우리 영혼이 작용하여 수면 중에도 우리는 꿈을 꿉니다. 꿈속에서 우리는 현실에서 느낄 수 없는 감정과 경험을 체험하게 됩니다. 꿈은 때로는 우리 마음속 깊은 곳의 불안이나 바람, 혹은 무의식에 잠재된 요소들이 표면으로 드러나는 순간일 수 있습니다. 이때 우리의 의식은 깨어 있을 때와는 다른 방식으로 작동하며, 꿈속에서의 우리는 종종 시간과 공간의 제약을 벗어난 상태에서 자유롭게 움직입니다. 꿈은 우리에게 상상력과 창의력을 제공합니다. 또한, 종종 깨어 있는 동안 해결하지 못한 문제나 감정들이 꿈속에서 해결되는 일도 있습니다.

그리고 마지막으로, 가장 중요한 상태인 깊이 잠든 상태가 있습니다. 이 상태는 우리가 의식을 잃고 무의식에 깊이 빠져드는 상태입니다. 일반적인 꿈꾸는 상태와는 달리, 이 상태에서는 우리는 전혀 생각을 하지 않습니다. 감각도 느끼지 못하며, 무언가를 인지하지도 않습니다. 이 깊은 잠 속에서 우리는 몸과 마음의 진정한 휴식을 얻게 됩니다.

우리는 흔히 깨어 있는 상태가 가장 중요한 시간이라고 생각합니다. 일을 하거나, 생각하고, 문제를 해결하는 등의 활동이 이 상태에서 일어나기 때문이죠. 하지만 깊이 잠든 상태는 사실 우리가 생존하고, 삶의 에너지를 유지하는 데 필수적인 역할을 합니다. 왜냐하면 깊이 잠든 상태에서 우리는 생각이 없는 상태, 즉 무의식 속에 잠겨 있기 때문입니다.

깊이 잠든 상태가 중요한 이유는 그 속에서 우리 몸과 마음이 완전히 회복되기 때문입니다. 우리가 깨어 있는 동안에는 끊임없이 무언가를 생각하고, 감정을 느끼며, 외부 자극에 반응하게 됩니다. 이러한 과정에서 우리는 에너지를 소모하고 스트레스를 받습니다. 아무리 건강한 사람이라도 하루 종일 깨어서 활동하고 나면 지치게 마련입니다. 이때, 우리 몸과 마음은 자연스럽게 휴식이 있어야 하고, 그 휴식을 제공하는 것이 바로 깊이 잠든 상태입니다.

깊은 잠 속에서는 생각도, 감정도, 감각도 모두 사라집니다. 우리는 이 상태에서 완전한 자유를 경험하게 됩니다. 더 이상 걱정이나 불안에 시달리지 않으며, 내일 해야 할 일에 대한 부담감도 느끼지 않습니다. 이런 상태가 바로 생각이 없는 상태이며, 이 상태는 우리에게 놀라운 자유와 평온을 가져다줍니다.

깨어 있는 동안에도 우리는 종종 평온과 자유를 찾으려고 노력합니다. 명상이나 휴식, 취미 활동 등을 통해 정신적인 여유를 찾고자 하지만, 아무리 노력해도 깨어 있는 동안에는 일정한 수준의 의식과 생각에서 벗어날 수 없습니다. 반면에 깊이 잠든 상태에서는 자연스럽게 모든 생각과 감정에서 벗어나게 됩니다.

우리는 그저 존재하게 되는 것입니다. 그 자체만으로도 이미 큰 휴식이자 치유가 됩니다.

깊은 잠 속에서 우리가 경험하는 '생각이 없는 상태'는 단순히 휴식 그 이상의 의미를 가집니다. 이 상태는 우리의 몸과 마음이 새롭게 에너지를 얻는 시간입니다. 우리는 깨어 있는 동안 소모한 에너지를 이 시간 동안 다시 채우게 되며, 다음 날을 위해 준비할 수 있는 상태가 됩니다.

많은 사람이 피곤함을 느낄 때 잠을 자고 나면 기운이 회복된다고 말하는 이유도 여기에 있습니다. 충분히 자지 못할 때, 우리는 몸과 마음의 피로를 풀 수 없으며, 이는 곧 집중력 저하, 무기력함, 감정적 불안정으로 이어지게 됩니다.

깊은 잠을 충분히 자지 못하면 우리는 신체적으로나 정신적으로 지칠 수밖에 없습니다. 이는 우리가 깨어 있을 때와 꿈을 꾸는 동안에도 에너지를 계속해서 소모하기 때문입니다. 오직 깊이 잠든 상태에서만 우리는 외부의 모든 자극으로부터 완전히 벗어나고, 내면의 에너지를 재충전할 수 있습니다. 이 상태가 우리의 삶에서 얼마나 중요한 역할을 하는지 생각해 보면, 잠이 그저 휴식이 아닌 필수적인 생명 유지 활동임을 알 수 있습니다.

깊이 잠든 상태가 주는 또 다른 중요한 이점은 평온과 자유입니다. 우리가 깨어 있는 동안에는 종종 걱정과 불안에 사로잡히게 됩니다. 특히 현대 사회에서는 많은 사람들이 끊임없는 업무와 인간관계 속에서 정신적으로 지쳐가고 있습니다. 이럴 때, 완전한 평온과 자유를 찾기는 매우 어렵습니다.

하지만 깊은 잠 속에서는 우리는 그 모든 부담으로부터 해방됩니다. 생각이 없는 상태는 그 자체로 평온과 자유를 의미합니다. 우리는 깊은 잠 속에서 의식하지 못하는 사이에 가장 자유롭고 평온한 상태에 도달하게 되는 것입니다. 이 상태는 우리가 깨어 있을 때는 경험할 수 없는 완전한 해방감을 제공합니다. 생각이 없다는 것은 걱정도 없고, 스트레스도 없으며, 오직 나 자신만이 존재하는 상태입니다. 이러한 상태에서 우리는 진정한 내면의 평화를 느낄 수 있습니다.

결국, 우리는 하루의 3가지 상태를 통해 자신을 유지하고, 삶을 살아갑니다. 깨어 있는 동안에는 우리가 다양한 경험을 하며 세상을 살아가는 방식을 배우고, 꿈꾸는 동안에는 내면의 세계를 탐험하며 창의력과 상상력을 키워갑니다. 그리고 깊이 잠든 상태에서는 그 모든 경험과 생각에서 벗어나 온전한 평온과 자유를 경험하며, 새로운 하루를 살아갈 에너지를 충전합니다. 이 3가지 상태가 조화를 이룰 때, 우리는 몸과 마음 모두가 건강하게 유지될 수 있습니다.

삶의 다양한 경험 속에서도, 결국 우리는 깊이 잠든 상태에서 진정한 자신을 만나고, 에너지를 얻고, 평온을 느낍니다. 이것이 바로 생각이 없는 상태가 우리에게 주는 가장 큰 선물입니다.

따라서 많은 사람이 명상센터를 찾고 명상하려고 노력하는 이유도 이런 생각 없는 상태가 주는 자유와 평온, 에너지 회복을 얻으려고 하는 것이 아닐까요?

텅 비워야 채워진다

삶을 살아가면서 우리는 끊임없이 무언가를 채우려 합니다. 지식, 경험, 물질적 풍요, 그리고 관계의 깊이를 더하려는 욕망은 인간의 자연스러운 본능입니다. 그러나 우리가 이룬 모든 것을 제대로 담아내기 위해서는 그릇이 비어 있어야 한다는 단순한 진리를 종종 잊곤 합니다.

물을 담으려면 웅덩이가 파여 있어야 하듯이, 우리의 마음도 새로운 것을 담으려면 빈 공간이 필요합니다. 마음이 이미 과거의 집착, 편견, 욕망으로 가득 차 있다면, 그 속에 새로운 것을 담을 여유가 없습니다.

우리의 마음은 하나의 그릇과 같습니다. 그릇을 비우는 과정은 새로운 경험과 깨달음을 받아들이기 위한 첫걸음입니다. 지금 내 마음은 무엇으로 가득 차 있는지 되돌아볼 필요가 있습니다.

삶이 힘들고 원하는 바가 이루어지지 않을 때, 우리는 스스로에게 질문해야 합니다.

내가 채운 것은 정말 가치 있는 것인가? 아니면 나를 무겁게 만드는 짐에 불과한가?

비워야 채울 수 있습니다. 마음을 비우는 성찰의 시간을 통해 우리는 진정으로 소중한 것들로 다시 채워갈 수 있습니다.

불교에서는 이러한 빈 마음 상태를 매우 중요하게 여깁니다. 이는 단순히 생각이 없는 상태가 아니라, 집착과 욕망에서 벗어난 자유로운 마음 상태를 의미합니다. 고타마 붓다는 마음이 비워졌을 때 비로소 진정한 지혜와 자비를 깨달을 수 있다고 가르쳤습니다. 바라는 것이 없는 상태, 욕망에서 자유로운 상태가 결국 절대적 만족에 이르는 길이 아닐까요? 우리는 종종 더 많은 것을 바라며 살아가지만, 욕망이 채워질수록 또 다른 갈망이 뒤따라옵니다. 이러한 욕망의 무한 루프 속에서, 우리의 마음은 점점 무거워지고 새로운 깨달음이나 행복을 느낄 공간이 줄어듭니다.

노자(老子) 역시 비움의 중요성을 설파했습니다. 그는 "만족을 모르는 것보다 더 큰 재앙은 없으며, 욕심을 내는 것보다 큰 허물은 없다."라고 말하며, 지족지족(知足之足), 즉 만족할 줄 아는 마음이야말로 진정한 평화를 가져온다고 강조했습니다. 노자는 또한 '비움으로써 채운다.'라는 무위자연의 철학을 통해 자연스럽게 흘러가는 삶의 중요성을 가르쳤습니다. 이는 억지로 무언가를 채우려 하기보다는, 비워냄으로써 스스로 채워지는 자연스러운 과정을 받아들이는 것을 뜻합니다.

동양 철학뿐 아니라 서양에서도 비움의 미덕은 중요한 사상으로 자리 잡고 있습니다. 철학자 에픽테토스는 "외부의 것을 비워내는 자가 가장 강한 자."라고 했습니다. 이는 삶에서 진정으로 중요한 것을 발견하려면 불필요한 요소를 내려놓아야 한다는 뜻입니다. 현대의 미니멀리즘 역시 이러한 비움의 철학과 맞닿아 있습니다. 단순히 물질을 줄이는 것이 아니라, 삶에서 진정으로 중요한 것에 집중할 수 있도록 불필요한 잡음을 제거하는 과정입니다.

채움은 빈 공간에서 시작됩니다. 이는 자연의 법칙이기도 합니다. 강물이 흐르려면 그 앞을 막는 장애물이 제거되어야 하고, 씨앗이 자라려면 먼저 땅이 갈아져야 합니다. 이와 마찬가지로, 우리 삶에서도 무언가를 성취하려면 먼저 내면의 불필요한 것들을 비워내야 합니다. 과거의 후회, 미래에 대한 불안, 현재의 욕망—이 모든 것은 우리 내면을 복잡하게 만드는 요소들입니다. 이러한 마음의 짐을 덜어낼 때, 우리는 비로소 자유롭고 평온한 상태에서 새로운 것을 받아들일 수 있습니다.

이러한 비움의 원리는 우리 주변에서 쉽게 발견할 수 있습니다. 가을이 되면 나무들은 낙엽을 떨구며 겨울을 준비합니다. 비우지 않는다면 새싹이 자랄 공간도, 햇볕을 받을 틈도 만들어지지 않을 것입니다. 자연은 끊임없이 비우고 채우며 조화롭게 순환합니다. 인간 역시 이 순리를 본받아야 합니다.

마음을 비운다는 것은 단순히 아무것도 갖지 않는다는 뜻이 아닙니다. 그것은 소유와 집착에서 벗어나지는 것을 의미합니다. 소유 그 자체는 문제가 되지 않지만, 그에 얽매이고 집착하는 순간 우리의 자유는 제한됩니다. 텅 빈 그릇처럼, 마음을 비우는 순간 우리는 더 많은 것을 담아낼 수 있는 준비를 갖추게 됩니다. 이러한 과정은 단순히 새로운 경험이나 지식을 채우는 것을 넘어, 진정한 자유와 평화를 가져다줍니다.

빈 마음은 열린 가능성을 의미합니다. 집착과 고정관념이 사라진 자리에, 우리는 더 넓은 시야와 창의적인 사고를 가질 수 있습니다. 또한, 내면의 평화는 외부 환경에 휘둘리지 않는 삶을 가능하게 합니다. 요즘처럼 정보와 자극이 넘쳐나는 세상에서, 마음을 비우는 연습은 더욱 중요한 덕목이 됩니다.

마음을 비우는 일은 한순간에 이루어지지 않습니다. 이는 꾸준한 연습과 성찰을 통해 조금씩 이뤄지는 과정입니다. 다음은 비움을 실천할 수 있는 몇 가지 방법입니다.

> **1) 과거의 짐 내려놓기:** 과거의 후회나 미련을 떠안고 있다면 그것을 내려놓아야 합니다. 지나간 일은 다시 바꿀 수 없으므로, 현재를 살아가는 데 집중하세요.
>
> **2) 단순한 삶 추구하기:** 불필요한 물건, 관계, 혹은 일정을 줄여보세요. 삶이 단순해질수록 마음은 더 가벼워질 것입니다.
>
> **3) 명상과 호흡 연습:** 매일 몇 분이라도 명상을 통해 마음을 비우는 시간을 가지세요. 깊은 호흡은 마음의 복잡함을 가라앉히고, 내면의 고요함을 찾는 데 도움을 줍니다.
>
> **4) 현재 순간에 집중하기:** 지나간 과거나 오지 않은 미래에 대한 걱정 대신 지금, 이 순간에 집중하세요. 현재를 온전히 느끼는 것이 비움의 첫걸음입니다.

이처럼 '텅 비워야 채워진다.'라는 이 진리는 우리가 목표로 삼고 있는 많은 것들에 대한 새로운 시각을 제공합니다. 비움의 미덕을 실천함으로써 우리는 더 많은 것을 성취할 수 있을 뿐 아니라, 그것들이 주는 진정한 만족을 누릴 수 있게 됩니다. 비움과 채움의 균형을 이루는 삶은 단순히 성공을 넘어서, 진정한 행복과 평화에 이르는 길을 열어줍니다. 마음을 비우고 자연의 순리를 따르는 삶을 통해 우리는 비로소 삶의 깊은 의미를 발견할 수 있을 것입니다.

이것이 누구의 일인가?

　우리는 일상에서 크고 작은 사건과 예상치 못한 상황을 마주합니다. 기쁨과 슬픔, 두려움과 고통, 걱정과 불안 등 다양한 감정이 우리 삶을 스쳐 지나갑니다. 그런데 우리는 이런 경험을 대개 외부에서 일어난 일로 간주합니다. '이건 나와 상관없는 타인의 행동에서 비롯된 것'이라고 생각하곤 하지요.

　하지만 진정한 깨달음은 모든 경험이 외부에서가 아니라 내 마음속에서 일어나고 있다는 사실을 알아차리는 데서 시작됩니다. 불교에서는 이를 깨닫는 것이 고통에서 벗어나 참된 평온을 찾는 길이라고 가르칩니다.

　모든 경험의 중심은 외부가 아니라 우리의 내면에 있다는 것을 이해하는 것이 지혜입니다.

　자녀가 초등학교 3학년인 부모를 떠올려 봅시다. 어느 날, 자녀의 담임 선생님이 전화를 걸어옵니다.

　"자녀가 학교에서 담배를 피우고 친구와 싸우다 적발되었습니다. 내일 학교로 와 주십시오."

이 말을 들은 순간, 부모의 마음은 복잡해집니다. 눈앞이 캄캄해지고, 심장은 두근거리며, 분노와 걱정이 한꺼번에 밀려옵니다. 불안감은 점점 커지고, 머릿속은 혼란스러워집니다.

이때 우리는 중요한 질문을 던져야 합니다.

'지금 내가 느끼는 이 감정들은 어디에서 일어나고 있는가?'

감정을 조용히 들여다보면 답을 알 수 있습니다. 분명히 자녀가 담배를 피우고 싸웠다는 사실은 학교라는 외부에서 일어난 일이지만, 이로 인해 발생한 분노와 걱정은 학교가 아니라 내 마음속에서 일어나고 있다는 사실을 깨닫게 됩니다.

외부 사건이 우리의 감정을 일으키는 듯 보이지만, 사실은 그 사건을 내가 어떻게 받아들이느냐에 따라 감정이 형성됩니다. 즉, 이러한 감정은 전적으로 내 마음에서 만들어진 것입니다. 우리는 마음을 창조하는 창조자입니다.

학교에서 벌어진 사건은 자녀의 일이지만, 그로 인해 생긴 감정은 부모 자신의 마음에서 일어난 일입니다. 이처럼 내 마음의 작용을 이해하는 것이 고통에서 벗어나는 첫걸음입니다.

우리는 종종 외부를 탓하며 '이 일이 나를 괴롭히고 있다.'라고 말하지만, 실제로는 외부의 일이 아니라 내 마음이 나를 괴롭히고 있는 것입니다. 이 점을 깨닫는 순간, 우리는 더 이상 외부에 휘둘리지 않고 내면의 평화를 되찾을 수 있습니다.

이처럼 모든 일은 내 마음에서 시작됩니다. 내가 느끼는 모든 감정은 외부가 아니라 바로 내 안에서 일어나는 일입니다.

이 깨달음은 우리에게 큰 자유를 줍니다. 외부의 사건이 아니라 내 마음이 상황을 어떻게 받아들이느냐에 따라 우리는 고통을 느끼거나 느끼지 않을 수 있습니다.

이러한 깨달음은 불교에서 매우 중요한 가르침입니다. 달마대사와 혜자스님의 대화는 이를 잘 보여줍니다. 어느 날, 혜자스님이 달마대사를 찾아와 이렇게 말합니다.

> "스승님, 저는 불안한 마음을 고치고 싶습니다." 그러자 달마대사는 이렇게 대답합니다.
> "그 불안한 마음을 내놓아 보아라." 혜자스님은 잠시 생각한 후 말합니다.
> "마음을 찾으려 해도 찾을 수 없습니다." 그러자 달마대사는 이렇게 말합니다.
> "찾을 수 없는 것을 왜 고치려 하느냐? 그 불안은 실체가 없는 것이다. 이미 지요 환영과 같은 것이다."

달마대사는 마음의 이치에 대해 불안은 밖에 있는 것이 아니라, 마음 즉 내 안의 '실체 없는 것'임을 가르쳐줍니다.

이 대화에서 중요한 점은 불안, 두려움, 괴로움 같은 감정이 실체가 없다는 깨달음입니다. 우리는 이 감정들이 외부에서 주어진다고 생각하지만, 사실 그것은 실체가 없는 우리의 마음속에서 일어나는 현상일 뿐입니다. 우리가 그 감정의 본질을 바로 보지 못하고, 마치 외부에서 주어진 것처럼 착각하며 그것을 없애려 하거나 바꾸려 할 때 더 큰 고통을 느끼게 됩니다. 달마대사는 이러한 마음의 이치를 일깨워주며, 감정의 실체가 없다는 것을 깨달으면 그 감정에서 벗어나게 될 수 있다고 가르칩니다.

다시 자녀의 예로 돌아가 봅시다. 자녀의 행동이 문제가 될 수는 있지만, 그 행동에 대한 부모의 반응, 즉 화나고 걱정하는 감정은 외부의 자극 때문에 생겨난 것이 아니라 부모 자신 안에서 발생한 것입니다.

외부의 상황은 우리가 통제할 수 없는 부분이 많지만, 그 상황을 받아들이는 내면의 태도는 우리가 스스로 다스릴 수 있습니다. 지금 내 마음에서 무슨 일이 일어나는지 그것을 자각하는 것이 바로 불교에서 말하는 깨달음입니다.

이 깨달음을 통해 우리는 삶을 대하는 방식을 변화시킬 수 있습니다. 외부 세계에 너무 의존하지 않고, 내 마음이 세상을 어떻게 받아들이고 있는지 관찰할 수 있는 능력을 기르는 것입니다. 두려움이나 분노 같은 감정이 올라올 때, 그것이 내 안에서 일어나고 있음을 알아차리면 그 감정에 휘둘리지 않고 평온함을 유지할 수 있습니다. 이것이 바로 정답입니다.

결국 우리는 누구의 일인지 묻게 됩니다. 그것은 외부의 일이 아니라, 바로 나의 마음에서 일어나고 있는 내 일입니다. 상황 자체는 중립적일 수 있지만, 그 상황을 어떻게 받아들이고 해석하느냐에 따라 우리의 감정은 달라집니다. 불교에서 강조하는 바와 같이, 우리는 외부 세계에 의존하지 않고, 마음의 작용을 이해하는 지혜를 통해 고통에서 벗어날 수 있습니다. 내 마음이 나를 어떻게 움직이고 있는지, 그것이 내 생각과 감정에 어떤 영향을 미치는지 알아차리는 것이야말로 진정한 깨달음으로 가는 길입니다.

이 깨달음을 통해 우리는 더 이상 외부의 상황에 휘둘리지 않고, 자체의 마음을 다스릴 수 있는 힘을 얻게 됩니다. 이는 실체가 없는 감정과 생각에 더 이상 매이지 않고, 진정한 자유를 찾는 과정입니다.

이것을 온전히 알고 실천할 때 일체유심조(一切唯心造)라는 말의 뜻을 정확히 이해할 수 있을 것입니다.

혼자 보내는 시간을 가져라

저는 자주 혼자 보내는 시간을 즐깁니다. 그래서 가끔 집에서도 친구가 없다고 놀리기도 하고, 지인을 만나면 모임을 자주 나가지 않으니 그 많은 시간을 어디서 어떻게 보내냐고 물어보는 사람도 있습니다.

그런데 저는 이런 것이 좋습니다. 조용히 앉아 책을 읽는다든가 조용하고 한적한 자연 속으로 들어가 자연과 함께 보내는 시간이 더 좋습니다.

혼자 보내는 시간 속에서 자유와 평온을 가장 잘 느낄 수 있기 때문입니다.

물론 사람들과 어울려 이것저것 이야기하는 것이 싫다는 것은 아닙니다. 여러 사람과 어울려 있을 때의 나름 즐거움도 있지만 혼자 있을 때의 존재가 기쁘게 할 뿐 아니라 매우 가치가 있음을 말하려고 하는 것입니다.

오늘날 우리는 혼자 있는 시간보다 타인과 어울리고 연결되는 시간을 더 중요하게 여기는 경향이 있습니다. 가족, 친구, 동료들과 끊임없이 소통하고 연결됨으로써 얻는 만족감과 친밀감은 분명 중요합니다. 그러나 이와 동시에 현대인들이 종종 간과하는 것이 바로 '혼자 있는 시간의 중요성'입니다. 혼자 보내는 시간은 자기 자신을 깊이 이해하고, 내면의 평화를 되찾으며, 삶의 방향을 재정립하는 데 있어 중요한 역할을 한다고 생각합니다.

불교적 관점과 심리학적 관점에서 혼자 있는 시간의 가치와 중요성, 그리고 현대인이 혼자 있기를 꺼리는 이유를 알아보겠습니다.

불교에서는 모든 고통의 원인이 무지와 집착이라고 합니다. 사람들은 제 생각, 감정, 그리고 주변 환경에 집착함으로써 마음이 혼란에 빠지게 되며, 이는 스스로 고통을 만들어내는 원인이 됩니다. 그러나 혼자 있는 시간을 통해 우리는 이런 집착에서 벗어날 수 있는 기회를 얻게 됩니다. 명상과 같은 수행은 불교에서 혼자 있는 시간의 중요한 예입니다. 명상을 통해 사람들은 자기 내면을 깊이 바라보고, 생각과 감정이 끊임없이 떠오르는 과정을 관찰하면서 그것들에 휘둘리지 않는 법을 배우게 됩니다.

혼자 있을 때만이 자신의 마음속 파도를 알아차리고, 그 파도를 넘어서 평온한 '진정한 자기'와 마주할 수 있는 것입니다.

불교에서는 이러한 내적 평온과 무 집착을 통해 본래의 '참나'와 만나는 것이 궁극적인 목표라고 말합니다. 혼자 있는 시간 동안 사람은 온전히 '나'와 함께 할 수 있으며, 이는 자아의 성장을 가능하게 합니다.

달라이 라마는 "평화는 외부로부터 오는 것이 아니라 마음으로부터 오는 것이다."라고 했습니다. 혼자 보내는 시간은 바로 이러한 내면의 평화를 찾기 위한 첫걸음입니다. 혼자일 때 우리는 외부의 평가나 시선에서 벗어나며, 자신을 스스로 객관적으로 바라보고 자신의 부족함과 가능성을 발견할 수 있게 됩니다.

심리학자들은 혼자 있는 시간이 개인의 정신건강과 감정 조절에 중요한 역할을 한다고 말합니다. 현대인들은 정보의 홍수 속에 살고 있으며, 이는 외부 자극에 민감하게 반응하도록 만듭니다. 혼자 있는 시간은 이러한 자극에서 벗어나 자신의 감정과 생각을 정리할 기회를 제공합니다. 심리학적으로 혼자 있는 시간은 자기 성찰(self-reflection)을 촉진하고, 이는 자존감 향상과 스트레스 감소에 이바지합니다.

혼자 있을 때 우리는 자신을 위한 시간을 가지게 됩니다. 이것은 내면의 욕구와 목표를 돌아보게 하고, 자신을 스스로 이해하는 능력을 키우는 데 도움을 줍니다.

많은 연구자료에 따르면 정기적으로 혼자 있는 시간을 가지는 사람들은 자신의 감정을 더 잘 관리할 수 있으며, 타인에게 의존하지 않고 독립적으로 자신의 삶을 끌어나가는 능력이 더 뛰어나다고 합니다. 이는 심리적으로 강한 마음을 가지게 해주며, 자신의 감정과 사고를 객관적으로 바라보는 연습이 됩니다.

그렇다면 왜 현대인들은 혼자 있는 것을 두려워할까요? 먼저, 외로움에 대한 두려움이 큰 요인입니다. 우리는 타인과의 관계 속에서 인정받고, 소속감을 느끼며 안정감을 얻습니다. 혼자 있는 시간은 곧 이러한 관계의 부재를 의미하기 때문에 외로움과 고독을 느끼기 쉬운 환경이 됩니다. 더불어, 자신과 마주하는 것에 대한 두려움도 있습니다.

혼자 있을 때 우리는 평소에 회피했던 불안, 슬픔, 스트레스 등의 감정과 마주하게 됩니다. 그렇지 않은가요? 그래서 더욱 시끄러운 환경을 자연스레 만드는지도 모르겠습니다.

이러한 감정들은 우리의 마음을 불편하게 만들고, 결국 많은 사람이 혼자 있기를 회피하려 합니다.

또한, 현대 사회는 끊임없는 경쟁과 성과를 요구합니다. 우리는 남들과 비교하면서 자신의 가치를 확인하려는 경향이 있으며, 이러한 과정에서 생기는 불안감이 혼자 있는 시간을 두렵게 만듭니다. 타인과의 관계나 소셜 미디어를 통해 자신의 존재를 확인하고, 인정받고자 하는 욕구가 강하기 때문에 혼자 있는 것이 낯설게 어렵게 느껴질 수 있습니다.

혼자 있는 시간을 가치 있게 만들기 위해서는 먼저 자기 자신을 받아들이는 마음가짐이 필요합니다. 혼자 있는 시간은 자신에게 집중할 수 있는 시간이자, 타인과의 관계 속에서 발견할 수 없는 내면의 지혜를 발견할 수 있는 기회입니다. 처음에는 불편하게 느껴질 수도 있지만, 이러한 시간이 반복될수록 우리는 혼자 있는 시간의 진정한 가치를 깨닫게 됩니다. 명상, 글쓰기, 또는 간단한 산책, 조용한 도서관과 같은 활동을 통해서 자신을 바라보는 연습을 해보십시오. 이러한 활동들은 우리의 마음을 차분하게 만들고, 자신을 스스로 돌아보는 기회를 제공합니다.

혼자 보내는 시간을 가지며 우리는 자신을 스스로 더 잘 이해하고, 외부에 휘둘리지 않는 자립적인 내면을 키울 수 있습니다. 이러한 시간이 쌓일수록 우리는 외부 환경과 타인의 의견에 쉽게 흔들리지 않게 되며, 진정한 자신을 찾게 됩니다. 현대인들이 혼자 있는 시간을 어려워하는 이유와 그 이면의 심리적 요소들을 이해하고, 그런데도 혼자 있는 시간을 가지려는 노력은 인생을 더욱 풍요롭게 만드는 데 큰 역할을 할 것입니다. 혼자 있는 시간을 통해 우리는 자기 자신과 화해하고, 삶의 깊이를 더할 수 있습니다.

혼자 보내는 시간은 자기 자신을 가장 솔직하게 만나고, 타인의 시선에서 벗어나 온전히 나 자신을 위해 보내는 시간입니다. 현대인들은 혼자 있는 시간의 가치를 점점 잊고 있지만, 이것이야말로 삶의 진정한 행복을 찾기 위한 중요한 첫걸음이 될 수 있습니다.

혼자 있는 시간을 통해 자신이 누구인지를 찾아가는 자기 성찰의 기회를 제공할 수 있을 것입니다.

즉, 나를 돌아보고 성장시키는 가장 깊고 소중한 순간이 될 것입니다.

'존재'로 들어가는 문

존재로 들어가는 문이 있을까요? 답은 "예"입니다. 존재로 들어가는 문은 분명히 존재합니다.

이 말을 듣고 의아하게 생각할 분들도 있을 것입니다. '그게 가능해?' 라며 의문을 품거나, 혹시 이것이 환상이나 허구는 아닌지 생각해 보기도 할 겁니다. 그러나 한 가지를 제안합니다. 스스로를 가만히 들여다보세요.

우리가 늘 살아가는 일상에서 발견하기 어려운 이 문이 사실은 바로 여기, 우리의 삶 속에서 숨 쉬고 있음을 깨닫게 될지도 모릅니다.

존재로 들어가는 문은 어디에 있을까?

이 글을 읽는 지금, 여러분도 '존재로 들어가는 문'이라는 말에 여러 생각이 스쳤을 것입니다.

'그게 무슨 뜻이지?', '정말 그런 문이 따로 있을까?'

이렇게 생각을 따라가다 보면, 우리는 어느새 생각 속으로 빠져 있는 자신을 발견하게 됩니다. 존재를 인식하려던 우리는, 오히려 생각의 흐름 속에 휩쓸려 그 속에서 잠시 살아가고 있었던 것입니다.

존재로 들어가는 문이란 무엇인가요? 그렇다면 존재로 들어가는 문은 과연 무엇일까요?

제가 말하는 '존재로 들어가는 문'은 바로 지금, 이 순간에 온전히 깨어 있어 존재하는 상태를 뜻합니다.

우리가 현재의 순간을 있는 그대로 경험하는 것, 즉 생각이나 판단 없이 지금 여기에 존재하는 것이 바로 존재로 들어가는 문입니다.

이 문을 통과하는 것은 특별한 행동이나 기술이 아닙니다. 오히려 아무런 생각도 판단도 하지 않은 채, 내면의 침묵 속에서 나를 인식하는 것에 가깝습니다. 그것은 노력하지 않고도 가능한 자연스러운 상태이며, 우리가 늘 가지고 있는 본래의 모습입니다.

어떻게 존재로 들어갈 수 있을까?

존재로 들어가는 문은 특별한 장소에 있지 않습니다.

그것은 지금, 이 순간 우리가 머무는 곳에서 언제나 열려 있습니다.

다만, 평소의 습관처럼 생각과 판단의 흐름에 자신을 맡기지 말고, 지금 이 순간에 주의를 기울이세요.

지금 숨 쉬는 소리를 들어보세요. 몸의 감각과 마음의 상태를 느껴보세요.

판단이나 분석을 멈추고, 단지 지금 여기에 존재하세요.

존재로 들어가는 문은 멀리 있는 것이 아닙니다. 문은 이미 여러분 앞에 열려 있으며, 단지 우리가 그 문을 알아차리지 못했을 뿐입니다. 존재로 들어가는 문은 바로 여러분 안에 있습니다.

존재로 들어가는 문은 우리가 익히 알고 있는 외부의 문이나 통로가 아닙니다. 그것은 시간이나 공간을 넘어서 오직 지금, 이 순간, 우리의 내면에 자리 잡고 있습니다. 흔히 우리는 '존재'라는 단어를 말하지만, 그 존재의 본질을 경험하고 인식하는 순간은 드뭅니다.

우리가 존재로 들어가는 문을 지나기 위해서는 오로지 지금, 이 순간에 깨어 있어야 합니다. 과거의 기억이나 미래의 불안을 넘어서 지금 여기, 온전한 현재의 순간으로 들어올 때, 우리는 비로소 존재로 들어가는 문을 통과할 수 있습니다.

존재로 들어가는 문에 접근하기 위해서는 우리의 생각에서 벗어나야 합니다. 사람들은 무수한 생각의 세계 속에 살아갑니다. 일어나는 모든 일, 만나는 사람들, 나에 대해서 끊임없이 생각합니다. 생각의 세계는 우리에게 편안함을 주기도 하지만, 동시에 끝없는 분별과 평가를 유도합니다. 이에 따라 우리는 생각에 사로잡히고, 본연의 존재 상태를 인식하지 못한 채, 그저 생각의 소용돌이 속에서 머무르게 됩니다.

사실 우리가 경험하는 대부분의 괴로움과 스트레스는 생각 속에서 발생합니다. 과거의 기억이 생각을 통해 되살아나거나, 미래에 대한 불안이 상상의 형태로 우리 마음을 사로잡습니다. 그러나 과거나 미래는 어디에도 없습니다. 우리가 실제로 존재하는 유일한 곳은 지금, 이 순간뿐입니다. 생각을 잠시 내려놓고 현재의 순간을 온전히 느낄 때, 우리는 비로소 존재의 문을 통과하는 경험을 할 수 있습니다.

존재의 문은 어디에 있는가?

많은 사람은 현재가 아닌 과거나 미래에 의식을 두고 살아갑니다. 그러나 존재로 들어가는 문은 어디 다른 곳에 있는 것이 아닙니다. 지금 이 자리, 우리가 경험하는 순간마다 열려 있습니다. 바로 이 순간에 존재하는 경험이야말로 진정한 삶입니다.

존재의 문을 여는 것은 멀리서 찾을 것이 아니라, 지금, 이 순간 나의 마음을 가만히 바라보는 것입니다. 눈을 감고 호흡을 느끼며, 내가 이 순간 여기에 있음을 느낄 때, 존재로 들어가는 문이 열립니다.

존새의 문을 통해 들어서는 순간, 우리는 지금 여기가 바로 천국임을 깨닫게 됩니다. 온전히 현재에 머물러 있는 것이야말로 삶의 본질이자 실재입니다. 우리의 모든 고통과 괴로움은 과거에 대한 후회나 미래에 대한 불안에서 비롯됩니다.

하지만 현재의 순간에 온전히 있을 때, 과거와 미래는 우리에게 영향을 미치지 못합니다. 오로지 지금 여기에 있을 때만이 우리는 그 모든 생각과 판단을 내려놓고, 존재의 순수한 상태에 머물 수 있습니다.

존재로 들어가는 문을 통해 우리가 경험할 수 있는 것은 무엇일까요? 그것은 바로 자유입니다. 모든 업장이 소멸하고, 생각과 감정에서 벗어나 완전한 자유를 맛보는 것입니다. 존재로 들어가는 문은 어디에도 얽매이지 않는 자유의 문입니다. 우리가 외부의 상황에 얽매이지 않고, 내면의 고요 속에 깨어 있을 때, 그 순간 우리를 괴롭히던 모든 것이 사라집니다. 존재로 들어가는 문을 통해 우리는 외부 상황에 휘둘리지 않는 내면의 힘과 평화를 발견할 수 있습니다.

또한 존재로 들어가는 문은 우리를 진정한 자기 자신과 만나게 해줍니다. 세상의 모든 평가와 생각을 내려놓고 온전히 현재에 머무를 때, 우리는 나 자신을 새롭게 만날 수 있습니다. 더 이상 외부의 판단에 의지하지 않고, 오로지 제 존재 속에서 참된 자아를 발견하게 됩니다. 이 상태에서는 자신을 스스로 얽어매는 모든 굴레에서 벗어나, 내면의 진정한 자유를 경험하게 됩니다.

존재로 들어가는 문은 자연스럽게 열리는 것이 아닙니다. 우리는 끊임없이 과거나 미래로 생각이 흐르며, 이 순간을 놓치기 쉽습니다. 따라서 존재로 들어가는 문을 열기 위해서는 의도적인 연습이 필요합니다. 이것이 바로 알아차림이라는 연습입니다.

매 순간 자신의 호흡과 감각을 인식하고, 현재의 순간으로 돌아오는 훈련이 필요합니다. 생각이 떠오를 때 그것을 억누르거나 없애려 하지 말고, 그저 가만히 바라보는 것입니다. 생각이 왔다가 가는 과정을 지켜보면서, 다시금 현재의 순간으로 돌아옵니다.

존재로 들어가는 문을 여는 가장 좋은 방법은 지금, 이 순간에 머무는 연습입니다. 예를 들어 걷는 동안 내 발걸음을 느끼고, 숨을 쉬는 동안 내 호흡에 집중하는 것만으로도 우리는 존재의 문에 한 걸음 더 가까이 다가갈 수 있습니다. 이러한 순간순간의 알아차림이 우리를 존재의 문으로 인도할 것입니다.

존재로 들어가는 문은 특별한 곳이 아닙니다. 그것은 지금 여기, 우리가 서 있는 바로 이곳에 있습니다. 과거와 미래에 얽매이지 않고 지금, 이 순간에 머무를 때, 우리는 진정한 삶을 경험할 수 있습니다. 존재로 들어가는 문을 통해 우리는 과거의 후회와 미래의 불안에서 벗어나, 지금 여기에 충실한 삶을 살게 됩니다.

존재로 들어가는 문을 통해 새로운 삶을 경험해 보시길 바랍니다. 지금, 이 순간에 존재하는 것은 그 어떤 것과도 비교할 수 없는 소중한 경험입니다. 그것이 바로 존재로 들어가는 문을 여는 순간입니다.

지금, 이 순간 무엇이 문제 있습니까? 생각 속에서만 문제는 생기는 것입니다. 생각을 없애고 지금, 여기에 머물러 보세요. 아무 문제도 없다는 걸 경험할 수 있습니다.

이것이 삶의 비밀입니다. 현존하는 삶이 비밀입니다.

소리에 놀라지 않은 사자처럼,
그물에 걸리지 않은 바람처럼

"소리에 놀라지 않은 사자처럼, 그물에 걸리지 않은 바람처럼, 진흙에 더럽히지 않은 연꽃처럼, 무소의 뿔처럼 혼자서 가라."

『숫타니파타』는 불교 경전의 하나로 불교에서 가장 먼저 이루어진 경이자 초기 경전을 대표하는 경이라고 합니다. 이 경전에 나오는 말입니다.

이 구절은 독립적이고 자주적인 삶에 대한 고대의 지혜를 담고 있는 아주 짧은 글이지만 제가 좋아하는 내용 중의 하나입니다.

이처럼만 살 수 있으면 얼마나 좋을까? 하고 핸드폰 SNS 어느 애플리케이션 속 좋은 글귀 란에도 업무수첩에도 적어 놓고 수시로 보고 있습니다.

이는 외부의 영향을 받지 않고, 내면의 평화와 깨달음을 유지하는 법을 가르쳐줍니다.

현대를 살아가는 우리에게도 이러한 가르침은 큰 의미가 있습니다.

삶에서 오는 혼란과 괴로움을 견디고 자신만의 길을 걸어 나가기 위해 어떻게 마음을 단련하고, 불필요한 것들을 내려놓으며, 혼자서도 만족스러운 삶을 살 수 있는지를 배울 수 있습니다.

『숫타니파타』에서 사자를 예로 든 것은 두려움 없이 자신의 길을 가는 모습을 의미한 것이 아닐까요. TV 동물의 왕국에서 나오는 사자를 보고 있으면 사자는 외부의 소리에 놀라거나 주위에 휘둘리지 않습니다. 자신의 길을 흔들림 없이 걸어가죠.

우리 삶에서도 사자의 모습을 본받아 외부에서 오는 압력이나 두려움에 휘둘리지 않기 위해 노력할 필요가 있습니다. 특히 다른 사람들의 시선, 사회의 기대, 그리고 미래에 대한 불안이 우리를 흔들릴 때가 많습니다. 이럴 때 진정한 내면의 용기를 가지고 자신의 신념과 목표에 집중할 수 있어야 합니다.

현대 사회에서 많은 사람들은 불확실성에 대한 두려움으로 인해 결정을 미루고, 남들이 정해 준 길을 따르며 안정감을 찾으려는 경향이 있는 것 같습니다. 그러나 진정한 삶의 만족은 두려움을 떨쳐내고, 자신만의 길을 찾아 걸어갈 때 얻을 수 있을 것입니다.

사자처럼 소리에 흔들리지 않는 내면의 평화를 유지하려면 일상의 작은 결단에서부터 자신을 믿고 두려움 없이 행동하는 습관을 길러야 합니다. 그렇게 할 때 우리는 불안과 걱정에서 벗어나 진정한 평화와 자주성을 누릴 수 있지 않을까요.

바람이 그물에 걸리지 않는다고 한 것은 자유로운 삶을 의미합니다.

바람은 아무리 그물을 치려 해도 잡히지 않고 자유롭게 흘러갑니다. 이는 삶의 속박에서 벗어나 자유롭게 살아가는 자세를 상징합니다.

우리가 사회에서 겪는 다양한 얽매임, 예컨대 직장에서의 스트레스, 관계 속에서의 의무감 등은 우리를 그물처럼 속박합니다. 남이 자신에게 조금이라도 해가 되거나 싫어하는 말이나 행동이 있을 시 곧바로 그것에 걸려들어 그것에 얽매이게 됩니다. 그 순간 스트레스로 적용되고 고통이 뒤따라오게 되는 것이지요. 자유를 추구하는 삶을 위해 우리는 이러한 그물에서 벗어나는 방법을 찾아야 합니다.

현대인은 종종 사회의 기대와 타인의 시선 속에서 자신을 잃고, 자기 자신이 아닌 모습을 숨기고 연기하며 살아갑니다. 그러나 진정한 자유는 타인에게 얽매이지 않고 자신에게 솔직해질 때 비로소 누릴 수 있습니다.

예를 들어, 자신이 진정으로 원하는 일을 찾고, 자신의 소중한 시간을 낭비하지 않으며, 타인의 평가에 구애받지 않는 것이 중요합니다. 바람처럼 그물에 걸리지 않는다는 것은 외부의 평가에 흔들리지 않고 자신만의 삶을 주도적으로 살아가는 힘을 기르는 것을 의미합니다.

진흙 속에서 자라나지만 깨끗함을 잃지 않는 연꽃은 순수한 내면을 상징합니다.

우리도 삶의 어려움 속에서 때로는 좌절하거나 흔들릴 때가 많지만, 내면의 순수함을 유지하려는 노력이 필요합니다. 연꽃이 진흙에 더럽혀지지 않듯이, 우리의 마음도 외부의 더러운 감정, 즉 분노, 질투, 시기와 같은 감정에 물들지 않도록 주의해야 합니다. 이러한 감정은 우리를 약하게 만들고 본래의 평화를 앗아갑니다.

우리는 종종 주변 환경에 영향을 받아 불필요한 감정에 휩싸이게 됩니다. 하지만 연꽃처럼 내면의 순수함을 유지하기 위해서는 감정의 진흙탕에 휘말리지 않으려는 노력이 필요합니다. 이를 위해 명상이나 자기 성찰을 통해 마음을 평온하게 유지하는 것이 좋습니다. 또한, 불필요한 분노나 시기를 내려놓고 관용과 자비의 마음을 기르는 것이 도움이 됩니다. 그렇게 할 때, 우리는 더 맑고 깨끗한 마음으로 세상을 바라볼 수 있습니다.

또한 연잎은 비가 내릴 때도 물방울이 표면에서 구슬처럼 맺히고 그대로 흘러 내려가며 젖지 않습니다. 이는 우리에게 외부의 불순물이 닿더라도 그것에 휘둘리거나 물들지 말라는 교훈을 줍니다. 연잎이 물을 튕겨내듯, 우리는 마음속에 불필요한 감정을 머물게 하지 않고 흘려보내야 합니다. 부정적인 감정이 닿더라도 연잎처럼 그것을 마음 깊이 받아들이지 않고 흘려보낼 때, 우리는 내면의 평온을 지킬 수 있습니다.

연잎이 젖지 않는 비밀은 표면에 있는 미세한 돌기 구조 덕분입니다. 이 돌기들이 물을 방울로 만들어 흘러보내듯, 우리도 내면에 굳건한 가치관과 명확한 자아를 세워 불필요한 감정이나 상황이 다가와도 튕겨낼 수 있는 힘을 길러야 합니다. 그렇게 할 때 우리는 더욱 단단하고 평온한 삶을 살 수 있을 것입니다.

무소의 뿔처럼 혼자서 가라는 말은 독립적이고 자주적인 삶을 살라는 의미입니다. 현대 사회에서는 끊임없는 소통이 관계 맺음이 중요시되지만, 때로는 홀로 서는 용기와 자신감이 필요합니다. 무소의 뿔은 어떠한 외부의 간섭 없이 자신만의 길을 나아가며 독립적인 삶을 상징합니다.

이는 타인에게 의존하지 않고 자신의 힘으로 삶을 개척해 나가는 자세를 의미합니다.

홀로 서는 삶은 자신을 온전히 이해하고 사랑하는 것에서 시작됩니다. 자주적으로 삶을 살아가는 사람은 외부의 인정이나 칭찬을 필요로 하지 않으며, 자신만의 가치관과 목표를 가지고 자신의 길을 당당히 나아갑니다. 이러한 자세는 삶의 고독을 이겨내고, 타인과 비교하지 않으며, 온전히 자신만의 세계를 만들어가는 데 필수적입니다.

많은 이들이 독립적이기보다는 타인에게 의존하고 사회의 기대에 맞추어 살아가지만, 진정으로 자신을 알아가고 성장하는 과정에서 홀로 서는 법을 배우는 것은 중요합니다. 홀로 서는 힘을 기르기 위해서는 자신을 돌아보는 시간을 갖고, 제 생각과 감정을 살피는 것이 좋습니다. 그렇게 할 때 우리는 타인에게 휘둘리지 않고 온전한 자신으로 살아갈 수 있게 됩니다.

『숫타니파타』의 가르침은 우리에게 자주적이고 독립적인 삶을 살아가라고 강조합니다. 사자처럼 두려움 없이, 바람처럼 얽매이지 않고, 연꽃이나 연잎처럼 깨끗하게, 무소의 뿔처럼 홀로서기를 권하는 이 가르침은 우리에게 진정한 행복과 자유를 선물합니다.

우리 각자의 삶에는 여러 갈림길이 있으며, 때로는 외롭고 고독한 길을 걷게 될 때도 있습니다. 하지만 이러한 길은 우리를 성장시키고 단단하게 만들어줍니다. 자신만의 길을 두려움 없이 걷고, 외부의 시선에 얽매이지 않으며, 내면의 평화를 유지하며, 홀로 서는 힘을 기른다면, 우리는 누구도 흉내 낼 수 없는 자신만의 삶을 살아갈 수 있습니다.

삶은 한 번뿐입니다. 남을 위한 삶이 아닌 나를 위한 삶, 남에게 보여 주기 위한 삶이 아닌 나 자신을 위한 삶을 살아가야 합니다. 이 지혜의 가르침을 마음속에 새기며, 우리가 가야 할 길을 두려움 없이 나아가기를 바랍니다.

지금, 이 순간으로 충분하다

삶은 오직 지금, 이 순간만으로도 완전하고, 충분합니다.

우리는 종종 과거나 미래에 관한 생각에 사로잡혀 지금, 이 순간의 아름다움과 충만함을 놓치곤 합니다. 그러나 생각이 우리의 삶에 끼어들어 그것에 집착하지만 않는다면, 있는 그대로의 삶이 충분하며, 그 자체로 기적임을 알게 됩니다.

지금 여기에서 우리가 보고, 듣고, 느끼고, 냄새 맡고, 생각하는 모든 것이 기적과도 같은 경험입니다. 이 모든 일들이 신의 뜻에 따라 일어나며, 삶의 순간순간이 신성하게 충만합니다.

또한 우리는 이 다양한 감정들 "기쁨, 슬픔, 고독, 걱정, 초조, 거만, 두려움, 기대, 자만, 불안, 평온, 고요" 등을 삶의 파동 속에서 경험하며 살아가고 있습니다. 감정을 경험할 수 있다는 것 자체가 얼마나 신비로운 일인가요. 내 삶이 있어서 이토록 다양한 감정을 경험할 수 있고, 이 모든 것이 삶의 진동이며, 생명력의 넘침입니다.

철학자 스피노자(Baruch Spinoza)는 그의 저서 에티카에서 감정을 능동적 감정과 수동적 감정으로 구분했습니다. 그는 감정의 목록을 단순한 분류가 아닌, 감정이 어떻게 생겨나고 변화하며 인간에게 영향을 미치는지를 철학적이고 논리적으로 설명하려 했는데 감정이 인간 존재의 본질적 요소이며, 이를 이해함으로써 인간이 더 자유롭고 능동적인 삶을 살 수 있다고 보았습니다.

이처럼 우리 인간은 다양한 감정이 있고 이는 배우지 않아도 이 모든 감정을 느끼는 동물입니다. 배우지 않아도 저절로 느끼는 다양한 감정, 이것이 바로 신비로움 아닌가요. 음식도 다양한 맛을 맛보는 것이 좋듯이 우리 감정도 다양한 감정의 상태를 경험하는 능력을 경험하는 것도 나쁘지 않을 겁니다.

만약 우리의 삶에 오로지 기쁨만이 존재한다면, 하루, 한 달, 일 년, 혹은 십 년 동안 기쁨만이 지속된다면, 우리는 그 기쁨이 무엇인지 인식할 수 있을까요? 기쁨이 영원히 계속된다면, 그것은 더 이상 기쁨이 아닐지도 모릅니다.

슬픔을 겪었기 때문에 기쁨의 소중함을 알 수 있는 것처럼, 삶의 모든 감정은 서로서로 비추며 우리의 경험을 풍부하게 만들어줍니다.

그러니 모든 순간이 도(道)이며 창조의 순간입니다. 지금, 이 순간은 언제나 새로운 것입니다. 아무리 비슷해 보여도, 같은 순간은 한 번도 없었습니다. 자신의 과거를 돌아보더라도, 완벽히 같았던 순간은 없었다는 사실을 깨달을 수 있을 것입니다.

만약 누군가 똑같은 순간을 반복해서 경험했다고 말한다면, 그것은 그가 진실을 왜곡하거나, 신과 같은 존재라는 말이 될 것입니다.

이처럼 이 순간 우리는 다양한 경험을 하며 살아갑니다. 그러니 이곳이 바로 신이 사는 곳 지금, 여기, 이 순간입니다.

지금 여기 이 순간은 있는 그대로 완전합니다. 우리는 흔히 과거의 후회나 미래에 대한 불안에 갇히며 살아가지만, 그러한 생각을 잠시 내려놓고 의식이 온전히 지금 여기에 머무를 때, 우리는 진정으로 살아 있음을 느낄 수 있습니다.

생각에 갇혀 과거와 미래를 떠도는 삶은 어둠 속에 사는 것과도 같지만, 의식이 깨어난 삶은 마치 빛 속에 머무는 것처럼 맑고 자유롭습니다. 우리가 의식의 빛 속에서 살 때, 어둠 같은 생각들은 자연스럽게 사라집니다.

진리는 오직 지금, 이 순간에만 존재합니다. 과거는 이미 지나갔고, 미래는 아직 오지 않았습니다. 우리가 사는 영원한 현재, 이 순간에 깨어 살아가는 것이야말로 어둠을 몰아내고 삶을 온전히 누릴 수 있는 유일한 길입니다.

삶의 진정한 가치는 지금, 이 순간에 있습니다. 순간을 경험하고 느끼며 그 속에서 기쁨과 슬픔을, 사랑과 두려움을, 모든 감정을 경험하는 것. 모든 것이 흐르고 변하는 이 세상 속에서, 삶의 모든 순간이 소중한 도(道)의 길이자 창조의 순간임을 깨달을 수 있습니다.

우리의 의식이 지금 여기 이 순간에 있을 때, 우리는 과거나 미래가 아닌 영원한 현재 속에서 존재하게 됩니다. 이것이 바로 우리가 찾던 평화이며, 진정한 삶의 시작입니다.

'지금 이 순간을 살아라'라는 가르침은 선불교에서 매우 중요한 지혜로, 과거와 미래에 사로잡히지 않고 오로지 현재에 집중하여 있는 그대로의 삶을 받아들이고 경험하라는 의미를 담고 있습니다. 이 가르침을 대표적으로 전한 선불교 스님으로는 마조 도일 스님과 조주 종심 스님이 있습니다.

마조 도일 스님은 즉심시불(卽心是佛), 즉 곧 마음이 부처라는 가르침을 통해 지금, 이 순간에 존재하는 마음이 곧 부처의 마음임을 강조했습니다. 그는 수행자가 먼 곳에서 깨달음을 찾지 말고, 지금, 이 순간 자신의 마음을 바로 보아야 한다고 가르쳤습니다.

마조 스님에게 제자가 묻기를, "스님, 부처님은 어디에 계십니까?"라고 하자, 스님은 제자에게 "지금 네 마음이 곧 부처다."라고 대답했습니다. 이 가르침은 외부에서 무언가를 찾으려는 마음을 내려놓고, 지금, 이 순간의 자신에게 온전히 집중할 것을 강조한 것입니다.

또 조주 스님의 "차나 한잔 마셔라."라는 이야기도 종종 불교에서 자주 나오는 이야기로 이는 간단하면서도 깊은 가르침이 있습니다. 지금 여기의 중요성을 전했습니다. 어느 날, 한 수행자가 스님을 찾아와 물었습니다. "스님, 저는 수행을 하고 있지만 깨달음을 얻지 못했습니다. 어떻게 해야 합니까?" 그러자 조주 스님은 아무 설명 없이 "차 한 잔 마셔라."라고 말합니다.

또 다른 제자가 와서 "저는 오랫동안 수행을 했습니다. 어떻게 하면 더 깊은 경지에 도달할 수 있을까요?"라고 묻자, 조주 스님은 같은 대답을 했습니다. "차 한 잔 마셔라." 이는 지금, 이 순간 자신에게 주어진 행위, 즉 일상의 순간 속에서 깨어 있고 그 경험을 온전히 누리는 것이 수행임을 나타내는 가르침입니다.

또한 우리에게 친근한 우리나라 법정 스님의 무소유의 삶 또한 별다른 말씀이 아닙니다. 법정 스님은 '무소유'라는 개념을 통해 지금, 이 순간의 삶을 강조하셨습니다. 그는 "필요 이상의 것에 욕심을 내지 않고, 순간순간 삶 속에 머물러라."라고 말했습니다.

미래의 소유나 성공에 집착하기보다는 현재의 순간에 있는 것으로 만족하는 삶을 통해 진정한 자유를 얻을 수 있다는 가르침입니다.

법정 스님은 "지금 이 순간을 있는 그대로 살아가는 것이야말로 무소유의 본질"이라고 말씀하셨습니다. 즉, 물질에 얽매이지 않고 마음을 자유롭게 하는 것이 삶을 더욱 풍요롭게 만든다는 뜻입니다.

선불교 스님들은 현재를 사는 것, 즉 과거에 대한 후회나 미래에 대한 걱정을 내려놓고 깨어 있는 마음으로 지금 이 순간을 경험하는 것이 깨달음에 이르는 길이라고 강조해 왔습니다. 그들의 가르침은 우리가 복잡한 생각을 내려놓고, 지금 여기에 존재하는 삶 자체를 온전히 느낄 수 있도록 도와줍니다.

모든 일은 항상 지금 이 순간에 일어나며, 지금 이 순간은 새로운 시작과 가능성을 품고 있는 생명의 근원과도 같습니다. 그러니 과거에 얽매이거나 미래를 두려워하기보다, 지금 이 순간에 집중하는 삶이 가장 지혜로운 길입니다.

항상 지금, 이 순간에서 모든 일이 일어나고 있으니, 지금, 이 순간은 만물의 어머니와도 같습니다.

Part 5

자연과 우주의 이치가 주는 지혜

강과 바다가 수많은 계곡의 왕이 되는 까닭은

아래에 있기 때문이다.

－노자 도덕경－

큰말(大言)과 작은말(小言)의 차이

　장자는 "말이란 자신이 뜻을 상대방에게 전하는 바람 소리일 뿐."이라고 했습니다.

　즉, 말은 그 자체로 의미를 전달하는 단순한 도구일 뿐, 과장하거나 왜곡될 이유가 없습니다. 그러나 세상에는 말을 통해 상대를 속이고 자신의 이익을 취하려는 사람들이 있습니다. 이는 개인적으로나 사회적으로 많은 문제와 상처를 남깁니다.

　장자의 제물론에는 이에 대한 깊은 통찰을 담은 말이 있습니다.

　대언담담 소언첨첨 (大言炎炎 小言詹詹).

　이는 "큰말은 담백하여 시비에 얽매이지 않고, 작은말은 시끄럽고 복잡하다."라는 뜻입니다.

　큰말을 사용하는 사람은 너그럽고 여유롭습니다. 그들의 말은 심플하면서도 힘이 있으며, 아름다운 울림을 남깁니다. 반면 작은말은 시비를 가리고 승부를 겨루는 데 몰두하며, 마치 시위를 떠난 화살처럼 상대의 허점을 겨냥합니다. 이런 말은 종종 상대방에게 큰 상처를 남깁니다.

작은말은 종종 겉으로는 그럴듯해 보이지만 속에는 함정이 숨어 있습니다. 이를테면

겉으로 부드럽지만 간교함을 감춘 말

미사여구와 사자성어로 현혹하는 말

억지로 꾸며낸 과장된 말

상대를 속이거나 억지로 고치려는 말

협박성이나 횡설수설로 일관된 말

이런 말들은 사람의 마음을 현혹하고, 때로는 옴짝달싹 못 하게 만들기도 합니다. 이는 장자가 경계한 작은말의 본질이라 할 수 있습니다.

우리가 사는 사회를 가만히 들여다보면 일부 정치인이 하는 공약의 말에서, 사기꾼의 달콤한 말에서, 때로는 우리 자신의 대화 속에서도 이런 작은말의 흔적을 발견할 수 있습니다. 큰말은 간결하고 담백하며, 진정성을 가지고 사람들의 마음을 움직입니다. 반면 작은말은 화려한 포장 속에 숨겨진 속임수로 타인에게 상처를 줍니다.

장자의 대언담담, 소언첨첨을 통해 우리는 다시금 말의 본질과 책임에 대해 성찰해야 할 것입니다. 진정한 대화는 상대를 이해하고 함께 성장하는 도구가 되어야 하지 않을까요?

노자(老子) 도덕경(道德經)에도 말에 관한 내용으로 세상에 던지는 메시지가 있습니다. 신언불미(信言不美) 미언불신(美言不信) 진실한 말은 아름답지 않고, 아름다운 말은 진실하지 않습니다.

장자와 노자를 읽고 있자면 우리가 사용하는 말의 이치를 어쩌면 이렇게 정확히 꿰뚫고 있을까? 감탄이 절로 나옵니다. 우리가 사는 21세기

현실에서도 아름다운 말로 속았다는 사건·사고 뉴스를 매일 아주 자주 목격합니다. 그럼에도 불구하고 많은 사람들이 아름다운 말, 달콤한 말, 설탕이 듬뿍 발라진 말, 조미료가 잔뜩 첨가된 말들이 어디 없나 하고 찾아다닙니다. 그러다가 자기 입맛에 맞는 말을 만나게 되면 덥석 받아들이고 거기에 의존하여 그런 말들을 참인 듯 믿음으로서 중독되고 고정관념화되어 어려움과 마음의 상처를 받고 살아가는 사람들을 쉽게 보게 된다. 거짓을 옳은 것이라 믿고 사는 것입니다.

이 두 성인은 우리에게 말을 청산유수로 잘하는 사람을 조심해야 할 위험인물이라 말하는 것입니다.

일부 극소수의 정치인, 사기꾼치고 말 못 하는 사람 없습니다.

우리는 말 잘하고 지식이 많고 학벌이 좋은 사람을 맹목적으로 신뢰하고, 존경스러워하며, 그들이 말하는 내용은 나보다 똑똑하니 당연히 맞는 말일 거라고 믿는 경향이 있습니다.

이제 진실한 말은 아름답지도 화려하지도 않고 오히려 담백하여 시비에 구애되지 않음을 알았으니 이를 맘껏 판단하면서 살아가면 됩니다.

우리는 하루에도 셀 수 없이 많은 말을 하며 살아갑니다. 말은 우리의 삶에서 없어서는 안 될 소통의 도구이지만, 때로는 그 말이 나를 힘들게 하고, 남을 상처 입히기도 합니다.

장자의 가르침을 통해 작은 말과 큰말을 구별할 줄 알게 되었으니, 이제 우리도 진정한 말의 가치를 되새기고 실천해 볼 때입니다. 큰말은 마음의 평온과 자유를 가져다줍니다.

부처님이 법구경에서 하신 말씀도 떠올려 보세요.

"쓸모없는 천 마디의 말보다도 그대 영혼에 기쁨을 주는 단 한마디의 말이 더욱 낫다. 화려한 형용사로 가득 찬 시구보다도 그대 마음의 잠을 깨우는 단 한마디가 더 가치 있다."

이 말씀은 단순히 화려하고 듣기 좋은 말이 아니라, 사람의 마음을 일깨우고 영혼에 울림을 주는 말이야말로 진정으로 의미 있는 말이라는 가르침입니다.

자 이제 살면서 누군가 아름다운 말, 달콤한 말, 혹은 마치 설탕과 조미료가 잔뜩 들어간 말로 다가올 때, 이렇게 자신에게 물어보세요.

이 말은 진실인가?

이 말이 나에게 도움이 되는가?

이 작은 질문은 우리를 헛된 말에 속지 않게 하고, 진정한 가치를 지닌 말을 구별하는 데 큰 도움이 될 것입니다.

수많은 쓸모없는 말보다 단 하나의 의미 있는 말이 더욱 가치 있다는 부처님의 가르침처럼, 이제는 우리가 스스로 말의 본질을 성찰하며 삶에서 진정 필요한 말을 선택하고 실천해 보아야 하지 않을까요?

프로크루스테스의 침대,
맞추려다 잃는 것들

프로크루스테스(Procrustes)는 그리스 신화 속 인물로, 그의 잔혹한 행위는 우리에게 강렬한 교훈을 남깁니다. 그는 철제 침대에 손님을 눕히고, 침대보다 키가 크면 잘라내고 작으면 억지로 늘려 죽이는 끔찍한 짓을 일삼았습니다. 침대의 크기를 조정할 수 있었음에도 그는 사람들을 자신의 기준에 맞추려 했고, 그 결과 누구도 침대에 온전히 맞지 못했습니다. 그의 악행은 결국 아테네의 영웅 테세우스에 의해 끝을 맞이했습니다. 테세우스는 프로크루스테스를 그의 방식대로 처단하며 인과응보의 진리를 보여주었습니다.

이 이야기는 우리에게 중요한 질문을 던집니다. 혹시 나 자신도 프로크루스테스처럼 나만의 고정관념이라는 침대에 다른 사람을 억지로 맞추려 하고 있지는 않은가? 혹은 내 본성을 왜곡하며 살아가고 있지는 않은가? 우리는 종종 자신의 기준과 신념이 옳다고 믿고 세상을 재단합니다. 하지만 그러한 기준이 언제나 옳다는 보장은 없습니다. 세상은 끊임없이 변화하고 있으며, 우리의 생각도 그에 따라 변합니다. 그럼에도 불구하고 자신의 관점만을 절대적인 진리로 여기는 태도는 갈등을 낳고, 조화를 방해합니다.

현대 사회에서는 정치, 경제, 문화 등 다양한 영역에서 의견 충돌이 빈번하게 발생합니다. 자신의 주장만을 고집하며 다른 의견을 배척하는 태도는 불필요한 분열과 대립을 초래합니다. 서로 다른 생각이 존재함을 인정하고, 열린 마음으로 대화를 나누며 타협을 추구할 때만 갈등은 해결될 수 있습니다. 고정된 기준으로 타인의 본성을 억압하는 행위는 또 다른 프로크루스테스를 낳을 뿐입니다.

중국 철학자 장자(莊子)도 학의 다리가 길다고 자르거나 오리의 다리가 짧다고 늘리는 것은 본성을 왜곡하는 것이라며 자연스러움과 무위(無爲)를 강조했습니다. 이는 단순한 우화가 아닌 깊은 통찰을 담고 있습니다. 모든 존재는 고유한 본성을 가지고 있으며, 이를 있는 그대로 존중하는 것이 진정한 지혜입니다.

우리 스스로를 돌아보면, 자신의 본성을 억압하거나 거부하려 했던 순간들이 있었을 것입니다. 그러나 이러한 시도는 종종 내면의 혼란과 불안을 키웠음을 깨닫게 됩니다. 학의 다리는 길고, 오리의 다리는 짧다는 사실을 있는 그대로 받아들일 때 우리는 진정한 평화를 얻을 수 있습니다.

타고난 본성을 거스르려는 노력은 오히려 더 큰 고통을 초래할 뿐입니다. 자연의 순리에 따라 조화를 이루려는 태도야말로 우리 삶을 풍요롭게 만듭니다. 우리 사회는 다양한 가치와 의견이 공존하는 공간입니다. 서로 다른 관점과 신념이 충돌할 때, 이를 억압하려 하지 않고 조화를 추구하는 노력이 중요합니다. 학의 긴 다리를 자르지 않고, 오리의 짧은 다리를 늘리지 않는 삶, 그것이야말로 진정한 평화를 가져다줍니다.

우리는 종종 자신의 신념이나 기준을 고수하며 타인의 관점을 배척하곤 합니다. 그러나 시간이 지나 자신의 생각이 변화했음을 깨달을 때가 있습니다. 과거에는 옳다고 믿었던 일이 현재의 시점에서 후회스럽게 느껴지는 경우도 적지 않습니다. 그렇다면 지금의 생각 또한 언젠가는 변할지 모릅니다. 내 신념이 진리라고 확신할 수 없는 이유가 여기에 있습니다.

자연은 모든 존재가 각자의 자리에서 조화를 이루며 살아가도록 설계되어 있습니다. 억지로 변화를 강요하기보다는 있는 그대로의 본성과 차이를 인정할 때 비로소 평화로운 공존이 가능합니다. 이를 위해서는 타인의 본성을 존중하고, 나 자신의 본성 또한 있는 그대로 받아들이는 자세가 필요합니다.

우리는 각자의 고정관념이라는 침대에서 벗어나야 합니다. 삶은 내가 가진 기준에 다른 사람을 맞추는 것이 아니라, 서로 다른 관점과 본성을 조화롭게 이어가는 과정입니다. 자연의 순리를 따르며 조화를 이루는 삶을 선택할 때, 우리는 진정한 자유와 평화를 누릴 수 있습니다.

마지막으로 나 자신에게 질문을 던져봅니다. 나는 내 본성을 억지로 뜯어고치려 하지 않았나요? 내 신념이나 기준으로 다른 사람에게 상처를 주고 있지는 않나요? 이 질문들에 솔직히 답하며 내면을 성찰할 때, 우리는 더 나은 자신과 세상을 만들어갈 수 있습니다.

프로크루스테스의 침대는 단순히 신화 속 이야기로 머물지 않습니다.

우리가 스스로 만든 고정관념의 틀, 나아가 다른 사람을 재단하려는 태도 속에서도 반복됩니다. 그러나 이를 인식하고 개선하려는 노력이야말로 우리의 삶을 더욱 풍요롭고 조화롭게 만들어줍니다. 서로의 본성과 생각을 존중하고 이해하려 노력한다면, 더 이상 프로크루스테스의 침대는 존재하지 않을 것입니다. 자연의 순리를 따르며 살아가는 사람만이 근심 없는 평화로운 삶을 누릴 수 있습니다.

우리가 서로의 차이를 인정하고 조화를 이루는 사회를 만드는 것이야말로 우리가 나아가야 할 길입니다.

이렇게 할 때 내 안에서는 더 이상 전쟁은 사라지고 마음의 평온과 자유가 자리 잡을 것입니다.

장자(莊子)에게서 삶을 묻는다

장자를 이야기할 때 가장 먼저 떠오르는 고사는 바로 호접몽(胡蝶夢)입니다. 이 이야기는 장자의 저서 내편 제물론(齊物論)에 등장하며, 삶과 존재, 그리고 실재에 대한 깊은 철학적 사유를 담고 있습니다.

어느 날, 장자는 낮잠을 자다가 꿈을 꾸었습니다. 꿈속에서 그는 한 마리 나비가 되어 훨훨 날아다니며 자유를 만끽했습니다. 나비가 된 그는 자신의 인간이라는 사실도 완전히 잊은 채, 나비로서의 삶을 온전히 즐겼습니다. 그러다 문득 꿈에서 깨어난 그는 다시 자신이 인간 장자로 돌아와 있음을 깨달았습니다.

그러나 그는 곰곰이 생각에 잠겼습니다.

'나 장자가 꿈에서 나비가 된 것인가? 아니면 나비가 꿈에서 장자가 된 것인가?'

장자의 이 질문은 단순히 꿈과 현실을 구분하는 데서 그치지 않습니다.

삶과 존재의 본질은 무엇인가요?

우리가 경험하는 현실은 과연 실제인가, 아니면 꿈인가?

꿈속에서의 나와 현실 속의 나는 무엇이 다른가?

호접몽은 현실과 꿈, 나와 타자의 경계를 넘어서, 모든 존재가 본질적으로 하나임을 암시합니다. 나비와 장자, 꿈과 현실의 구분이 무의미해질 때, 우리는 만물의 조화를 깨닫게 됩니다.

장자가 남긴 이 이야기는 오늘날에도 깊은 울림을 주며, 우리가 삶을 바라보는 방식에 새로운 관점을 제시합니다.

"무엇이 진짜인가?"라는 물음은 결국 우리 자신의 존재를 되돌아보게 하는 철학적 여정의 시작일지도 모릅니다.

이러한 통찰은 금강경(金剛經)의 가르침과도 깊은 연관성을 지닙니다.

금강경에서는 이렇게 가르칩니다.

一切有爲法(일체유위법), 如夢幻泡影(여몽환포영), 如露亦如電(여로역여전), 應作如是觀(응작여시관).

"모든 형성된 것은 꿈과 같고, 허깨비와 같으며, 물거품과 같고, 그림자와 같으며, 이슬과 같고, 번개와도 같다. 그러니 이러한 관점으로 세상을 바라보아야 한다."

이는 우리의 삶과 세상의 모든 현상이 본질적으로 덧없고 일시적이라는 불교의 가르침을 담고 있습니다. 장자의 호접몽과 금강경의 메시지는 공통적으로 우리에게 삶의 집착에서 벗어나 자유를 찾으라고 권유합니다.

삶은 끊임없이 변화하고, 이 변화 속에서 어떤 것도 영원하지 않습니다. 그럼에도 우리는 순간의 감정이나 사건에 집착하며 자신을 스스로 속박합니다. 하지만 이러한 집착은 마치 스스로 만든 감옥에 갇히는 것과 같습니다. 장자는 이러한 삶의 굴레에서 벗어나라고 말합니다. 만물이 결국 하나로 연결되어 있다는 깨달음 속에서 우리는 순간적인 해방감과 자유로움을 경험할 수 있습니다.

그러나 이러한 자유로움도 현실 속에서 온전히 지속되기란 쉽지 않습니다. 우리는 다시금 일상의 반복 속으로 빨려 들어가고, 경험했던 깨달음과 자유는 마치 손끝에서 스르르 빠져나가는 모래처럼 느껴집니다. 이는 지식으로 머무는 깨달음은 결코 삶을 변화시킬 수 없음을 보여줍니다.

장자가 말하는 자유는 단지 철학적 사유의 결과물이 아닙니다. 그것은 삶 속에서 실천을 통해 체득될 때만이 진정한 의미를 가집니다. 우리의 삶 속에서도 호접몽의 가르침은 충분히 실천할 수 있는 지혜로 작용할 수 있습니다.

장자의 호접몽은 단순히 꿈과 현실의 경계를 묻는 데 그치지 않습니다. 그것은 삶과 죽음, 실재와 환영의 경계조차 무의미하다는 깨달음을 상징합니다. 우리는 흔히 눈앞에 보이는 현실을 절대적인 진리로 여기며 그것에 집착합니다. 하지만 장자는 우리의 감각으로 인식하는 현실조차 결국 변화하는 현상에 불과하다고 가르칩니다.

이러한 관점은 우리에게 삶을 보다 유연하고 개방적으로 대할 수 있는 태도를 제공합니다. 갈등과 고통은 대부분 사소한 집착에서 비롯됩니다. 장자가 말하는 절대의 경지는 모든 갈등과 집착을 내려놓고, 모든 사물과 하나가 되는 상태를 의미합니다. 그 상태에서는 나와 남의 구분도, 기쁨과 슬픔의 대립도 무의미해집니다.

금강경과 호접몽은 우리에게 공통된 질문을 던집니다.

무엇이 진짜이고, 무엇이 가짜인가?

우리가 현실이라고 믿는 이 세계가 어쩌면 나비가 꾼 꿈의 일부일지 모릅니다. 또는 우리가 꿈이라고 여기는 것이 또 다른 현실일지도 모릅니다. 이런 의문은 우리의 삶을 보다 깊이 성찰하게 합니다.

삶을 가볍게, 자유롭게 살아가기 위해 장자의 지혜는 현대를 살아가는 우리에게도 여전히 유효합니다. 현대인들은 종종 과거의 후회와 미래에 대한 걱정 속에 현재를 놓치고 살아갑니다. 하지만 삶의 진정한 자유는 있는 그대로의 변화와 덧없음을 받아들이는 데서 시작됩니다.

장자는 말합니다.

"삶은 그저 변화하는 과정일 뿐이다. 변화하는 모든 것을 그대로 받아들이라."

꿈처럼 짧고 덧없는 인생에서 우리는 지금, 이 순간을 온전히 살아가야 합니다. 그것이 바로 나비처럼 자유롭게 날아오르는 길입니다. 장자의 호접몽은 우리에게 말합니다. "삶이 꿈이고, 꿈이 삶일지라도, 그 속에서 자유를 찾아라." 그 자유의 열쇠는 바로 우리 자신 안에 있습니다.

삶과 꿈의 경계를 허물고, 스스로 만든 감옥에서 벗어나 나비처럼 날아오를 때 우리는 비로소 진정한 자유를 만끽할 수 있습니다.

멀리서 보아야 제대로 볼 수 있다

가까이서 보는 지구의 모습과 멀리서 바라보는 지구의 모습은 어떻게 보일까요?

우주에서 지구를 바라본다면 어떤 모습일까요? 우주인들이 국제우주 정거장(ISS) 등 우주에서 포착한 사진으로 엿볼 수 있습니다.

유리 가가린(Yuri Gagarin)은 1961년 4월 12일, 인류 역사상 처음으로 우주를 비행한 소련의 우주 비행사로 우주에서 지구를 바라본 최초의 사람입니다.

유리 가가린은 우주에서 지구를 처음 바라본 순간을 "지구는 아름답다.(The Earth is beautiful)"라고 표현했습니다. 그는 푸른 행성으로서의 지구의 아름다움에 감탄했고, 경이로운 지구의 모습을 푸른빛으로 둘러싸인 아름다운 별이라고 묘사했다고 합니다.

인류 최초로 우주를 여행하면서 본 유리 가가린이 남긴 말, "지구는 아름다운 푸른 별이다." 그는 우주여행을 마치고 돌아와 인터뷰에서 이렇게 말합니다. "멀리서 지구를 바라보니 우리가 다투기에는 지구가 너무 작다는 것을 깨달았습니다."

　여기서 조망 효과(Overview Effect)가 생각납니다. 우주 비행사가 우주로 나갈 때 멀리서 지구를 바라보면서 느끼는 의식 상태를 조망 효과라 하는데 광활한 우주에서 한 점 지구를 보고 나면 가치관이 크게 바뀐다고 합니다.

　지구에서 가장 멀리 떨어진 우주를 돌고 있는 탐사선 보이저 12호가 있습니다. 코스모스 제작자인 칼 세이건은 보이저1호가 태양계를 벗어나기 전에 지구의 사진을 찍으면 인류에게 큰 의미가 있을 그것이라고 제의했으나 관계기관에서는 거절당했다고 합니다.

　그로부터 9년 뒤에 칼 세이건에 호의적이었던 미국 나사 국장의 도움으로 지구를 촬영할 수 있게 되었습니다. '40AU에서 바라본 지구의 모습은 하얀 작은 점이었습니다. 내 얼굴에 있는 점처럼 작고 작았다고 합니다. 그가 본 지구의 모습은 먼지보다 작은 티끌이었습니다. 햇빛에 떠다니는 먼지의 티끌처럼 작은 지구에 나는 살고 있습니다. 그곳에서 나는 죽네 사네, 울고 웃으며, 화내고 욕하며 살고 있네. 우주에서 외계인이 보면 100년밖에 못 사는 생명체들이 아등바등 살고 있다고 코웃음을 칠 것만 같더라.'라고 말했다고 합니다.

권력과 계급이 생기고 국가가 생기면서 전쟁이 오늘날까지 끊이지 않고 일어납니다. 지금 현대 사회에도 역시 전쟁은 끝이 없이 일어나고 있습니다. 티끌 같은 지구에서 나라끼리 죽고 죽이는 싸움을 하고 미워하고 있습니다. 우리나라 정치 안에서도 좌파, 우파 나뉘어져 처절히 싸우고 있습니다. 가족 안에서도 서로를 이해하지 못하고 나만 바라봐 달라고 오해하고 병들어 가고 있습니다.

나는 어떠한가? 하루에도 우리 마음은 수백 번 바뀌며 갈팡질팡합니다. 이렇게 좁은 시야 속에서 살아가는 우리들의 모습입니다.

가장 인상 깊은 장면이 있습니다. 칼 세이건이 말합니다. '우리의 허세, 우리의 자만심 우리가 우주 속의 특별한 존재라는 망상에 대해 이 창백한 푸른 점이 이의를 제기합니다. 인간의 자만심이 어리석다는 것을 아주 잘 보여주는 것은 멀리서 찍은 이 사진만 한 게 없을 것입니다. 저에게 이것은 우리 서로를 친절하게 대하고 우리가 사는 푸른 점을 보존하고 아껴야 한다는 책임감을 느끼게 해줍니다.'라는 부분입니다. 보는 동안 숨이 참아지고 마음이 묵직해졌다고 합니다.

우리도 한두 번쯤은 칼 케이건과 같은 경험은 아니지만 한 사건·사고를 두고 시간이 많이 흐른 데 그 일을 뒤돌아보면 그때는 내가 왜 그랬을까 하며 별일도 아닌데 하며 후회한 적은 누구에게나 있을 겁니다.

나의 우주는 어떻게 살아야 할까요? 나의 우주에서는 내가 중심이고 내가 반듯하게 잘 살아야 합니다. 내가 행복하게 잘 살아야 나도 행복하고, 가족도 행복하고 나를 만나는 이웃들도 행복해집니다. 나는 좀 더 성숙하고 싶습니다. 나의 일상과 인생을 Overview 해서 성숙하게 살고 싶습니다. 내가 속한 일상이라는 우주, 소속되어 있는 작은 조직이라는 우주, 사람 관계의 우주 속에서 Overview하고 싶습니다. 그러려면 있는 그대로의 나를 받아들이고, 티끌 같은 지구에서 살면서 미움받을 용기도 필요합니다.

죽음을 앞둔 한 노인의 눈에 지구별은 어떻게 보일까요?

그의 삶 속 희로애락은 한 편의 영화처럼 아름다운 무늬로 보일까요, 아니면 짧은 단막극처럼 느껴질까요?

많은 사람들이 죽음을 맞이할 때, 살아온 몇십 년의 인생이 몇 초 만에 한 편의 드라마처럼 스쳐 지나간다고 말합니다. 이는 마치 한평생을 아주 먼 곳에서 내려다보는 듯한 시야로 느껴지는 것일지도 모릅니다.

삶 역시 가까이서 보면 매일이 고되고 치열한 전쟁처럼 느껴지지만, 멀리서 바라보면 태피스트리(tapestry)처럼 하루하루의 경험들이 모여 아름다운 모양을 이루는 것 아닐까요?

우리의 모든 순간순간은 결국 하나로 엮여 멋진 그림을 만들어가는 과정일지도 모릅니다.

최고의 삶은 물과 같이 살아가는 것

노자(老子) 도덕경(道德經)을 말할 때 빼놓을 수 없는 말이 상선약수(上善若水)일 것입니다.

> 上善若水, 水善利萬物而不爭, 處衆人之所惡, 故幾於道
>
> 최고의 선(善)은 물과 같다. 물은 만물을 이롭게 하는 데 뛰어나지만 다투지 않고, 모든 사람이 싫어하는 곳에 머문다. 그러므로 도에 가깝다.

물은 자신의 이익을 도모하지 않으면서도 모든 생명을 이롭게 합니다. 우리가 매일 마시는 물, 식물들이 자라나는 데 필요한 물, 그 자체로는 겸손하지만, 모든 것을 포용하고 도와주는 존재입니다. 물의 이러한 성질은 우리가 본받아야 할 삶의 자세를 보여줍니다. 물은 그 어떤 상황에서도 자신을 내세우지 않으면서도 무언가를 이뤄내고, 그 과정에서 저항하지 않고 세상과 조화롭게 어울리며 흘러갑니다.

물은 낮은 곳으로 흐릅니다. 높은 곳에 자리를 잡으려 하지 않고, 자연스럽게 낮은 곳으로 향하는 모습은 겸손함을 상징합니다. 물은 자신의 위치를 고집하지 않으며, 다른 요소들과 부딪히거나 충돌하는 대신 조화롭게 스며듭니다. 우리는 흔히 자신의 자리를 고집하거나 자신의 주장을 앞세우는 모습에서 갈등을 겪습니다. 그러나 물처럼 자신을 스스로 낮추고 겸손함을 유지할 때, 진정으로 타인과 협력하고 이로움을 줄 수 있습니다.

우리의 일상에서도 물의 겸손함을 배워볼 수 있습니다. 회사에서든 가정에서든, 자신의 위치를 내세우기보다는 자연스럽게 그 흐름에 따라가는 지혜가 필요합니다. 자기를 주장하는 것이 능사가 아닙니다. 오히려 자신을 낮추고 상대방의 말을 경청하고 그들을 도울 때, 관계는 깊어지고 우리는 더욱 의미 있는 성과를 끌어낼 수 있습니다.

물은 모든 그릇에 맞게 형태를 바꾸며 유연하게 대응합니다. 어떤 상황이 닥치더라도 물은 그저 흐를 뿐입니다. 그릇이 둥글면 둥글게, 네모나면 네모나게, 물은 그 어떤 환경에도 적응합니다. 삶에서도 우리는 물처럼 유연하게 대처하는 자세가 필요합니다. 예상하지 못한 변화나 어려움이 닥칠 때, 고집을 피우기보다는 그 변화에 맞춰 유연하게 대응하는 힘이 우리에게 필요한 것입니다.

살아가다 보면 예기치 못한 일들이 발생합니다. 이런 상황에서 우리는 흔히 불안해하고 저항하게 됩니다. 그러나 물처럼 그 상황을 받아들이고, 그에게 맞게 우리의 태도나 방식도 바꿀 수 있다면, 우리는 삶의 도전 앞에서도 훨씬 더 나아갈 수 있습니다. 물은 단단한 바위도 오랜 시간

동안 마모시킬 수 있는 강한 힘을 가지고 있지만, 그것은 부딪히고 부수려는 고집에서 나오는 것이 아닙니다. 부드럽고 유연하게 지속되는 흐름이 결국엔 강한 바위도 뚫고 지나가는 것입니다.

 물은 어떠한 저항도 하지 않습니다. 바위가 가로막으면 돌아가고, 장애물이 있으면 그 틈으로 흘러갑니다. 저항하지 않으면서도 물은 그 자체로 길을 만들어냅니다. 노자가 말한 상선약수의 핵심은 바로 이 '무저항'의 태도입니다. 물처럼 사는 삶이란, 억지로 무언가를 이루려고 애쓰기보다는 자연스럽게 상황에 맞춰 자신의 길을 만들어가는 것입니다. 그리고 그러한 자세는 종종 우리가 가장 좋은 결과를 얻게 만듭니다.

 삶 속에서 우리는 많은 저항을 경험합니다. 그 저항이 때로는 내면에서 발생하기도 하고, 외부의 상황에 의해서 일어나기도 합니다. 그러나 물의 지혜를 본받아, 저항 대신 자연스럽게 흘러가는 마음가짐을 유지할 때, 오히려 더 많은 기회를 발견하고, 더 큰 성취를 얻을 수 있습니다. 바위에 부딪히지 않고 흐르듯이, 인생의 어려움 앞에서도 그저 순응하고 흘러가는 지혜가 필요한 것입니다.

 물은 흐르면서도 그 모든 것을 받아들입니다. 깨끗한 물, 더러운 물, 강한 바람, 무거운 흙탕물 모두를 받아들이고 다시 순수하게 흐릅니다. 우리의 삶 역시 물처럼 긍정적으로 받아들일 수 있어야 합니다. 상황이 좋든 나쁘든, 내가 원하는 대로 흘러가든 그렇지 않든, 그 모든 것을 있는 그대로 수용하는 자세가 필요합니다.

 삶은 늘 뜻대로 흘러가지 않으며, 우리는 그 과정에서 불안과 좌절을 느낄 수 있습니다. 하지만 물처럼 그 모든 것을 그대로 받아들이고 흘러가는 과정에서 우리는 더 나은 방향으로 성장할 수 있습니다. 긍정적인 태도는 무조건적인 낙관이 아닙니다. 오히려 삶을 있는 그대로 보고, 그 속에서 나아갈 방향을 찾는 유연한 힘입니다. 물처럼 흐르는 삶은 이러한 긍정적 태도를 바탕으로 더 자유롭고 평화로운 삶을 만들어줍니다.

노자의 상선약수는 단순한 철학적 내용만이 아닙니다. 그것은 우리가 어떻게 살아가야 할지를 알려주는 지혜입니다. 물처럼 겸손하고, 유연하며, 저항하지 않고, 모든 것을 받아들이는 삶의 태도는 우리에게 평화롭고 긍정적인 삶을 만들어줍니다.

물은 결코 억지로 무언가를 얻으려 하지 않지만, 그 어떤 장애물도 물의 흐름을 멈추게 할 수는 없습니다.

우리는 물을 통해 진정한 삶의 지혜를 배울 수 있으며, 그 지혜를 우리의 삶에 적용할 때 비로소 자유롭고 의미 있는 삶을 살 수 있습니다.

삶이 펼쳐지는 대로 그렇게 저항이 없이 살아갑니다.

물처럼 살아가는 지혜, 그것이야말로 우리가 지향해야 할 최고의 덕목, 삶의 방향입니다.

대나무(竹)처럼 살자

대나무는 우리에게 많은 가르침을 주는 나무입니다. 자연 속에서 우아하게 자라나는 그 모습은 그저 아름다움을 넘어 깊은 철학을 담고 있습니다. 우리는 대나무처럼 살아갈 수 있을까? 대나무의 특성을 하나하나 살펴보면, 그 답은 분명해집니다.

첫째, 대나무는 속이 비어 있습니다. 대나무의 속은 텅 비어 있어 그 무엇도 담아두지 않습니다. 그 무엇도 채우지 않는다는 것은, 욕심도, 서운함도, 아쉬움도 담지 않는다는 뜻이 됩니다. 우리는 살면서 수많은 것을 마음에 담아두고 살아갑니다.

기쁨과 슬픔, 분노와 욕망, 미련과 후회. 이런 감정들이 우리의 마음을 가득 채우고, 때로는 너무 무겁게 느껴집니다. 그러나 대나무처럼 속을 비워둔다면, 우리는 그 무거운 짐에서 벗어나게 될 수 있습니다.

속이 비어 있다는 것은 단순히 비어 있는 것이 아니라, 받아들일 준비가 되어 있다는 뜻이기도 합니다. 대나무는 그 안에 욕망, 욕심이 없어서, 새로운 것을 받아들일 수 있는 공간이 늘 남아 있습니다. 우리는 종종 욕심 때문에 새로운 것을 받아들이지 못합니다.

더 많은 것을 얻고자 애쓰는 마음이 결국 우리를 닫힌 상태로 만듭니다. 그러나 대나무처럼 비우면, 우리는 더 많은 것을 받아들이고 성장할 수 있습니다.

둘째, 대나무는 마디가 있어 우뚝 설 수 있습니다. 대나무의 마디는 그가 땅에 굳건히 설 수 있게 해줍니다. 마디가 없다면 대나무는 쉽게 쓰러지고 말 것입니다. 우리 삶의 마디는 좌절, 이별, 슬픔, 고통 같은 것들입니다. 우리는 종종 이런 어려움들을 피하고 싶어 하지만, 사실 그 어려움들이야말로 우리를 더 강하게 만든다는 사실을 모르고 살아가며 그것 것들을 무조건 나쁜 것으로만 인식하며 피하려고만 합니다. 그러나 그런 마디들이 우리를 단단하게 해주는 것입니다.

대나무는 마디가 있음으로써 강한 바람에도 꺾이지 않습니다. 우리의 인생도 마찬가지입니다. 고통스러운 순간들이 지나간 후 우리는 그 경험 덕분에 더 단단해지고, 더 높은 곳을 향해 나아갈 수 있습니다. 좌절과 시련이 없었다면 우리는 지금처럼 강해질 수 없었을 것입니다. 대나무처럼 우리는 인생의 마디들을 통해 성장하고, 더 높은 곳으로 뻗어나가는 것입니다.

셋째, 대나무는 유연합니다. *대나무는 그 어느 나무보다도 유연하다.* 바람이 불 때, 대나무는 휘어지지만 꺾이지 않습니다. 그 유연성 덕분에 대나무는 오히려 강한 바람을 견뎌냅니다. 우리도 마찬가지입니다. 인생에서 마주하는 시련과 역경을 이겨내는 방법은 유연함에 있습니다. 고집스럽게 한 방향으로만 나아가려 하거나, 모든 것을 통제하려고 하면 오히려 더 쉽게 부러질 수 있습니다. 하지만 대나무처럼 유연하게, 상황에 따라 자신을 휘게 할 수 있다면 우리는 더 강해질 수 있는 것입니다.

유연함은 결코 약함이 아니다. 오히려 유연함은 상황을 받아들이고, 그 속에서 최선을 다할 수 있는 지혜를 의미합니다. *강한 것만이 이기는 것이 아니다. 유연한 것이 오래 남는 것입니다.* 대나무처럼 우리는 세상의 변화에 맞서 싸우는 대신, 그 변화를 받아들이고 그 속에서 자신의 길을 찾을 수 있습니다.

넷째, 대나무는 하늘을 향해 자랍니다. 대나무는 항상 하늘을 향해 뻗어나갑니다. 그것은 곧 성장과 발전의 상징입니다. 대나무처럼 우리는 매 순간 성장하려는 자세를 가져야 합니다. 아무리 힘든 일이 있더라도, 그 속에서 배우고 더 나아지려는 의지가 필요합니다. 대나무는 결코 낮은 곳에서 머물지 않습니다. 언제나 위로, 더 높은 곳을 향해 자라갑니다. 우리도 인생에서 대나무처럼 끊임없이 위로 나아가야 합니다. 성장은 멈추는 순간 퇴보하게 됩니다.

마지막으로, 대나무는 겸손합니다. 대나무는 자신이 크고 우뚝 서 있음에도 절대로 자만하지 않습니다. 대나무는 속이 비어 있기에 그만큼 겸손합니다. 우리는 종종 성취를 이루면 자만하고, 자신을 과대평가하는 경향이 있습니다. 하지만 대나무처럼 속을 비우고 겸손한 마음을 가진다면, 우리는 더 오래, 더 높이 설 수 있을 것입니다. 겸손함은 곧 우리의 내면을 단단하게 해주는 또 하나의 미덕입니다.

대나무처럼 살자는 것은 단순히 자연을 본받자는 것이 아니다. 그것은

우리의 삶 속에서 대나무의 특성을 배워야 한다는 것입니다. 속을 비우고, 인생의 마디를 받아들이며, 유연함을 지니고, 끊임없이 성장하고, 겸손한 마음으로 살아가는 것. 그것이 대나무처럼 사는 길입니다. 대나무처럼 살 때 우리는 바람에 흔들리지만 절대 쓰러지지 않는 강한 존재가 될 수 있는 것이 아닐까요?

대나무 속이 비어 있어 잘 자라듯, 또한 강 위에 떠 있는 빈 배처럼 살아갈 때 어떤 것과 부딪힘 없이 잘 살아갈 수 있습니다. 누군가 빈 배를 보고 화를 내더라도, 배는 아무런 반응도 하지 않습니다. 그저 조용히 물 위를 떠다닐 뿐입니다.

우리 삶도 빈 배처럼 살아갈 수 있다면 얼마나 평화로울까요? 칭찬을 받아도 우쭐하지 않고, 비난을 들어도 흔들리지 않는 마음. 소유하려는 욕망을 내려놓고, 쓸데없는 자존심과 집착에서 자유로워지는 삶. 이 모든 것은 빈 배의 지혜에서 시작됩니다.

마음을 비우면 고요함이 찾아오고, 집착을 내려놓으면 자유가 찾아옵니다. 삶의 강물 위를 빈 배처럼 유유히 흘러가며, 바람과 물결에 몸을 맡기세요. 그곳에서 진정한 평화와 행복을 발견할 수 있을 것입니다.

대나무처럼 마음을 비우고 인생의 강을 건너간다면 누가 그를 해칠 수 있을까요? 그런 삶이야말로 불교의 무아, 장자의 심재와 허심, 그리고 오상아를 실천하는 삶이 아닐까요?

태극에서 배우는 우주의 순환 원리

저는 개인적으로 '태극 모양'을 아주 좋아합니다.

전 세계 많은 나라들의 국기를 살펴보면 각국의 문화와 역사적 배경을 담은 다양한 디자인이 있습니다. 그중에서도 특히 우리나라 태극기는 그 디자인 자체가 아름답기도 하지만 그 안에 담긴 깊은 의미 때문에 더욱 더 특별하게 다가옵니다.

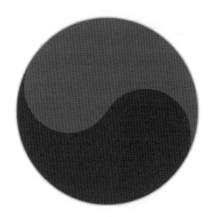

태극은 우주가 돌아가는 원리, 즉 음과 양의 상호작용을 설명해 주는 상징으로, 이를 보고 있으면 자연스럽게 마음이 차분해지고 평화로워집니다.

태극은 단순한 도형이 아니라 우주와 생명의 순환을 설명하는 중요한 철학적 상징입니다. 음과 양, 서로 대립하는 듯하지만 하나의 큰 원 안에서 완벽하게 조화를 이루는 모습은 탄생과 죽음, 원인과 결과, 어둠과 밝음 등 삶의 본질적인 이치를 함축하고 있습니다.

이러한 원리는 불교에서 말하는 무상(無常)의 법칙과도 깊은 연관이 있습니다. 모든 것은 끊임없이 변화하고, 그 변화를 통해 새로운 것이 태어나고 또 사라지는 자연스러운 순환의 법칙을 보여줍니다.

태극을 바라보고 있으면 이 우주의 이치가 단순한 추상적 개념이 아니라 우리의 삶 속에서 끊임없이 펼쳐지고 있음을 느낍니다.

한쪽으로 치우치지 않고 음과 양이 서로 맞물려 순환하는 것처럼, 우리의 삶도 이 원리 속에 놓여 있습니다. 태극의 원리를 이해하는 것은 우리의 일상에 깊은 통찰을 제공합니다. 이를테면, 우리는 종종 현재의 상태나 감정이 영원할 것이라고 착각하곤 합니다. 부유함, 명예, 사랑, 기쁨, 고통 등 이러한 것들이 중앙에 있을 때는 그것이 영원할 것이라 착각하지만 이러한 모든 것들이 필연적으로 변화하고 순환함을 상기시켜 줍니다.

예를 들어, 계절의 변화는 태극의 원리를 아주 잘 보여줍니다. 봄의 따뜻한 햇살이 여름의 뜨거운 태양으로 변하고, 가을의 낙엽은 겨울의 추운 바람에 휘날립니다. 이 변화는 끝없는 순환의 일부입니다. 우리가 일상에서 경험하는 성공과 실패, 즐거움과 슬픔 또한 이 순환의 원리에서 벗어나지 못합니다. 태극의 한쪽 면만을 보고 그것이 영원할 것이라 믿는 것은 자연의 이치에 반하는 것입니다. 모든 것은 언제나 변화하고 있으며, 그 변화 속에서 새로운 가능성과 의미가 만들어집니다.

이러한 삶의 변화만을 보더라도 우리는 이속에서 겸손과 여유와 평화로움을 느끼게 만듭니다. 지금 잘나간다고 누출되어서도 안 되고 지금 하고자 하는 일이 안 풀린다고 너무 낙담해서도 안 됨을 음의 기운이 다하면 양의 기운이 올라오고 양의 기운이 다하면 음의 기운이 올라올 것이라는 우주의 이치를 배웠기 때문입니다.

태극은 또한 우리에게 중용(中庸)의 철학을 가르쳐줍니다. 음과 양이 서로 맞물려 돌고 있는 것처럼, 극단에 치우치지 않는 삶의 태도가 중요합니다. 우리는 종종 삶의 어느 한쪽에 몰두하여 다른 가능성을 잊어버리곤 합니다. 그러나 태극은 언제나 균형을 유지하며, 어느 한쪽으로 치우치지 않고 조화로운 상태를 이루는 것이 우주의 원리라는 것을 보여줍니다. 이는 우리가 일상에서 겪는 수많은 선택과 갈등 속에서 중용을 찾고, 균형을 이루어야 한다는 중요한 깨달음을 줍니다.

불교의 가르침에 따르면, 모든 것은 변하고, 그 어떤 것도 영원하지 않으며, 이것이 곧 무상(無常)입니다. 태극의 원리도 이와 맥락을 같이 합니다. 우리는 삶에서 좋은 일만 있기를 바라고, 나쁜 일은 피하고 싶어하지만, 태극은 그 모든 것이 결국 하나의 큰 원 안에서 함께 돌고 있음을 상기시켜 줍니다.

좋은 일과 나쁜 일이 모두 필연적으로 일어나고, 그것이 바로 삶의 이치라는 점을 깨닫게 됩니다.

또한 태극의 흰색(양)과 검은색(음)은 강과 바다의 관계로 비유할 수 있습니다. 강물은 산에서 시작해 흘러가며 생명을 키우고 마을을 적시며 바다로 나아갑니다. 이는 삶의 활기와 흐름, 즉 양(陽)의 모습을 닮았습니다. 반대로 바다는 모든 것을 받아들이고 고요히 머무르며 강물이 증발하여 다시 하늘로 올라가도록 돕습니다. 이는 음(陰)의 포용력과 침묵을 상징합니다.

강물이 바다로 흘러가고, 바다는 증발과 비를 통해 다시 강을 채우는 과정은 끊임없는 순환입니다. 이는 우리 삶의 모습과 닮았습니다. 우리는 때로는 강처럼 움직이고 성장하며, 때로는 바다처럼 고요히 받아들이고 쉬어갑니다. 삶의 기쁨과 슬픔, 성공과 실패는 이와 같이 서로를 완성하는 과정이 아닐까요. 그 누구에게도 여지없이 적용되는 이치입니다. 기쁨만이 존재하는 삶도 슬픔만이 존재하는 삶은 어디에도 존재하지 않습니다.

강물과 바다처럼, 우리의 삶도 한쪽으로만 치우치지 않고 음양의 조화를 이룰 때 비로소 평온한 흐름을 유지할 수 있습니다. 바다 없는 강은 길을 잃고, 강물 없는 바다는 생명을 잃습니다. 이 둘의 상호작용은 태극이 보여주는 삶의 진리를 완벽히 상징합니다.

태극의 원리는 단순한 철학이 아니라, 우리가 매일 마주하는 삶의 구체적인 지침을 제공합니다. 부와 명예, 사랑, 괴로움, 기쁨 등은 태극을 통해 우리는 이러한 것들이 모두 하나의 큰 순환 속에서 일시적임을 배우게 됩니다. 즉, 삶의 모든 경험은 변하며, 그 변화 속에서 우리는 새로운 것을 배우고 성장할 수 있습니다.

삶이 고통스러울 때, 우리는 그것이 영원할 것처럼 느껴질 수 있습니다. 하지만 태극을 떠올리면 그 고통 역시 순환의 일부임을 알 수 있습니다. 결국 기쁨이 찾아오고, 다시 또 고통이 찾아오고, 그러한 과정이 반복되면서 우리는 더 깊은 이해와 평온을 얻게 됩니다.

이는 우리에게 어떻게 살아갈 것인가에 대한 중요한 통찰을 줍니다. 태극의 원리를 깊이 이해한다면, 우리는 삶의 모든 순간을 받아들이고, 그것이 우리에게 가르쳐주는 것을 배우며 성장할 수 있을 것입니다.

삶이란 음과 양의 춤입니다. 이 춤은 끝나지 않고 계속되며, 그 속에서 우리는 끊임없이 새로운 깨달음을 얻습니다.

비어 있기에 담을 수 있다

텅 빈 그릇을 유심히 본 적이 있나요?. 무엇이든 담을 준비가 된 그릇입니다.

그 그릇에는 아무것도 들어 있지 않아 보이지만, 바로 그 비어 있음 덕분에 그릇은 무한한 가능성을 지닙니다. 밥을 담을 수도 있고, 물을 담을 수도 있으며, 돈이나 과일도 담을 수 있습니다. 그릇이 비어 있기에 우리는 필요한 무엇이든 담아낼 수 있는 것입니다.

그런데 만약 이 그릇이 이미 어떤 것으로 가득 차 있다면 어떨까요? 더 이상 다른 것을 담아낼 수 없을 것입니다. 그릇에 물이 가득하다면 밥을 담을 수 없고, 국이 차 있다면 과일을 담을 수 없습니다. 이처럼 가득 찬 그릇은 새로운 것을 수용할 여지가 없습니다.

오늘 이 빈 그릇을 보며, 문득 우리의 마음도 이와 비슷하다는 생각이 듭니다. 우리의 마음 역시 비어 있을 때만 무엇이든 담아낼 수 있는 여유와 가능성을 가집니다. 그런데 마음이 분노로 가득 차 있으면 사랑을 담을 수 없고, 슬픔으로 꽉 차 있다면 기쁨을 담기 어렵습니다. 마음이 특정 감정이나 생각으로 가득할수록 우리는 새로운 감정을 받아들이고, 새로운 경험을 쌓는 데 한계를 느낍니다.

그릇이 비어 있듯이, 우리의 마음도 비어 있어야 새로운 감정과 생각을 받아들일 수 있습니다. 그릇이 비어 있지 않으면 더 이상 무엇을 담을 수 없듯, 마음이 가득 찬 상태라면 그곳에 사랑과 기쁨, 평화와 희망 같은 긍정적인 것들을 채우기 어렵습니다.

어떤 때는 욕망이, 어떤 때는 두려움이, 때로는 고통과 집착이 마음을 가득 채우기도 합니다. 이런 감정들이 쌓일 때 우리의 내면은 점점 무거워지고, 결국에는 어떤 것도 받아들일 수 없게 되어버립니다.

불교에서는 이 비움의 중요성을 강조하며 공(空)의 개념을 가르칩니다. 공은 단순히 '없음'을 의미하는 것이 아니라, 그 자체로 무한한 가능성을 품고 있는 상태를 뜻합니다. 아무것도 없기에 모든 것을 받아들일 수 있는 마음 상태, 그것이 진정한 비움이며, 그 안에서 우리는 자유와 평온을 찾을 수 있습니다. 비우면 비울수록 그 안에 더 많은 것이 들어올 수 있는 법입니다.

또한 중국 도가 사상의 대표 인물 장자도 인간이 마음을 비우고, 본래의 자연스러운 상태로 돌아가는 것이 참된 지혜와 자유를 가져다준다고 가르쳤습니다. 그는 삶의 모든 문제와 괴로움이 결국 우리의 집착과 고정된 마음에서 비롯된다고 보았지요. 장자가 말하는 '빈 배'의 비유와 허심(虛心)의 개념은 마음을 비우고 가볍게 사는 삶의 중요성을 일깨워줍니다.

장자의 '빈 배' 이야기는 강을 건너는 배에 관한 일화입니다. 이 이야기에 따르면, 사람이 배를 타고 강을 건너다가 다른 빈 배가 다가오면 사람들은 별다른 감정 없이 비켜 가게 됩니다. 빈 배는 그저 떠내려고 오는 것이고, 그 자체로 아무런 의도도 위협도 없기 때문입니다. 그러나 만약 그 배에 다른 사람이 타고 있다면 이야기는 달라집니다. 사람들은 상대가 의도적으로 다가오는 것이 아닌지 의심하거나, 어떤 위협이 있지 않을까 경계하게 되지요.

이 빈 배의 이야기는 우리의 마음이 얼마나 가볍고 텅 비어 있을 때 평온할 수 있는지를 나타냅니다. 마음이 고요하고 아무런 집착 없이 텅 비어 있을 때, 우리는 세상의 모든 상황을 있는 그대로 받아들이고, 그 안에서 유연하게 흐를 수 있습니다. 그러나 마음이 욕망, 집착, 두려움으로 가득 차 있을 때는 매 순간이 부담스럽고, 상황을 오해하거나 불필요한 반응을 하게 되는 것입니다. 장자는 이러한 비움이야말로 우리가 평화로운 삶을 누릴 수 있는 지혜의 시작이라고 말합니다.

우리의 삶에는 다양한 감정과 사건들이 끊임없이 일어납니다. 우리는 기쁨과 슬픔을 경험하고, 사랑과 미움을 느끼며 살아갑니다. 그러나 이러한 감정들이 때로는 우리의 마음에 깊이 각인되어 쉽게 떠나지 않는 경우도 많습니다. 기쁠 때 기쁨만으로 가득 차면 그 이후에 찾아올 슬픔을 감당하기 어려워지고, 슬픔 속에 오랜 시간 머물다 보면 다시 기쁨을 찾기 힘들어질 수 있습니다.

마음을 비우는 것이야말로 진정한 행복의 시작입니다. 내면이 비어 있어야 우리가 기대하지 않은 즐거움과 행복을 받아들일 수 있습니다. 이 세상에 완전한 만족이나 영원한 행복이란 없을지도 모릅니다. 하지만 마음을 비우고, 늘 새로운 것을 받아들이는 자세로 살아간다면, 우리는 행복에 가까워질 수 있습니다. 마음에 여백이 있을 때, 우리는 어떤 상황에서도 행복을 찾아내고 느낄 수 있는 힘을 가지게 됩니다.

삶의 여정에서 우리는 많은 경험과 배움을 통해 점점 더 많은 것을 가지려는 욕구에 휩싸이게 됩니다. 물질적인 소유도 늘어나고, 경험도 쌓이고, 다양한 관계도 맺게 됩니다. 하지만 이러한 모든 것들이 쌓이다 보면, 어느 순간 무겁고 답답한 느낌을 받을 때가 찾아옵니다. 우리의 마음에 여유와 여백이 사라지면서, 무언가 더 가지려는 욕심이 오히려 우리를 더욱 지치게 만드는 것입니다.

이럴 때 우리는 잠시 멈추고, 마음을 비우는 연습이 필요합니다. 어떤 감정이나 생각이 우리 마음에 강하게 자리를 잡고 있을 때 그것을 억지로 몰아내려 하기보다는, 그저 가만히 두고 바라보는 연습을 통해 조금씩 비워나가야 합니다. 그것이 마음을 비우는 첫걸음입니다. 어떤 생각에 집착하지 않고 흘려보내는 훈련을 하다 보면, 마음의 그릇이 점차 넓어지고 여유로워짐을 느낄 수 있습니다.

비움은 단순한 소유의 포기가 아닙니다. 비움은 새로운 것을 받아들일 준비를 하는 것이며, 삶을 더 깊고 풍요롭게 만들어주는 지혜입니다. 마음의 그릇이 클수록, 그리고 그 안이 비어 있을수록, 우리는 더 많은 것을 담을 수 있고 더 많은 경험을 할 수 있습니다.

비어 있기에 담을 수 있는 마음의 상태가 됩니다.

결국 우리에게 중요한 것은 얼마나 많이 소유하느냐가 아니라, 얼마나 많은 것을 담아낼 수 있는 여유와 가능성을 지니고 있느냐입니다. 비워야 담을 수 있고, 내려놓아야 다시 채울 수 있다는 진리를 잊지 말아야 합니다. 비어 있어야 자유롭고, 그 안에서 우리는 더 많은 것을 경험하며 살아갈 수 있습니다.

그것은 플러스(+) 삶이 아니라 마이너스(-) 삶으로 살아갈 때 무엇인가 담을 수 있는 마음의 상태로 살아갈 수 있을 것입니다.

이런 삶이 바로 장자가 말씀하신 허심, 심재가 아닐까요?

그래서 오늘도 우리는 마음을 비우는 연습을 해봅니다. 그릇을 비우듯, 마음을 비워봅니다. 비워질 때 마음은 한결 가벼워지고 빈 곳이기에 무엇이듯 채워질 수 있는 것입니다.

그렇게 할 때 비로소 우리가 진정으로 원하는 사랑, 행복, 평화가 그 빈자리로 찾아올 것입니다.

눈앞의 물(水)을 두고
네 개의 모습으로 봄

우리 눈앞에 물이 보입니다. 사람마다 모두 동일한 것으로만 보일까요?

우리가 살아가는 세상은 하나의 진리만을 담고 있는 단순한 구조가 아닙니다. 사람마다, 존재마다 세상을 보는 방식은 다르며, 같은 사물이라도 각기 다른 의미로 다가올 수 있습니다.

유식 불교에서 말하는 '일수사견(一水四見)'의 고사성어는 이러한 사실을 상징적으로 보여줍니다. 눈앞에 있는 물을 천상 세계의 존재는 보석처럼 빛나는 유리알로, 인간은 마시는 물로, 아귀 세계의 존재는 피고름으로, 그리고 물고기는 일상 속 삶의 터전으로 바라본다는 것입니다.

같은 물이지만, 각 존재는 자신이 가진 마음과 욕망에 따라 다른 의미로 해석하게 되는 것입니다.

이 고사에서 물이 상징하는 것은 곧 세상의 본질입니다. 그 물이 우리 눈에 어떻게 보이는지는 우리의 내면 상태, 가치관과 고정관념, 신념. 즉 욕망, 두려움, 혹은 우리가 세상을 바라보는 습관화된 방식에 의해 결정됩니다.

천상계의 존재는 깨끗하고 귀한 것을, 아귀 세계의 존재는 고통과 결핍을, 물고기는 안락함과 안정된 생활을, 그리고 인간은 생명 유지를 위한 자원으로 보게 됩니다.

이는 같은 대상이라도 우리가 처한 위치, 마음가짐, 삶의 가치관에 따라 다르게 해석된다는 것을 의미하며, 우리가 얼마나 주관적인 렌즈로 세상을 바라보고 있는지를 일깨워줍니다.

이처럼 우리의 내면에 따라 외부 세계가 다르게 보이게 된다는 것은 모든 사람이 각기 다른 잣대와 편견을 가지고 세상을 바라본다는 것을 보여줍니다. 그러므로 우리는 흔히 자신이 바라보는 방식이 진리라고 믿고, 때로는 그 믿음에 집착하기도 합니다.

나는 공평해, '내가 아는 것이 진실이야.'라고 주장할 때조차, 사실 우리는 우리의 경험과 배경, 그리고 과거의 가치관에 묶여 있는 경우가 많습니다. 이렇게 자신이 보는 것이 곧 진리라는 착각 속에서, 우리는 고정관념에 사로잡히고, 편향된 시각으로 인해 갈등과 괴로움에 빠지게 됩니다. 이는 마치 자기만의 색안경을 끼고 세상을 보는 것과 같습니다. 자신이 색안경을 쓰고 있음을 깨닫지 못한 채, 우리는 자신이 보는 세계가 유일한 진리라고 착각하게 되는 것입니다.

그러나 진정으로 공평하고 객관적인 시선은 편견과 욕망을 걷어내고, 있는 그대로의 모습을 보는 데서 비롯됩니다. 물을 있는 그대로의 물로, 사람이 있는 그대로의 사람으로, 사물을 그 자체로 보는 힘이야말로 참된 지혜입니다.

편견이 사라진 맑은 시선으로 세상을 바라볼 때, 우리는 비로소 세상의 본질을 깨달을 수 있습니다. 이는 마치 물 자체가 가진 본래의 모습과 같아집니다. 물은 그저 그 자리에 있을 뿐, 그것이 보석처럼 빛나는 유리 알로 보이건, 피고름처럼 보이건, 그 본질은 변하지 않습니다.

우리 삶의 고통과 괴로움도 마찬가지입니다. 많은 사람이 자신의 주관적 관점에 따라 삶을 평가하고, 그로 인해 고통을 느낍니다. 하지만 이러한 고통도 자신이 세상을 바라보는 방식에 따라 달라질 수 있다는 것을 기억해야 합니다. 우리의 색안경을 걷어내고, 있는 그대로의 현재를 마주할 때, 우리는 그동안의 고통에서 벗어날 수 있습니다. 모든 일은 다만 일어나는 것이고, 그저 흘러갈 뿐입니다. 거기에 내가 덧씌우는 해석이나 판단은 결국 제 마음이 만들어낸 것에 불과합니다.

일수사견(一水四見)의 비유는 우리의 일상에도 큰 의미를 던집니다. 매일 마주하는 사소한 상황, 사람들과의 관계, 그리고 경험들 속에서도 우리는 자기만의 색안경을 쓰고 평가하고 판단하곤 합니다. '저 사람은 나쁜 사람이야.', '이 상황은 나에게 불리해'라고 단정 짓지만, 사실 그 판단은 나 자신의 주관일 뿐 진리는 아닙니다. 같은 상황에서 다른 사람이 긍정적인 해석을 할 수도, 완전히 다른 느낌을 받을 수도 있습니다. 이처럼 우리의 마음속에는 수많은 해석의 렌즈가 존재하며, 그 렌즈를 통해 우리는 매일 순간마다 새로운 세상을 창조하고 있습니다.

그렇다면 어떻게 하면 이러한 주관적 렌즈에서 벗어나 보다 넓은 시야를 가질 수 있을까요? 그것은 바로 '지금 여기'에 머무르는 연습에서 시작됩니다.

불교에서 말하는 "지금, 이 순간을 살라."는 가르침은 미래에 대한 불안과 과거에 대한 후회를 내려놓고, 오직 현재에 집중하라는 의미입니다. 지금은 언제나 새롭고 유일무이한 순간이며, 똑같은 순간은 단 한 번도 반복되지 않습니다. 과거의 경험이나 미래에 대한 기대가 아니라, 지금, 이 순간에 깨어 있는 상태로 머물 때, 우리는 진실을 발견할 수 있습니다.

현재의 순간에 머무르면서 우리는 자신이 평소에 끼고 있던 색안경을 내려놓을 수 있습니다. 마음의 렌즈를 비워내고, 편견과 집착을 내려놓을 때, 우리는 눈앞의 물을 그저 물로 바라보는 자유로움을 얻게 됩니다. 물이 그저 물이듯, 사람도 그저 사람이며, 세상은 그저 세상입니다. 더 이상 덧씌운 해석이나 판단에 얽매이지 않고, 있는 그대로의 진실을 볼 수 있을 때, 우리는 진정한 평온을 찾게 됩니다.

또한, 이런 시선은 인간관계에도 긍정적인 변화를 불러옵니다. 사람들은 자신과 다른 의견을 가진 사람을 쉽게 비판하거나, 다른 시각을 이해하지 못해 오해와 갈등을 겪기도 합니다. 그러나 일수사견(一水四見)의 관점에서 보면, 각자 자신만의 렌즈로 세상을 보고 있음을 이해하게 됩니다. 자신이 경험한 바가 모든 진리를 담고 있지 않다는 사실을 깨달을 때, 타인의 관점 또한 존중할 수 있게 됩니다. 이러한 이해와 수용은 우리를 더 넓은 마음과 열린 시선으로 이끌어줍니다.

결국 우리는 각자의 마음이 만들어낸 세상을 보고 있습니다. 내가 쓰고 있는 색안경을 자각하고, 그것을 내려놓을 때 우리는 더욱 자유로워질 수 있습니다. 물이 보석처럼, 피고름처럼, 집처럼 보이는 것은 우리의 내면 상태가 만들어낸 착각일 뿐입니다. 참된 진리는 언제나 지금, 이 순간에 있으며, 그것을 있는 그대로 바라보는 눈을 가질 때 우리는 진정한 평화를 찾을 수 있습니다.

이제 우리는 일수사견의 교훈을 통해, 자기 내면을 돌아보고, 편견과 집착을 내려놓아야 할 때입니다.

그렇게 함으로써 우리는 매 순간이 다채롭고, 살아 숨 쉬는 생명력으로 가득 찬 새로운 세상을 만날 수 있게 됩니다.

지금은 완전하고 완벽한 신의 상태라는 사실을 ….

쓸모없음(無用之用)이 주는
쓸모의 지혜

장자(莊子)는 어느 날 숲속을 걷다가 유독 무성하게 자라난 거대한 나무를 발견하게 됩니다.

그 나무는 수백 년 동안 자라 왔지만 아무도 베어 가지 않았습니다. 그 이유는 간단했습니다. 나무의 가지와 줄기가 비틀리고 일그러져 있어 목재로 쓰기에 적합하지 않았기 때문입니다. 목재로서 쓸모가 없다 보니, 나무는 사람들로부터 방치되었고 그 덕분에 천수를 다할 수 있었습니다.

반면, 다른 나무들은 튼튼하고 똑바르게 자란 덕분에 유용하게 쓰이기 위해 사람들에 의해 일찍 베어졌습니다. 이와 같이 쓸모 있는 나무는 오히려 그 쓰임 때문에 오래 살지 못했지만, 쓸모없어 보이는 나무는 그 덕분에 자연 속에서 더 오래 살아남았습니다.

장자는 이 이야기를 통해 지금의 쓸모와 가치만을 좇기보다 긴 시야에서 바라보는 지혜를 깨우쳐 줍니다. 즉 무용지용(無用之用)의 지혜를 알려주고 있습니다.

유용지용(有用之用)은 쉽게 말해 '쓸모 있는 것이 가지는 쓸모'를 뜻하고, 무용지용은 '쓸모없다고 여겨지는 것이 가지는 쓸모'를 의미합니다. 여기서 장자는 지금의 필요나 가치가 없어 보이는 것이 오히려 진정한 쓸모를 지닌다는 깨달음을 전하고 있습니다.

장자에 따르면, 쓸모 있는 나무는 사람들에게 일찍이 주목받고, 좋은 목재로 쓰이기 위해 베어지게 됩니다. 나무가 곧고 튼튼할수록, 그 가치는 높아지고 사람들에게 잘려 나가는 운명을 맞이하게 됩니다. 반면, 쓸모없어 보이는 나무는 그 모양이 일그러져 있거나, 속이 비어 있거나, 목재로 쓰기에 적합하지 않아 사람들에게 방치됩니다. 겉보기에는 쓸모없는 이 나무가 오히려 천수를 다하며 오래 살아가는 것입니다.

이렇듯, 쓸모 있음에만 얽매이지 않고 쓸모없어 보이는 것의 진정한 가치를 알아보는 것이 무용지용의 지혜라 할 수 있습니다.

이 나무의 사례를 통해 우리가 사는 세상사도 이와 유사한 사례가 많지 않은가요.

너무 일찍 성공하여 불행을 겪는 사람들이나, 대기만성형으로 늦게 성공한 사례를 찾아보는 것은 우리 주변에서도 쉽게 찾아볼 수 있습니다.

　오늘날 우리는 무언가를 잘하고, 유능하고, 쓸모 있는 사람으로 평가받기를 원합니다. 사회에서 유용한 사람으로 인정받기 위해 부단히 애쓰고, 더 나은 능력과 성취를 쌓아 나가는 데 집중합니다. 하지만 이러한 유용성에 대한 집착이 오히려 우리 삶의 자유와 행복을 빼앗을 수 있다는 점을 간과하기 쉽습니다.

　조급하게 쓸모에 집착한 나머지 우리는 종종 길게 보지 못하고 단기적인 성과에만 몰두하는 경우가 많습니다. 마치 큰 나무가 좋은 목재로 쓰이기 위해 일찍이 베어지듯, 우리의 삶 또한 오직 실용성만을 추구할 때 일찍이 지치거나 그 본연의 기쁨을 잃어버릴 수 있습니다.

　끊임없이 '쓸모 있는 사람'이 되려는 압박 속에서 우리는 쉽게 소진되고, 자기 내면과 본연의 자아를 놓치게 되는 것입니다.

　그러나 우리가 먼 시야를 가지고, 쓸모없음의 가치를 알아보려는 안목을 기른다면 오히려 그 속에서 더 큰 자유와 평온을 누릴 수 있습니다. 예를 들어, 때때로 쉬는 시간이 별다른 생산성을 가져다주지 않는다 하더라도, 그 시간은 우리가 재충전하고 더 큰 삶의 의미를 돌아볼 수 있는 여유를 줍니다. 이러한 무용지용의 시간과 공간은 당장은 쓸모없다고 여겨질지 모르나, 결과적으로는 우리 삶에 큰 의미와 깊이를 더해 줍니다.

　또한, 무용지용의 가치를 받아들이는 것은 삶을 대하는 우리의 태도를 한층 유연하게 만들어줍니다. 쓸모없다고 여겨지는 것들에 대해 열린 마음을 가지고 접근할 때, 우리는 더 다양한 관점에서 삶을 바라보고, 예기치 않은 기쁨과 평온을 얻을 수 있습니다.

예를 들어, 예술과 문학, 사색과 같은 것들은 실질적인 물질적 성과를 즉각적으로 가져다주지 않더라도, 우리 삶을 풍요롭게 하고, 내면의 평화와 행복을 불러옵니다. 이는 쓸모 있음에 집착할 때는 결코 얻을 수 없는, 무용지용의 큰 쓸모라 할 수 있습니다.

무용지용의 지혜는 또한 현대인들에게 적용할 수 있는 사례로, 여백의 디자인을 들 수 있습니다. 현대의 제품, 공간, 또는 문서 등의 디자인에서는 일부러 여백을 남기는 방식이 흔히 사용됩니다. 예를 들어, 애플(Apple)의 제품 디자인은 단순함과 여백을 강조하여 제품의 본질과 사용 편의성을 극대화한 것이라 합니다.

이처럼 여백은 시각적 혼란을 줄이고, 사용자로 하여금 필요한 정보나 제품의 핵심 기능에 더 집중하게 만듭니다. 쓸모없는 공간처럼 보이지만, 실제로는 필수적인 기능과 심미적 감각을 제공하는 요소입니다.

무언가를 더하려는 욕망을 억제하고 더 덜어냄으로써 더 많은 가치를 창출할 수 있는 것 이곳에서도 여전히 무용지용의 가치는 발휘됩니다. 이는 삶에서도 적용되어, 과도한 욕심을 내려놓고 단순함 속에서 행복을 찾는 마음가짐과 연결하게 할 수 있지 않을까요.

이 원리는 사람의 일정 관리에도 적용됩니다. 바쁜 스케줄 속에 일부러 비어 있는 시간을 마련하면, 창의성과 생산성을 높이는 데 도움이 됩니다. 계획에 여백을 두는 것은 단순한 휴식이 아니라, 더 깊은 생각과 성찰을 가능하게 합니다.

이처럼 무용지용은 단순히 철학적 지혜가 아니라 현대적 삶과 업무에서도 강력히 활용할 수 있는 실용적 원리로 작용합니다.

결국 쓸모없음의 큰 쓸모란, 삶을 풍요롭게 만들고, 우리에게 진정한 자유를 주는 것입니다. 한정된 자원과 시간 속에서 모든 것이 반드시 유용해야만 하는 것은 아닙니다. 오히려 쓸모없다고 여겨졌던 것이 진정한 쓸모를 발휘할 때, 우리는 이를 통해 삶의 깊이를 느끼고 더 큰 자유를 누릴 수 있습니다.

우리에게 필요한 것은 조급히 결과를 바라는 마음에서 벗어나, 모든 것에는 나름의 가치가 있다는 무용지용의 지혜를 깨닫는 것입니다. 쓸모 있는 나무가 오히려 일찍 잘려 나가고, 쓸모없는 나무가 천수를 다할 수 있었던 것처럼, 우리의 삶에서도 즉각적인 쓸모를 좇기보다 긴 시야를 가지고 자신의 삶을 풍요롭게 할 수 있는 넉넉한 마음을 기르는 것이 필요합니다.

이렇듯 장자는 일상의 경험과 자연 속에서 쓸모 있음과 쓸모없음의 가치를 새롭게 조명하며, 단기적인 이익과 쓸모를 좇는 현대 사회에 경종을 울립니다. 삶에서 우리가 선택할 때마다 쓸모 있음만을 좇는 것이 아닌, 조금은 '쓸모없음'의 여유를 가져봄으로써 오히려 우리에게 진정한 자유와 풍요가 올 수 있다는 메시지를 전해 줍니다.

장자는 우리에게 묻습니다.

"당신은 쓸모 있는 것의 가치를 잘 알지만, 쓸모없음이 지닌 진정한 가치를 아시는가?"

우리는 항상 끊임없이 떠오르는 생각과 감정 속에 갇혀 살아갑니다.

머릿속에는 끝없는 정보의 파도 속에서도 여기까지 함께 걸어온 독자 여러분께 진심으로 감사드립니다.

우리는 매일 앞만 보고 달리며 쉴 틈 없는 삶을 살아갑니다. 목표를 이루기 위해 끊임없이 노력하고, 더 나은 미래를 위해 오늘을 희생하며, 과거의 실패와 미래의 불안을 안고 하루하루를 이어갑니다. 그러나 그런 삶의 여정에서, 문득 고개를 돌려 보면 중요한 무언가를 놓치고 있는 듯한 허전함을 느낄 때가 있습니다.

쉼 없이 달리는 현대인에게 필요한 것은 더 많은 목표나 성공이 아니라, 잠시 멈추어 자신을 돌아보고 내면의 평화를 찾는 쉼의 시간일지 모릅니다.

삶은 때로 우리가 생각한 대로 흐르지 않지만, 아이러니하게도 그러한 순간에 우리는 진정한 성장과 배움을 얻습니다. 우리의 계획이나 의도와 상관없이, 삶은 결국 스스로 그 방향을 찾아가고, 우리가 어찌할 수 없는 흐름 속에서 자연스러운 균형을 만들어갑니다.

'삶이 더 잘 안다'라는 표현처럼, 우리가 억지로 조작하거나 통제하려 할수록 더 큰 혼란이 생기고, 모든 것을 내려놓고 흐름에 맡길 때 삶은 그 자체로 지혜를 발휘합니다.

인생의 길 위에서 필요할 때 멈추고, 깊이 숨을 고르며 삶의 흐름을 받아들일 줄 아는 여유가 현대인에게는 더욱 절실합니다.

이 책에서 나눈 이야기가 여러분의 마음에 작은 쉼표가 되기를 바랍니다. 종전에 가지고 있던 고정관념의 틀을 과감히 깨고 새롭게 태어나는 계기가 되었으면 합니다.

과거의 후회나 미래의 두려움이 아닌 지금, 이 순간을 있는 그대로 바라보고, 온전히 느끼며 살아가는 법을 기억해 보세요. 삶이 흘러가는 대로 내버려둘 때, 예상치 못한 기쁨과 평화가 찾아오고, 어느새 우리는 자신을 스스로 자유롭게 놓아줄 수 있게 됩니다. 중요한 것은 끝없는 달리기가 아니라, 우리가 어디로 향하고 있는지, 지금, 이 순간을 어떻게 살고 있는지 깨닫는 것입니다.

삶이란 그저 우리에게 주어진 하나의 여행입니다. 그 과정에서 길이 막히고 새로운 길이 열리기도 하며, 바람에 흔들리다가도 자신만의 길을 찾아가게 됩니다.

이 책이 그 길 위에서 여러분에게 작은 나침반이 되고, 내면의 고요를 발견할 수 있는 쉼터가 되기를 바랍니다. 삶이 흘러가는 대로 두고, 그 속에서 자연스러운 조화와 평화를 누리는 여정 속에서, 진정한 자신과 만나며 삶의 참된 기쁨을 발견하시길 진심으로 바랍니다.

여러분의 앞날에 고요와 평온, 그리고 따뜻한 쉼이 깃들기를 기원하며, 이 여정의 끝이 아닌 또 다른 시작으로서 이 책을 마무리합니다.

수원 호매실도서관에서 지은이 김태수 (2024년 12월 3일)